普通高等教育"十一五"国家级规划教材

复旦卓越·21世纪会展系列教材

会展概论（第二版）

- 龚 平　赵慰平　主编
- 张 敏　李保俊　副主编
- 滕跃民　主审

復旦大學 出版社

内容提要

本书第二版为普通高等教育"十一五"国家级规划教材。

随着北京申办2008年奥运会和上海申办2010年世博会的成功，我国会展业的发展驶入了快车道，目前以每年20%的速度在增长。会展业的快速发展，会展国际化、规模化、专业化趋势的不断增强，不仅对会展人才的数量，也对其质量提出愈来愈高的要求。为适应会展业对高素质人才的需求，一些高等院校陆续开设与会展有关的专业。本书正是适应这一形势而编写。

全书共分九章：第一章介绍会展的内涵、特点、本质、类型以及会展对宏观经济的作用；第二章是有关展览的历史渊源、发展及未来趋势的介绍；第三章介绍组织展览会的知识；第四章介绍如何进行会议组织；第五章是有关在国内参展的知识；第六章是有关海外参展的知识；第七章介绍观众参观展览的知识；第八章是有关国内外展览的管理组织及政策等；最后一章简要介绍我国及世界一些知名展会。

本书编写的特点是：1.文字尽可能简洁，这样可以减少印张，降低印刷成本，提高本书性价比；2.大多数章节的安排按照时间顺序展开，条理性较强；3.在每章开头向读者说明本章的学习目标和基本概念，在每章后都有本章重点和小结、前沿问题、案例分析、练习与思考题及部分问题的答案，最后根据情况列出实训题，这样的安排既便于读者自学，也便于教师教学。

本书适合于高等院校会展以及相关专业作为教材，也适合从业人员参考。

教材学习导引

本教材为"主辅合一型",它把主教材、学习指导和学习参考融为一体,其内容编写和体例编排上都不同于以往教材。为帮助学好这门课程,我们设计了8个学习模块,具体使用方法如下。

1. 学习目标和基本概念

在每一章的开头,都用"学完本章,你应该能够"的表述,把教学要求具体化。在学习中,要按目标要求去掌握教材的内容,保持清晰的思路。

2. 旁白

正文中使用了旁白的版式,这块留白实际上是师生交流的园地,其目的就是使学生的学习由被动接受型向主动参与型转化。在这里使用了五种不同的图标,每种图标的含义如下:

　　资料补充。包括教材中提及的人物、著作的介绍,概念的解释,短小案例等。

　　问题思考。就教材内容提出的思考问题。

　　要点提示。对教材中重点问题提示和归纳,起强化和提醒的作用。

　　记住。提示需要记忆的内容。

　　媒体使用指南。提示相关内容在其他媒体中的安排。

3. 小结

是对全章内容的概括总结。在阅读本章之前,可以先浏览小结的内容,对全章有大概的了解。学完全章之后,再认真阅读一遍,对全章进行回顾和归纳,加深理解。

4. 学习重点

明确本章在学习中应重点理解和掌握的内容。学习重点既是课程的基本知识,又是考试的重点内容。

5. 前沿问题

学科正在研究尚未解决的前沿问题,前沿争议的内容,研究思路的简单介绍。

6. 案例分析

每章的学习指导后都配有案例,要求运用本章所学知识对案例进行分析评判,培养分析问题和解决问题的能力。

7. 练习与思考

我们按考试要求为每章编写了一套练习题,要求课后独立完成,其目的是为巩固所学知识和熟悉考试题型。

8. 思考题答案

本教材只给出填空题和选择题的答案,请在做完题后仔细对照检查,简答题和论述题答案根据教材自己归纳。

前言

改革开放以来特别是近年来,随着北京申办2008年奥运会和上海申办2010年世博会的成功,我国会展业的发展驶入了快车道,目前以每年20%的速度在增长。

会展业的快速发展,会展国际化、规模化、专业化趋势的不断增强,导致对会展人才的数量需求旺盛,也对其质量提出愈来愈高的要求。为适应会展业对高素质人才的需求,一些高等院校陆续开设与会展有关的专业。

早在2002年,我开设了与会展有关的课程,并着手编写《会展概论》一书的讲义。在讲义编写过程中,国内有关会展书籍的出版为我的讲义的不断完善提供了非常有益的素材和参考,在授课过程中一些会展专家和学生也提出了不少中肯的建议。

会展有狭义和广义之说。狭义的会展即指展览;广义的会展包括会议和展览。更广义的会展概念包括会议、展览、节事活动和奖励旅游。限于篇幅,本书所说的会展除非特别说明均指狭义的会展,即展览。《会展概论》可以从微观方面,也可以从宏观方面加以展开。根据复旦大学出版社的建议,本书以微观为主,宏、微观相结合。

全书共分九章:第一章介绍会展的内涵、特点、本质、类型,以及会展对宏观经济的作用;第二章是有关展览的历史渊源、发展及未来趋势的介绍;第三章介绍组织展览会的知识;第四章介绍如何进行会议组织;第五章是有关国内参展的知识;第六章是有关海外参展的知识;第七章介绍观众参观展览的知识;第八章是有关国内、外展览的管理组织及政策等;最后一章简要介绍我国及世界一些知名展会。

本书编写的特点是：

1. 文字尽可能简洁，这样可以减少印张，降低印刷成本，提高本书性价比。

2. 大多数章节的安排按照时间顺序展开，条理性较强。

3. 在每章开头向读者说明本章的学习目标和基本概念，在每章后都有本章重点和小结、前沿问题、案例分析、练习与思考题及部分问题的答案，最后根据情况列出实训题。这样的安排既便于读者自学，也便于教师教学。

为编写出一本较高质量的《会展概论》，特邀法兰克福展览（上海）有限公司总经理赵慰平教授参加主编本书。本书第一、二章由赵慰平、龚平编写；第三、八、九章由龚平编写；第四、六章由龚平、李保俊编写；第五章由张敏编写；第七章由滕跃民编写；全书由龚平、赵慰平主编，滕跃民副教授主审。在本书的编写过程中，复旦大学出版社副编审李华博士提出不少真知灼见，上海博华国际展览有限公司总经理王晓鸣教授对本书的编写给予了较多有益的指导，还有一些会展界的专家学者提出了宝贵的意见，一些同学也参与了本书有关章节文稿输入等工作，在此一并表示衷心的感谢。

在本书编写过程中，虽然花费较大的精力，但书中定有不妥之处，恳请读者予以指正，通过书信或 E-mail 与我联系，在此先表示诚挚的谢意！

龚 平

E-mail: gongping20018@163.com

2005 年 7 月夏于申城

目 录

第一章 导 论 ·· 1
  第一节 会展的内涵 ·· 1
  第二节 会展的本质、特点和类型 ······································· 6
  第三节 会展对宏观经济的作用 ··· 10

第二章 展览的产生与发展 ··· 16
  第一节 集市、庙会和现代展览的产生 ································ 17
  第二节 展览的发展历程和现状 ··· 23
  第三节 展览业的发展趋势 ·· 34

第三章 展览会的组织 ·· 43
  第一节 展前策划 ·· 44
  第二节 展前准备 ·· 46
  第三节 展中管理 ·· 67
  第四节 组展总结、效果评估和展后跟踪 ··························· 78

第四章 会议的组织 ··· 87
  第一节 会议的概念、类型和构成要素 ······························ 87
  第二节 会议的策划 ·· 93
  第三节 会议的准备 ·· 95
  第四节 会中管理和会议评估 ·· 103

第五章　国内参展 107
第一节　参展决策 107
第二节　参展前的准备 116
第三节　展中工作 126
第四节　参展后续工作 133

第六章　海外参展 143
第一节　海外参展的程序 144
第二节　海外参展运输 151
第三节　展品出入关 159

第七章　参观展览 167
第一节　参观决策 168
第二节　参观指南 171

第八章　展览的宏观管理 179
第一节　中国展览组织及相关政策 179
第二节　会展发达国家和地区对会展的管理 199
第三节　国际主要会展组织 205

第九章　中国及世界若干知名展会 211
第一节　我国若干知名展会 211
第二节　世界若干知名展会 217

主要参考文献 229

第一章

导 论

 学习目标

学完本章,你应该能够:
1. 理解会展的内涵;
2. 了解会展的本质、特点和类型;
3. 领会会展对宏观经济的作用。

 基本概念

会展　展览　国际展　综合展

第一节　会展的内涵

在研究一门学科之前,首先需要对其内涵进行科学、准确的界定。

从字面解释,会展是会议和展览的统称。一些会展学者认为,会展就是展览会,或者展览;一些学者则认为,会议就是会议,展览就是展览,对两者应分别加以研究;还有一些学者甚至认为,会展不仅包括会议和展览,还包括节事活动。根据这个观点,会展包括的范围非常广,它不仅包括各种类型的会议、展览会,还包括运动会、音乐会、人才交流会等。会议小到家庭会议、学校的家长会、企业的商务会议,大到全国人民代表大会、亚太经济合作组织会议、联合国大会等政治会议和福布斯论坛等世界性的经济会议。展览,如我国的广交会、中国国际工业博览会、法兰克福书展、芝加哥模具展等;运动会,包括学校运动会、欧洲杯足球赛、亚运会、世界奥林匹克运动会等;各种节庆活动,如西班牙斗牛节、傣族泼水节等。更广的会展概念,则包括会议、展览、节事活动和奖励旅游。

限于篇幅,本书主要研究狭义的会展,即展览、展览会或展会。下面分别介绍展览、会议和会展业的概念。

一、狭义的会展——展览的概念

什么是展览？这里首先给出若干说法。

《辞海》对展览的定义是：用固定或巡回的方式,公开展出工农业产品、手工业制品、艺术作品、图书、图片,以及各种重要实物、标本、模型等,供群众参观、欣赏的一种临时性组织。将展览定义为"一种临时性组织",似乎不太妥当,有些展览是临时的一次性举办的有组织的活动,但不能因此说它是"临时性组织"。这一定义也与当前盛行的商业性展览实际情况不太符合。目前,很多商业性展览的组展者都不是临时性的组织,而是一个常设的组织,其组展的目的不仅是供观众参观、欣赏,而且观众在展会上可以收集信息、寻找商机。

《简明大不列颠百科全书》对展览会下的定义是：为鼓舞公众兴趣、促进生产、发展贸易,或者为了说明一种或多种生产活动的进展和成就,将艺术品、科学成果或工业制品进行有组织的展览。该定义比较全面,认为展览包括贸易性质的展览和宣传性质的展览,明确现代展览的一个鲜明特点,即是有组织进行的,而不是自发进行的。

我国知名展览专家林宁先生在其《展览知识和实务》一书中将展览定义为：在固定或一系列的地点、特定的日期和期限里,通过展示达到产品、服务、信息交流的社会形式。这里的信息交流所包含的内容很多,如宣传成就、宣传政策、普及科技知识、传播企业形象、了解市场发展趋势,甚至以不正当手段获取情报等。应该说,林宁先生定义的内容更充实。

关于展览,不同的人都试图从自己的角度来加以解释。组展者说,展览是特殊的服务行业,核心本质是服务；展台设计者说,会展是受参展商资金与观念限制的艺术创作；展台搭建商说,会展是"奢华",一掷千金三五天,是最短命的装饰工程；参展商说,会展是经济、实惠、有效的立体营销广告；市长说,会展是一项提升城市两个文明建设、利国利民的德政工程；学者说,会展是智者的峰会,是传播新思想、新观念的论坛；哲学家说,会展是企业经营理念的展示,是步入市场经济后理性成熟的表现；建筑家说,会展场馆规模宏大、气派,是城市标志性建筑；数学家说,布展是排列与组合、平面与立体、黄金分割与数模运筹的应用；美术家说,会展是生活中一道五彩斑斓、丰富亮丽的色彩；环保专家说,会展是"不冒烟的工厂",是无污染的绿色产业；经济学家说,会展是经济发展的又一个新的增长点；投机招展商说,展不在好,能办则赢,展不在精,能捞则灵；武侠小说爱好者说,会展人像练"葵花宝典",

第一章 导 论

有些最终成了碎片,随风而散。或许,我们可以从这些比喻中感悟一些展览到底是什么。

从汉语的字面意义理解,所谓"展"即展示、陈列,所谓"览"即参观、观看,所谓"会"即会合,为了实现某种目的大家集中在一起,进行交流。展览会通常简称为展览、展会。展览是组展者搭建的一个平台,参展商与观众从四面八方来到这个平台进行交流。参展商展示物品,观众参观这些物品,因此展览是在同一地点、同一时间至少两方参与的社会、文化或经济活动。也就是说,展览有3个基本要素:参展商、展品、观众。展品是展览的核心,参展商和观众通过展品这个媒介进行交流以达到贸易和技术交流的目的,展品可以是有形的实物,也可以是无形的服务,无形的服务以文字资料、图片、影像资料等形式展示。从广义上说,一切同时包括展示和观看的活动都可以视为展览。因此,商店里陈列的商品当有顾客浏览时,即为展览;集市上农副产品的摊位当有消费者光顾时,即为展览;图书馆中的图书当有读者翻阅时,亦为展览。

> 本书所说的展览是狭义的展览,即组展者吸引参展商在一个特定的时间里到某地将其产品或服务进行充分展示,以引起观众注意,并促其当场或展后购买其产品或服务的有组织的活动。展览通常是在展览场馆举办,参展商不仅展示产品,而且散发有关资料。这里狭义展览的定义指的是商业展,政府举办的成就宣传展、图书馆举办的艺术作品展等未包括在内。

展览活动参与者主要包括组展者、参展者、观众、展览服务商。组展者还可称为主办方,商业运作的组展者可称为组展商,参展者可称为参展商。参展商和观众是展览活动的主体,他们之间存在现实的和潜在的买卖关系,要达成交易就需要进行交流,根据他们这一需求组展者寻找合适的展馆为他们提供一个交流的平台,因此组展者提供的是一项服务。展览活动中,参展商是卖方。观众可能有很多,但并不是所有的观众都是参展商的潜在买家(专业观众),非潜在买家的观众对参展商不仅毫无意义,而且浪费参展商的时间和资料。本书所说的观众除非特别说明均指专业观众,或者潜在的买家。展览服务商包括会展中心、展台设计搭建商、运输服务商、展览器材服务商等。参展商需要将展品运输到展馆,运输服务商可以提供这方面的服务;组展者、参展商需要设计搭建展台,展台设计搭建商可以提供这方面的服务;参展商可能需要展示器材,展览器材服务商可以提供这方面的服务。

参展商、观众、组展者作为独立的利益个体,他们都要实现自己的利益。如果组展者实现了自己的利益,而参展商和观众不能实现自己的目标,那么他们将不会参加或参观下一届展览,这个展览会也就死亡了。理想的状态是三者共同努力实现总的投入产出比最大化,再在这个最大化的利益中分享属于自己的那一块"蛋糕"。当然,在此过程中必然存在利益分配的博弈,合理的分配将促进展览的持续、健康发展;畸形的利益分配将导致展览的衰败,乃至死亡。

二、会议

会议和展览都有传播信息的功能,但两者是两个内涵不同的名词。会议主要以语言为工具,辅之以道具、幻灯、多媒体等手段;而展览通常是以实体为媒介,辅之以语言、多媒体等手段及宣传材料。会议的类型多种多样,其中政治和学术会议与展览之间的关系相当远,在这类会议上基本不存在展示。商务会议中的产品订货会与展览相近,这样的订货会通常在酒店、会议场所举办,其形式通常是推销会和产品展示相结合,在酒店的某个场所,订货会的举办者展示自己的产品,以加深采购者的印象,增加订货量。很显然产品订货会以会议为主,展示为辅。当前展览会有这样一个趋势,即有展必有会,会议作为展览的辅助以强化展览的效果,展中会已成为展览的一个有机组成部分。

三、展览业

与展览活动直接相关的会展中心、组展公司、展览服务公司等形成的行业,即为展览业。展览业属第三产业,在第三产业中所占的比重相当少。展览业对环境负面影响比较小,特别在当前,展览界在大力提倡绿色展览,提倡可以循环反复使用的展台,因为短期的展会会消耗掉大量的装修材料;展览业对社会经济发展的推动作用也是不可忽视的,特别是对旅游业的推动作用。展览业对社会经济的作用应进行客观分析,当前我国一些展览业界人士有夸大展览作用之嫌,他们认为虽然展览业的直接收入不多,但为了获得有关政府部门和领导的支持,动辄提出1:9的观点,即展览业获得100元的直接收入,与展览有关的行业将获得900元的收入,这就是所谓的展览拉动经济作用。其实任何一个产业都有其拉动经济的作用,你能说计算机行业就没有对经济的拉动作用?对展览业予以适当重视是必要的,特别是在当前我国展览业还不发达的情况下,但过分的炒作可能会导致领导错误决策,因此应该实事求是地评价展览业的作用。

国际上,会展业通常被称为MICE Industry。MICE是由会议(meeting,主要

第一章 导论

是指企业会议)、奖励旅游(incentive tour)、大型会议(conference,主要是指协会/团体组织会议)和展览会(exhibition or exposition)这4个英语词汇的第一个字母组合而成。随着会展业的不断发展,MICE中的E又增加了新的内涵,即节事活动(event)。在美国,人们更多地用Convention Industry来指会展业,而不用MICE Industry。而在欧洲,人们一般用Meeting Industry来指会展业。

在国际上,会展业被归属于服务贸易领域。根据《国际服务贸易总协定》的主要条款及内容,在国际服务贸易的12个部门分类中,会展业属于职业服务范畴,它主要提供以下服务:

(1)策划和举办各种规模、各种性质、各种目的和各种层次的国际和国内会议;

(2)策划和举办各种规模、各种性质、各种内容和各种形式的国际和国内的展销会、展览会、交易会和博览会;

(3)策划和安排各种规模、各种目的和各种层次的奖励会议和奖励旅游活动;

(4)策划和举办各种规模、各种性质、各种目的和各种内容的节事活动;

(5)提供上述各项会议、展览、奖励旅游和节事活动所需要的各种场馆和设施及其配套的内在服务,如会务、货运、仓储、报关、检疫、保险、法律、金融、通讯、信息、展台设计与搭建、翻译等;

(6)安排和提供上述会议、展览、奖励旅游和节事活动的参与者所需要,并能令人满意的住宿、餐饮、交通、游览、娱乐、购物等各种生活接待服务。

关于会展在服务贸易中的归类问题,还有以下不同的说法:

WTO关于展览服务业的归类:属于服务贸易中(共16大类)的商业服务,在商业服务中属于其他商业服务,在其他商业服务中属于会议和展览服务(属于4级分类)。在联合国中心产品目录为CPC(central products classification) 87909。

在日内瓦WTO统计和信息系统局(SISD)提供的国际服务贸易分类表中,全世界服务部门分为十一大类142个部门。这十一大类为:1商业服务,2通信,3建筑和有关工程,4销售,5教育,6环境,7金融,8健康和社会,9旅游,10娱乐文化体育,11运输。在一类商业服务中S项为会议服务,并在S项中设立T分项,展览的类别归属为:1-S-T。

第二节 会展的本质、特点和类型

一、会展的本质

会展为参展商和观众提供一个理想的沟通和交流的平台。通过这个平台,观众能在短暂的时间里,接触到许多不同的提供某一类产品的参展商,接触到许多不同的展品,较充分地了解参展商的有关情况和展品的结构、功能、性能、外观等;参展商也能在一个短暂的时间里接触到大量的观众。通过参展,参展商将企业和产品信息告知观众;通过参观,观众可以找到供货条件更好的供应商,寻找到商机。

企业将参展视为与广告、人员销售等一样实现其营销目标的一种手段,观众将展览视为其获取采购信息和发现商机的一个渠道。因此,从参展商角度而言,通过展览将参展商的信息传递给观众,以促成观众购买是展览会的本质所在。

在此简要介绍一下有关信息的知识。

在自然界和人类社会,在事物的运动过程中信息在源源不断产生。信息是指由事物发出的消息、情报、数据、信号。信息与人才、资金一样,都是市场经济的重要资源。

1. 信息的特征

信息具有以下特征:

(1) 可扩充性。随时间变化,大部分信息将得到扩充和发展。

(2) 可压缩性。信息通过加工、整理、概括和归纳可以进行浓缩。

(3) 可替代性。信息在一定程度上可以替代资本、人力资源和物质资源。

(4) 可传播性。信息可以通过纸张、因特网、图片等载体加以传播。

(5) 可分享性。信息与实物不同,可以实现多人共享,可以同时为许多人共同使用。当信息在人们之间进行传播时,信息将实现共享。

2. 信息传播的特点

在展览活动中,信息传播具有下列一些特点:

(1) 信息收集的便利性。展览活动由于信息的大量集中,可以降低信息的获取成本。

(2) 信息发散的广泛性。参展商的信息,能被观众大范围、大规模地发散。

(3) 信息反馈的及时性。通过展览参与双方交流,保证了信息反馈的及时性,并可以及时对错误的信息进行纠偏。信息反馈的及时性,有利于提高展览活动信息传播的效率。

二、会展的特点

作为联系参展商和观众的桥梁和纽带,参展成为许多企业开展营销的重要方式之一,也是观众获取供应信息的重要渠道。参展作为企业的一种营销方式,与其他营销方式相比具有以下一些鲜明特点。

第一,展览会对企业的宣传是全感观、立体和全方位的。展览通常是在一个实物环境中,展出的是看得见、摸得着的鲜活实物产品,观众可以使用他的全部感觉器官,即五觉(视觉、听觉、嗅觉、味觉及触觉)对展品进行全面、真实的感觉,留下生动、深刻的印象,并通过心理活动对展品进行全面的评价。譬如,如果展示的是食品,观众不仅可看其颜色、问其成分,还可以亲自品尝一下,体验其味道,显然一个美味的食品必将给他留下难以忘怀的记忆;如果是化妆品展,观众可以在展览会现场闻闻其发出的香味,香味迷人的化妆品肯定会打动其购买欲。随着高科技的迅猛发展,生产的产品日益复杂,仅靠单向的信息交流、单一的感官体验不足以使观众对高科技产品有全面了解。对于高技术产品或复杂产品,亲自感受一下也非常有必要:看看电视机的色彩,听听音响设备的音质,敲敲电脑的键盘,借以了解其性能。总之,观众可以使用各种感官对展品进行详尽、全面的感受,从而增强对产品的深入了解,这是展览会所具有的独特优势。

第二,会展的另一个鲜明特点是信息的高度集中。通过运作,组展者将许多不同企业的展品云集在同一个地点向大量的观众展示。专业展览会通常是3到5天,在短短的几天里,参展商通常可以接触到整个行业的大部分客户,获得很多有关客户的信息。而诸如电话营销、销售人员拜访客户等营销方式,通常都不可能在如此短的时间内接触到如此多的客户,通过参展营销接触到的客户可能比用其他营销方式一年所接触的客户还多。因为通过组展者和所有参展商的共同开发,可能某行业几乎所有的潜在客户都来参观展览。参展商与观众大量集中的一个显著效果是信息收集成本的大量节约。就参展商而言,可以在短时间内接触到大量的观众;就观众而言,可以在同样非常短的时间里与大量潜在供应商接触,其他方式都无法获得这样的效果。

第三,会展的联系面广。在展会上,企业现有客户和潜在客户(包括代理商、批发商、零售商)、最终顾客,甚至供应商都可能参观展览。会展的联系面是其他营销方式无可比拟的。

第四,会展还有一个特点是新。这里的新,不仅指在某次展会上,参展商可能会遇到新的潜在买家,观众将遇到新的供应商、新的产品和服务,而且指许多展会每届都有新的主题,每届都有新的亮点,反映了会展的与时俱进、与时代共舞。例如,现在每次世博会都有其新的主题。会展是新产品走向市场的重要舞台,许多新产品都是通过参展走向消费市场、实现其价值的。从科技发展史看,许多划时代的发明创造,如电话机、留声机、蒸汽机车、电视机等都是首先在展览会上进行展示进而推广。即使在信息技术高度发达的当代,展览的广泛性、直观性,对推广新技术、新发明仍发挥着不可替代的作用。展览会上常举办的一些讲座或论坛,邀请的是某行业国内乃至国际上知名的专家和学者,这对传播新知识新理念、促进国内及国际间的沟通和交流发挥了相当大的作用。当然在展会上也有许多老产品,展示老产品是为其寻找新的市场,同时借此向观众展示企业的历史和辉煌,巩固与老客户的关系。

第五,参展既可以说是一种营销方式,又可以说是多种营销方式完美的组合。现代会展不仅是实物的静态展示,而且利用高科技,动与静、光与色、广告与图片、活动与音乐等手段加以灵活结合,展品与展台、展馆实现完美结合,使人置身立体艺术、平面艺术、灯光艺术的海洋中,令人产生美好的感受。而展览与会议的结合,展览与人员促销的结合,又大大丰富了会展的内容和内涵。

三、会展的类型

根据不同的标准,可将会展分为不同的类型。

(一) 根据会展的内容(即展品所属行业或类别)不同进行分类

展览会展出的内容可能非常广,也可能非常窄。如果展览会包含的范围非常广,或某个产业的所有行业,可称之为博览会(或经济展、经济贸易展);若展出的内容仅限于某一产业,也可称之为××产业展览会,如农业展、工业展;西方国家对第三产业的展览会习惯称为经济活动展;若展览会内容仅限于某一个行业,如重工业、轻工业,可称之为重工业展、轻工业展;如果展览会的内容仅限于行业中的某个专业,如汽车、钟表,可直接称之汽车展、钟表展。关于展览会的分类,可参考原外经贸部曾发布的《对外经济技术展览会分类目录》。

(二) 根据参展商(或者观众)的来源不同进行分类

根据参展商来源不同,展览会可以分为国际展、国家(全国)展、地区展和独展。比如,北京国际机床展、1999年昆明世界园艺博览会、2010年的上海世博会等属于国际展;上海中国艺术展览会、广交会是国家展;华北经济贸易洽谈会则是地区展。

什么样的展览会称之为国际展?关于这一点,国际会展界的看法还不一致。

(1) 国际展览局在其公约中规定:有两个以上国家的企业参加的展览会,即可称为国际展览会。而在业界,另一比较普遍的说法是符合下述标准之一的展览会方可称作国际展:① 10%以上的参展商来自国外;② 4%以上的观众来自国外;③ 国外直接或间接参展的净面积不少于总面积的20%;④ 20%以上的广告宣传费使用在国外。

(2) 国际展览业协会(UFI)则规定,符合下述标准之一的展览会方可称作国际展:① 20%以上的参展商来自国外;② 20%以上的观众来自国外;③ 20%以上的广告宣传费使用在国外。有些展览会制定了更高的标准,如德国的杜塞尔多夫展览公司将国际展的标准定为30%以上的参展商来自国外或25%以上的观众来自国外。

(三) 根据会展的性质不同进行分类

根据性质的不同可将会展分为专业(贸易、技术)展、展销会(或消费展)和综合展三种(见表1-1)。专业展的主要目的是交流信息、洽谈贸易,这类展览主要对工商界人士开放,观众主要是工商界人士,在专业展的最后一天,展商可能销售一部分他们的样品。展销会展出的是消费品,以直接销售为主要目的,这类会展对公众开放,观众主要是普通消费者,在展销会上也会同时做批发贸易,但是批发贸易不是其参展的主要目的。综合展,则兼有批发贸易和零售两种性质。

表1-1 专业展、展销会和综合展三者简单比较

展览类别	参展商类型	观众类型	展品内容	目的	观众入场方式
专业展	生产商、批发商	生产商、批零商	工业品、消费品	贸易	登记入场
展销会	生产商、零售商	公众	消费品	零售	购票入场
综合展	生产商、批零商	生产商、批零商、公众	工业品、消费品	贸易和零售	购票入场

(四) 根据会展间隔时间和举办时间的长短进行分类

根据会展是否定期举办可分为定期展和不定期展。定期展有一年四次、一年两次、一年一次、两年一次、四年一次等,不定期展则视情况而定。其中一年一次比较普遍,据调查,在英国一年一次的展览会占会展总数的3/4。

根据会展举办时间的长短可分为长期展和短期展。长期展可以长到3个月、半年,甚至常年;短期展一般不超过一周。当前,专业展一般是3到5天。

(五) 根据举办会展的场地进行分类

大部分会展是在展览场馆举办。展览场馆可分为室内场馆和室外场地。室内场馆多用于展示体积比较小的展品,如纺织品、缝纫机、汽车等;室外场地多用于展示超大超重展品,如飞机、矿山设备。在几个地方轮流举办的展览会叫巡回展。比较特殊的是流动展,即利用飞机、轮船、火车、汽车作为展场的展览会。

第三节 会展对宏观经济的作用

现代会展是商品经济发展的产物。从微观角度讲,企业通过参展可以展示和宣传自己的产品,建立与新客户的联系,巩固与老客户的关系,进行市场调研,并最终实现促成交易的目的。在企业文化和理念备受重视的现代社会,会展还担负着传播企业文化、树立企业和产品形象的使命。从宏观角度讲,会展具有促进内外贸易、促进地区和国家乃至世界经济的发展、促进产业结构的调整、增加市场透明度、反映市场发展趋势等作用。

本节我们着重论述会展对宏观经济的作用,而参展对企业的作用和参观展览对观众的好处在相关章节将分别加以阐述。

一、会展对内外贸易的促进作用

会展作为联系买卖双方的纽带,不仅促进国内贸易,而且对国际贸易的发展发挥了重要推动作用。当前,虽然商业批发零售是贸易的主渠道,但会展在促成批发和零售的实现方面发挥了重要作用。据美国一份调查报告(见表1-2)显示,美国2/3以上的制造、运输及批发企业将参展作为促进贸易的重要手段;金融保险等服务行业虽只能展示资料,但仍有1/3以上的企业将参展作为促进交流和最终实现贸易的重要方式。

表1-2 美国不同行业参展情况

行业名称	该行业将参展作为营销方式的企业占企业总数的百分比
制造业	85.1
运输、通讯、公共事业	73.0
批发	78.7
金融、保险、不动产	57.6
零售	37.8
服务	34.4
广告	33.3

会展孕育着无限商机。通过会展这个平台,参展商(卖家)充分了解观众(买家)的需求,观众通过参观实物也充分了解参展商的供给信息,再加上参展商在展览会现场和展后的跟进,可能在较短时间内促成买卖双方的交易。据统计,1998年在香港举办的会展,为香港企业带来出口订单330亿港元;1999年四川成都展览馆几乎天天有展会,其中仅一次上海商品交易会,就创下六十多亿元人民币的成交额。

二、会展对经济结构调整的作用

会展业作为一个行业,是我国国民经济结构中一个新兴的有机组成部分。会展业是绿色无烟产业,其只涉及商品和服务的展示及交流,不涉及生产领域,对环境没有多大的污染,是一个低消耗、清洁产业。目前,会展业利润率大都在25%以上(而国外因为高成本和服务质量的提高,一般只有6%—7%),是高收入、高盈利,而且对相关产业的发展拉动能力较强的产业。会展业稳健的发展对经济结构的调整发挥着一定的作用。会展业不仅为会展公司、场馆和会展服务公司带来收益,也为会展所在城市引来大量的国内外观众和参展商,从而刺激和带动会展所在地的宾馆、餐饮、旅游、交通运输、商业、保险、银行、通讯、信息咨询、广告、公关礼仪等行业的发展,会展还能促进地方基础建设(多功能建筑的兴建)、增加港口吞吐量、增加政府税收、增加就业人数等。其中,会展业对旅游业拉动作用最为明显。例如,在广交会期间,广州的酒店不仅爆满,客房的价格也大幅度提高。

下面就会展业与旅游业和城市发展的关系作简要分析。

1. 会展业与旅游业关系

会展业与旅游业的关系十分密切,因此一些旅游界的专家学者谈得比较多的是会展旅游,但会展不等同于旅游,会展也不是旅游的附属。

会展能推动旅游业的发展。一般地,到异地的参展人员和观众都有到会展所在地或附近的游览胜地去旅游的愿望,但不能因此说他是为了旅游而来参展或参观的,而是说他是因为参展或参观顺便来旅游的。是否游览取决于他的时间和费用预算,如果这些条件不充分,那么他就不会去游览。显而易见,在这种情况下,旅游是会展的附属和延伸。

既然在这种情况下,旅游是会展的附属和延伸,参展人员和观众可以不观光游览,如何吸引这些潜在的旅游客源就是旅游界人士值得研究的课题,因此对会展旅游进行研究十分必要。当然,如果会展界人士能与旅游界人士携起手来,两者应能产生互相促进的良性互动。组展者不仅为参展商或观众实现其参展或参观目标,而且附带实现其旅游目标,这也将可能推动参展商或观众继续参展或参观。旅游界人士也应主动与组展者联系,探讨良性互动的机制,挖掘潜在的会展旅游客源,为参展商和观众提供合适的旅游产品和服务,实现会展业和旅游业双赢。

2. 会展业与城市发展

国际上有一些城市,因其举办世界知名的会展而著称于世。会展不仅为这些城市带来可观的财源,也大大提高了它们在世界的知名度。以德国为例,国际上具有领先地位的展览会约有三分之二在德国举办,而德国举办展览会的城市有二十多个。地处德国东部的已有800年举办展览历史的汉诺威,人口仅仅五十余万,但拥有世界上最大的会展场地,总占地面积达一百多万平方米,其中汉诺威展览公司每年举办的国际展览会有二十多个,小小的汉诺威因展览会而享誉全球,2000年的汉诺威世博会,则进一步提升了汉诺威的国际形象。

巴黎不仅是法国的首都,而且作为法国会展业的中心城市名扬四海。巴黎一年举办的重要国际会展多达三百多个。我国大连原本是一个以重工业为主的城市,20世纪80年代以来,通过举办服装节、进出口商品交易会、汽车展、海事展、建材展、家具展、电子通讯软件展、亚洲海员高峰会议、东亚六城市经济人会议、第三届中日律师交流大会、亚太经合组织会议第三次高官会议、第四届世界华人保险大会、第十四届亚欧经济部长会议等,不仅使大连成为东北亚的区域会展中心,而且极大地提高了大连在国际上的知名度。如果不是举办'99世界园艺博览会,昆明在世人的眼里无非是一个有特点的旅游城市而已。然而,自从昆明获得'99世界园艺博览会的主办权,特别是1998年以后,随着"本世纪中国举办的最后一次大型国际活动"的定位宣传,昆明的国际名声大大地上了一个台阶。

据UFI估计,由展览会所创造的经济效益中,只有20%是会展行业内企业拥有,其余80%为商贸、酒店、饮食、交通、旅游、电信等相关行业所拥有。这也就是为什么我国一些城市,如大连、昆明、厦门、郑州等纷纷在近几年大兴土木,建造展馆,政府贴钱支持举办各种各样的展览会、交易会的原因。

具体地说,会展给举办城市带来了以下一些好处:

其一,会展的举办可以提高举办城市在国内外的知名度。为了办好会展,会展的组织者、参展商,必然要在国内外进行广泛地宣传。这种宣传广告活动在宣传会展的同时,也起到了宣传城市的作用,因为会展的宣传往往是与城市的交通、经济、人文等环境捆绑在一起进行的。城市知名度的提升,将对举办会展的城市开展国际经济文化交流产生很大的推动作用。

其二,会展可以促进城市基础设施的建设。会展需要接待参展商和观众,因此会展的发展必将推动城市的展览场馆、宾馆及交通基础设施的建设,因为这些基础设施必须与会展的规模、档次和频率相协调。

其三，会展有助于城市第三产业的发展。会展前后，为交通、宾馆、餐饮、旅游、商业，以及展览工程设计、制作、广告、媒体等带来大量的机会，从而促进第三产业的发展。

三、会展对经济发展的促进作用

据不完全统计，世界上每年定期举办四千多个大型展览会。这些展览会的举办对世界经济的发展作出了重要的贡献。

据美国贸易展览局统计，1994年美国展览业的直接产值约为760亿美元。这个数字主要是用于展览会的直接开支额，还不包括因展览会而促成的贸易额。即便如此，也足以说明展览的经济价值。

以低投入、低污染、高效益等为特点的展览，已经成为世界各国和地区竞相追逐的"香饽饽"，越来越多的国家和地区不惜血本角逐各种类型的博览会、交易会、商贸洽谈会和国际性论坛的举办权。每年两届的"广交会"，除了自身成交总额超过200亿美元外，还给广州市的交通、通讯、酒店、旅游等相关产业带来二十多亿元人民币的收入。日内瓦、慕尼黑、纽约、巴黎，以及新加坡和中国香港等世界著名"会展城"，每年从会展业中尝到的"甜头"更是天文数字。

在中国香港，1998年的会展业给中国香港带来直接收入75亿多港元，带来就业机会九千多个。1999年9月在上海召开的《财富》论坛，仅会议期间的广告、宣传收入就达数亿元。在1999年昆明举办的世界园艺博览会期间，昆明共接待游客1 000万人次，仅1—7月云南旅游总收入就达115亿元，同比增长44%。

2003年6月，规模盛大的北京国际车展带来了数以亿计的各项收益。在车展开幕前和展览期间，展馆周边各种档次的酒店、旅馆全部爆满，各大饭店的会议中心、宴会厅热闹异常。据粗略估算，此次组展者参展费收入高达八千四百多万元人民币。而此次参加车展的国外、中国香港和中国台湾地区企业近300家，以每家企业10人、每人每天餐饮住宿花销100美元计，展期加上展前准备和撤展按10天计算，仅此一项就超过300万美元，再加上国内近700家参展企业绝大多数来自外地，而且约40万观众中有三成是来自外地，这也将是一笔巨额费用支出。因而，酒店、餐饮、交通、零售、广告、印刷、保险、模特等行业都从中受益匪浅，"会展经济"成为人们津津乐道的新兴词汇。有专家估算，展览业具有1:9的经济拉动效应。以法国为例，1995年，法国企业花费75亿法郎(约合13亿美元)参加各种展览会和博览会。在75亿法郎的数据中，仅统计了参展商用于展会的直接花费，包括展台租金和展台装修费用，而展品的运输费及参展人员的交通费、住宿费、餐饮费用等均未计算在内。参展商每花费1法郎，平均可带来35—40法郎的合同，据此计算，法国国内企业(约占参展商的67%)因参展而带来的合同营业额可达1 500亿法郎,这意味着创造了20万个就业岗位。

四、会展能反映经济发展的趋势

通过对展览会分析,可以发现行业和经济发展趋势。展览会不仅仅是参展商和观众洽谈的桥梁,它更是一个信息聚合体,展览会活动的过程就是一个信息汇集、加工、处理、输出的过程,这样的信息输出往往带有明显的行业发展趋向指示。德国政府在20世纪50年代曾指出,经济的发展在展览会上能得到反映,同时展览会也影响经济的发展。贸易展与经济发展的关系是两方面的:一方面是经济发展状况决定会展的兴衰,并在会展上反映出来;另一方面会展所呈现出的主调也会影响、刺激经济发展趋势。关于会展能反映经济发展趋势的作用,西方学者施密德教授(Schmidt)甚至指出:贸易展览会是能够提供经济发展趋势有关数据的唯一的市场媒介。

在发达国家,由于大型综合经济贸易展览会已基本消失,而众多的专业展览只能反映各自行业的状况和趋势,因此必须在观察一系列专业展览会的基础上才能分析和掌握整个行业的走势。

什么样的会展可视为国际展览会?

小结和学习重点

- 会展的含义
- 会展的本质、特点
- 会展分类的标准
- 会展对宏观经济的作用

狭义的会展即展览,是主要包含组展者、参展者和观众三方参与的有组织活动。会展的本质是传播信息,其作为企业的一种营销方式具有信息高度集中等特点。根据不同标准可将会展分为不同的类型。会展业的发展对社会经济的发展产生积极的推动作用。

前沿问题

如何发挥会展对经济的拉动作用?

第一章 导 论

练习与思考

(一) 名词解释

会展　会展业　国际展　专业展

(二) 填空

1. 从参展商的角度而言,会展的本质是_____。
2. 根据参展商的来源,会展可分为_____、_____、_____和_____。
3. 国际展览局在其公约中规定_____参加的展览会可称为国际展。

(三) 单项选择

1. 最常见的定期展是_____。

　　(1) 四年一次　　　　　　　　(2) 两年一次

　　(3) 一年一次　　　　　　　　(4) 半年一次

2. 展览业是属于_____。

　　(1) 工业　　　(2) 服务业　　　(3) 建筑业　　　(4) 农业

(四) 简答

1. 如何理解创新是会展的一个特点?
2. 贸易展、展销会和综合展有什么区别?
3. 会展业与旅游业的关系是怎样的?

(五) 论述

试论述会展对宏观经济的作用。

部分参考答案

(二) 填空

1. 通过展览将其信息传递给观众以促成观众购买　2. 国际展　国家(全国)展　地区展　独展　3. 两个以上的国家

(三) 单项选择

1. (3)　2. (2)

第二章

展览的产生与发展

 **学习目标**

学完本章,你应该能够:
1. 了解物物交换、集市、庙会与现代展览的区别;
2. 了解现代展览的产生;
3. 了解展览的发展历程和现状;
4. 把握展览业的发展趋势。

 基本概念

集市　庙会　贸易市场　贸易中心　AUMA

展览是如何产生和发展的,展览的现状如何,它的发展趋势又将是什么?

原始社会末期,生产力的发展导致了剩余产品的出现,剩余产品的出现又引发了物物交换。随着人类历史上的3次社会大分工,商品等价物货币的出现,物物交换逐渐在一个固定的场所和时间进行,集市随之形成。古代人类宗教活动场所人员的聚集为商人和小生产者提供了商机,庙会随之形成。但是,集市和庙会并没有直接发展成为现代展览。现代展览源于欧洲的艺术展和宣传国家成就的工业展,这种有组织的展览与商品贸易功能的结合,使现代展览应运而生。

第二章　展览的产生与发展

第一节　集市、庙会和现代展览的产生

一、物物交换——展览的原始形式

在距今约八千年前的原始社会后期新石器时代，人类完成了第一次社会大分工。第一次社会大分工促进了生产力的发展，导致了剩余产品的出现，产生了交换剩余产品的需要，并开始出现交换活动。

起初，这种物物交换是偶然的，地点和时间是不固定的，交换的规模也非常小。物物交换的双方既是卖方，又是买方，他们各自展示自己的剩余产品，同时察看对方的产品，以确定是否有可能进行交换。这种偶然的物物交换持续了比较长的时间。

原始的物物交换已经具备了展览的一些特征，但显然与现代展览差别很大。这里以现代专业展为例说明其区别。首先原始的物物交换是偶然的，时间和地点是随意的，而不是有组织进行的；现代专业展则是有组织进行的，举办的时间和地点相对比较固定。其次原始的物物交换规模仅限于买卖各一方，现代专业展则可能云集成千上万的参展商和观众。其三原始的物物交换双方既是买方，又是卖方；而现代专业展的参展商在展览会上是只卖不买，观众是只买不卖。但是，由于原始的物物交换具备了展览的一些内涵，因此我们认为它是展览的原始形式。显然，我们说物物交换是展览的原始形式，绝不是说现代展览就等同于物物交换。

二、集市、庙会——物物交换的进一步发展

随着生产力的发展，剩余产品的种类和数量急剧增加，交换的次数随之急剧增加，交换的规模和产品范围也在不断扩大，偶然的、不固定时间和地点的物物交换逐渐演变成在相对固定的时间和地点进行的集市交易。

物物交换是展览的原始形式，而集市是物物交换的发展，因此我们可视集市为展览的古老形式。虽然我们认为集市是展览的古老形式，但集市并不等同于现代展览。集市与现代展览的主要区别是：集市上的交换仍是自发的，而不是有组织进行的，而专业展则是有组织进行的；其次，集市交换的规模虽比原始的物物交换大，但与现代展览相比仍要小得多。

庙会原先是一种宗教活动。在宗教节日，许多信徒从四面八方赶到寺庙或祭祀场所求神拜佛，一些小生产者、小商贩趁机兜售商品。久而久之，在寺庙或祭祀场所附近自然而然就形成了集市。这样的集市是因宗教活动引发，并在宗教场所

(庙宇、寺庙)的附近进行,因此这样的集市称为庙会,也称庙市。寺庙、祭祀场所大多在城镇,所以庙会大多发生在中心城镇。与农村的集市相比,城镇的庙会内容更加丰富多彩,除了商品交易活动外,还有宗教、文化和娱乐活动。

(一) 我国古代集市

我国集市的历史源远流长。中国古代的集市大致可分为三种类型:一是宗教祭拜性的庙会、社日;二是官方的宫市和茶马市;三是民俗式的市井、草市等。我国古代成书于周的名著《易经》中有"日中为市,致天下之民,聚天下之货,交易而退,各得其所"的记载,对古代集市的定义及目的作了相当精确的概括。集市包括集和市,集一般是指在露天进行交换的场所。露天交易受天气的影响,于是一些交易逐渐转移到能够遮风避雨的建筑物中进行。市一般是指在一个建筑物中进行交易的场所。现在农村还有不少地方将上菜市场购买农副产品称为"赶集"。

集的卖方一般是小生产者,后来由集发展而来的市的卖方一般是商人。市最终发展成为商品流通的主渠道,现在的杂货店、超市、商店、大卖场、仓储商店、折扣商店等,都是市发展演变而成的新形式。

1. 集

在我国农村,不同地区的"集"有不同的表达方法,如墟、场等。在古代集又被称作草市、村市等。在我国,集大约在殷、周(公元前 11 世纪)之际基本成型。在我国古代文学作品《诗·卫风·氓》中,就有"抱布贸丝"的记载。

集一开始是在一个固定的地点、每隔一段时间举行一次,后来发展到定期,甚至每日都有。赶集的人包括农民、手工业者。他们既是生产者,也是消费者;彼此进行物物交换,是生产者之间的商品交换。

数千年以来,集一直是农副产品流通的重要的,甚至是主要的渠道。集在我国的城市已发展为现在的农副产品市场,当然农副产品市场的卖方主要是从事农副产品经营的商人。集市作为农副产品买卖双方交易的场所,在 21 世纪的今天仍在发挥着重要作用。

2. 市

我国比较早的关于"市"的记载见于《吕氏春秋》,在《吕氏春秋》"耕"篇中有"祝融作市"的词句。开始市也是自发交换的场所,到西周(公元前 1100 年—公元前 771 年),官府对"市"加以管理,成为官府控制的场所。

开始官府对王公贵族居住城邑中的"市"进行控制,后来对整个城邑中的"市"进行控制。再后来,官府对整个城邑进行统一规划,形成有名的市坊制,市相当于现在的商业区,坊相当于现在的住宅区。按市坊制规定,市区不建住宅,坊区不设商店。

市的设立及撤销由官府决定,官府还委任管理市场的官吏。管理市场的官吏名因等级和时代而异,如市师、司市、市正、贾正、市魁等。这些官吏负责"掌财货交易,度量器物,辨其真伪轻重"。到唐朝,市坊制发展到顶点。

历史上,我国曾有过多次诸侯割据的时代。为方便各诸侯国,或者不同民族之间进行交易而设的市称"互市",也称"关市"或"榷场"。据"兮甲盘"铭文记载,西周与南淮夷为便于交易而设"互市"。古代的"互市"大都在官府的控制之下,并有专职官员"市监"进行管理。"互市"中有一种"马市",所谓"马市"是当时的官府用金、银、帛、茶等物与突厥、回、满、蒙等民族换马的市场。清朝以前的朝代,"互市"主要设在陆地边境,到清朝时还在沿海口岸开辟了"互市"。

"市"开始也是采取物物交换的形式,后来随着商品等价物货币的出现和商人的出现,市已初步具备商业雏形。后来从"市"中先后分化出零售性质的"肆"和批发性质的"邸店",市逐渐发展成为现代商业。

(二)我国古代的庙会

广义的庙会包括灯会、花会等。灯会、花会是官府组织的文化娱乐活动,在此期间有许多人来参观,这也是小生产者、小商贩兜售商品的好机会。《妙香室丛话》载:"京师隆福寺,每月九日,百货云集,谓之庙会。"庙会之称可能由此而来。

在我国,庙会的历史也非常长,到唐朝(公元618年—公元907年),庙会开始流行起来;到北宋(公元960年—公元1127年),庙会已经十分繁荣。在我国的古代庙会上,大多进行零售交易。但据《燕翼贻谋录》载,"东京相国寺乃瓦市也,僧房散处,而中庭两庑,可容万人。凡商旅交易,皆萃其中,四方趋京师以货物求售,转售他物者,必由于此",说明在宋代相国寺庙会上批发业务也非常红火。

(三)欧洲古代集市

欧洲大陆有文字记载的最早集市是公元629年的法国圣丹尼集市。欧洲的集市也始于交换产品的偶然聚会。随着交换规模的扩大,时间和地点便逐渐固定下来,地点一般靠近某一区域最大村庄的交通要道旁,时间大都在秋季。因为冬季不方便出行,春、夏两季农民则要忙于农活。秋天收获后,农民利用空闲时间,用剩余农产品换取所需的日用品和生产工具。与中国类似,宗教活动也是集市产生的原因。宗教活动时,通常会聚集很多人,一些小生产者和小商贩便借此机会经商,这种场合逐渐发展成带有宗教色彩的集市,这就是西方比较有名的集市宗教起源说。

有一些西方学者认为,欧洲集市起源于古希腊的奴隶市场。古希腊最初的集市是交换、买卖奴隶的场所。到了古奥林匹克时期(公元前800年—公元前700年),古希腊有了交换商品的集市,与古奥林匹克运动会同时举行。古希腊由很多城邦国组成,在召开城邦代表大会期间,也往往同时举办集市。古希腊早期的集市大都是一年一次,甚至两年一次,其与战争、体育和政治关系密切。

在古罗马,民众每隔8天聚集一次,听官吏颁布法令、宣布裁决,同时也举办集市。这时,农民、手工业者、小商贩就在大街上搭起临时摊位,交换、出售产品。即使在战争期间,集市也照常进行。随着罗马帝国版图的扩张,罗马的集市传到欧洲其他地区。因此,西方也有学者认为集市起源于罗马。

到中世纪,欧洲诸国都有官府控制的规模很大的集市,一些集市的商人来自欧洲各地,甚至亚洲。据载,1366年在俄国诺夫哥罗德新城大集市交易的商人有德国人、英国人、亚美尼亚人、西伯利亚人,还有中国商人,中国商人主要经营茶叶。到1874年,该集市拥有摊位数达6 086个,参加交易的有15万到20万人,成交额超过2 000万英镑,其中茶叶成交额为120万英镑。

集市发展到一定程度后,欧洲各国政府开始对集市进行控制,并颁布有关集市的管理法规。有关集市管理的最早法规是罗马人制定的,而法国人则在11世纪制定出一部比较完善的集市管理法规。根据当时的法律,集市的设立、撤销由王室决定。一些当代闻名的欧洲大型综合博览会都是在中世纪建立的。

1165年,德国的马尔格拉夫·奥托·麦森大公授予莱比锡以城市和市场的权力,每年可以举办2~3次商品博览会。后由最初的贸易集市发展到建立莱比锡市,这是世界上第一个因博览会而建立起来的城市。

1240年,德国法兰克福博览会创办。德皇弗里德里希二世批准法兰克福举办国际博览会,并对参展的展品以皇家名义给予保护,国际展览会和物品保险的雏形出现了。

1482年,法国国王路易十一在巴黎近郊举办了一次博览会。

1497年,德国国王马克西米连一世授予莱比锡博览会可以同时展示欧洲和欧洲以外产品的特权。

集市是古代欧洲商品交换的主要形式。有研究表明,欧洲的商业发展相当迟缓。第一家零售店到14世纪才出现,是由一个意大利商人于1345年在伦敦开设的。1347年,法国才拥有第一家零售店。

三、艺术展和国家工业展——现代展览的雏形

现代展览起源于欧洲。

17到19世纪,欧洲出现了纯展示欣赏性质的艺术展和纯宣传性质的国家工业展。当这些类型的展览会,特别是国家工业展融入了贸易功能,现代展览会的代表形式——贸易展览会产生了。贸易展览会的范围开始仅限于某一地区,随着资本主义的全球扩张,贸易展览会发展到一个新的顶点——国际贸易展览会。

(一)艺术展(欣赏性质的展览)

1667年,在法国国王路易十四的提议下,法国举办了第一个艺术展览会。这次艺术展是有组织进行的,主要展示绘画和其他艺术品,供参观者欣赏而无商业目的,是一个纯展示欣赏性质的展览会。

显然,艺术展与当今贸易展的目的明显不同,但这种有组织的展览形式对现代展览产生了很大的影响。因此,一些学者认为法国是现代展览的发源地(根据西方人的理解,贸易性质的展览与集市的性质是截然不同的)。

(二)国家工业展(宣传性质的展览)

1798年,法国拿破仑在征服欧洲大陆后,感到唯有居于一岛之隅的英国没有臣服,且英国货一直以质量好而畅销欧洲大陆。出于在经济上扼杀英国的目的,拿破仑在巴黎举办了一次博览会,凡是在会上展出的商品在质量上能压倒英货的都大肆褒奖。此次博览会亦称为法国国营展览会或拿破仑博览会,也是在世界历史上首次使用 Exposition(原意为对外的博览会——以别于宫廷内部展示会,后英文 Exhibition 也是在外举办的意思)。后来各国发现这种方式对于宣传新产品、促进销售是一种好办法,都相继效仿,展览会的繁荣时期来到了。自1798年到1849年,法国举办了11届法国国营展览会,Exposition(Expo,博览会)这一法语名词也通用于展览界。

在1798年法国国家工业展之前,其他一些欧洲国家也举办过工业展,如1789年的瑞士日内瓦工业展、1790年的德国汉堡工业展、1791年的匈牙利布拉格工业展。但这些工业展的规模都比较小,也未连续举办。因此,欧洲展览学术界倾向于将1798年的法国国家工业展视为大型工业展览会的开端。

国家工业展的举办,有利于向参观者展示成就和便于其了解整个国家的工业整体发展水平,促进社会经济的发展。因此自1820年后,许多欧洲国家纷纷开始模仿法国,举办国家工业展。但当时贸易保护主义盛行,各国为自身生存致力于发展本国的工业,视其他国家为竞争对手,因此当时国家工业展没有国外参展者,工业展还没有办成国际展。

1851年,这是世界博览会发展史上划时代的一年。国际上公认的世界上第一次万国博览会在英国伦敦水晶宫(高100英尺,长1 700英尺,耗钢4 500吨,玻璃30万块,后毁于二战)举行。它由英国阿尔伯特王子亲自组织,由英国女王通过外交途径邀请25个国家(一说10个国家)参展,并由女王主持开幕。据文献记载,展示商品的桌子长度加起来就有13公里长(约合现在四千三百多个标准展台,总面积约4万平方米),观众人数达6 039 195人次。这样规模宏大、人数众多的博览会将观众人数计算得如此精确,可见当时组织水平已达到很高水准。当时展出的有代表性的展品有电报机和缝纫机等。这一届博览会使英国商品声誉大振,外贸盈余当年达 213 305 英镑。而这一届博览会的巨大成功使它成为世界(又称万国)博览会的先河,自此以后在巴黎、美国又相继举办了一系列世博会。为了统一协调世博会,1928 年在巴黎成立了国际展览局(Bureau International Des Expositions — BIE),从此世博会成为国际上影响仅次于奥运会的大型国际性集会活动。

四、贸易展的产生

如前所述,国家工业展主要侧重于展示和宣传,但缺少市场贸易功能。而观众在参观国家工业展过程中,不仅想了解经济发展的成就,还有购买的需求。传统的"集市"则因组织手段落后,无法满足日益扩大的商品贸易的需求。经济规模的扩大和商品交易量的增加,需要一种能介绍产品、开发市场的集中大量买家和卖家的低成本、高效率的方式,适应这一需求,贸易展览会应时产生了。贸易展兼具集市的贸易性质和工业展的宣传展示性质,成为促成商品交易的重要手段。

1569 年,在德国纽伦堡举办了世界上第一个工业品展览会。展览会已告别综合性杂货展卖的年代,开始步入专业化的工业展览阶段。

1791 年,捷克布拉格举办了第一次与集市相似,但只展不卖的展览会。

1797 年,法国皇室的工厂举办了展览会,它的目的是增加工业品的销售量,并以此减少失业。

1850 年,德国莱比锡为适应工业发展和贸易的需要,特别在博览会中建立了工业产品样品库以便商人看样订货。单纯的商品博览会逐渐向样品博览会发展,现代意义的展览会开始成型了。

1892 年,莱比锡工商会博览委员会,即莱比锡博览会局成立,它是世界上第一个博览会专业组织机构。

1894 年,世界展览发展史上迎来了它一个划时代的事件:莱比锡国际工业样品博览会开幕。它的举办不但掀开了展览史上新的一页,同时对世界经济和贸易的发展也具重要意义。它的举办表明,人们已从现场现货式的集市贸易转到看样订货、展出成批生产的新产品,并以期货成交为目的的规模生产和贸易。它表明,欧洲工业已从小作坊式生产转到大规模的标准化生产。从展览发展史上看,这一展览的历史意义在于它是展览史上首个以展示样品为内容、以邀请专业贸易观众为主、以期货贸易为主要目的的完全现代展览概念的展览会,它是目前流行的国际专业博览会的先驱。现在莱比锡博览会的标记还是两个重叠的德文字母 M,即德文 muster messe(样品展览)的意思,以纪念世界展览史上这一划时代的事件。

1920年，莱比锡又举办了世界上第一个专业技术博览会，莱比锡技术博览会使展览会由单纯的商品交易发展到国际现代科技知识的相互交流和贸易。莱比锡屡开世界展览会风气之先，为世界现代展览会的发展作出了重要贡献，从这一点讲莱比锡不愧为世界展览起源之都。

1894年，在德国莱比锡举办的国际工业样品博览会可能是最早的贸易展览会，莱比锡样品博览会的前身是传统的集市。因此从某种意义上说，集市是贸易展览会的前身。在这次样品博览会上，参展商展示样品，买家看样订货，在展会结束后交货。样品博览会就是现代贸易性质的展览：在固定时间、某个地点有组织进行，通过展示以达成交易。样品博览会是现代贸易展览会和博览会的早期形式。

第二节 展览的发展历程和现状

一、欧洲展览的发展

欧洲贸易展览会的发展可以分为两个阶段。第一阶段是在第一次世界大战和第二次世界大战期间，综合性质的贸易展览会迅速发展，并成为主要形式；第二阶段是第二次世界大战后，贸易展览会朝专业化方向发展，并在欧洲占据了主导地位。

（一）贸易展览会发展的第一阶段

综合性贸易展览会的大发展始于第一次世界大战期间。当时，欧洲一些参战国采取贸易壁垒政策，破坏了1851年第一次世界博览会举办而促成的国际自由贸易环境，这在很大程度上影响了这些国家经济的运行。于是这些国家依靠国内和盟国市场，发展以内向型为主的经济来维持生存。作为促进经济发展的一个重要手段，综合性贸易展览会因此获得很大发展。

1916年，法国里昂举办了第一届里昂国际博览会。这次博览会欢迎所有行业的企业参展，并欢迎盟国参展者，展场是按行业划分区域。第一届里昂国际博览会有1 342个参展商，其中来自瑞士、意大利和英国的国外参展商为143个。1917年举办了第二届里昂国际博览会，有2 169个参展商，其中国外参展商424个。当时尽管第一次世界大战仍在进行，但展览却获得了巨大成功。第一次世界大战后，里昂于1919年举办了第三届国际博览会，有4 700个参展商，其中国外参展商为1 500个。

里昂国际博览会的成功举办促使其他国家纷纷仿效，于是贸易展览会便以非常快的速度在欧洲迅速普及。仅德国,从1919年到1924年,贸易展览会的数量从10个迅速增加到112个。到1924年,全欧洲共举办214个贸易展览会。这一阶段贸易展览会有两个鲜明的特征:

其一,综合性。贸易展览会的组织者都尽量将展览规模办大,并竭力吸引所有行业的企业参展。

其二,区域性。只有极少数展览会(如德国的莱比锡博览会、法国的巴黎和里昂博览会、英国的工业博览会、意大利的米兰博览会)是国际展,约占总数97.6%的展览会是国家或地区展。

贸易展览会的空前发展超出了社会经济发展的需要。当时各地都希望举办自己的贸易展览会,结果展会数量过多,质量和经济效益下降,导致了展览界所谓的"博览会流行病"。于是一些低水平的展览会经过市场洗牌,在一段时间后被市场无情淘汰。但是,展览业诸侯纷争的混乱局面并未得到根本改善。

1924年,国际商会在巴黎召开国际展览会议。在此基础上,国际博览会联盟(UFI)于1925年在意大利米兰成立。UFI包括了当时所有重要的展览会组织者。联盟成立后,制定了一系列规范展览业的管理政策,采取了一系列措施以维护展览业的正常秩序。此后,在世界许多国家的支持和配合下,国际展览业走上比较健康的发展道路。而宣传性质的工业展在欧洲基本消失,只剩下一个"世界博览会"了。

(二) 贸易展览会发展的第二阶段

二战后,技术进步和社会经济呈加速度发展,社会分工更加细密,新产品层出不穷,仅1945—1966年,就有约400万种新产品问世,这使原先包罗万象的综合贸易展览会无法容纳如此多的产品,庞大的综合展览会不仅使组织工作变得非常困难,而且参展者和观众也感到十分不便。于是,综合贸易展览会开始朝专业化方向发展。

当然,最早的专业贸易展览会的出现并不在二战后。一些学者认为,第一个现代专业贸易展览会是1898年的德国莱比锡自行车和汽车展。

最早的现代专业贸易展览会不仅在德国产生,而且首先在德国发展起来。二战后,德国一分为二,即德意志联邦共和国(即西德)与德意志民主共和国(即东德)。德国当时唯一的综合展览会莱比锡博览会在东德,西德既无现成的综合性博览会,也无大的展览场地。这些客观实际虽制约了当时西德举办大型综合展览会,但也促进了西德根据其实际情况组织大规模的专业展览会。不可否认,当时西德企业家经营理念由竞争意识转变为行业协作意识,也对专业展览会的发展起了推波助澜的作用。他们认为只有整个行业发展了,作为行业一分子的企业才有可能发展,因此需要有一个能全面展示行业的机会。专业展览会无疑是一种比较好的形式。德国因而也成为世界展览王国（主要在原西德地区），而在原东德莱比锡举办的莱比锡博览会则因为前苏联和东欧国家的解体而失去作用。

专业贸易展览会的特征是：第一，参展商专业化，展览会的内容限制在一个或少数几个相关的行业；第二，观众的专业化，组展者通过特定渠道开展广告宣传吸引专业观众前来参观。

到20世纪60年代，专业展已发展成为欧洲展览业的主导形式。

 战后现代专业贸易展览会在德国迅速发展起来的背景是什么？

二、美国展览的发展

由于建国晚，美国到19世纪才开始举办展览会。20世纪初，美国的展览业开始发展起来，并创造了贸易市场和贸易中心两种新的展览形式。

贸易市场可视为常年设置的展览。设置贸易市场的最初想法是：集中批发商于一地长期展出，以方便零售商采购。后来制造商、进出口商也到贸易市场中。在贸易市场中，制造商、批发商、进口商可用较低的成本接触较多的零售商，而不必派营销人员到处推销；而零售商也可以在同一地点接触到较多的供应商，通过比较商品、了解商情，以低廉的成本采购货物。

美国最早的贸易市场是1915年在旧金山建立的西部商品市场。早期的贸易市场多是综合性质的。1928年，芝加哥建立了有史以来最大的贸易市场，1 000个参展者代表4 300个制造商，展品多达200万种。市场内按行业划分区域，并设有谈判室、会议厅、图书馆、银行。除参展商外，市场内还有公关公司、广告公司、市场调查公司、电视台、电台等。贸易市场与贸易展览会一样，也经历了一个从综合性向专业性演变的过程。虽然没有贸易展览会那么普及，但有不少国家都设有贸易市场。

这里所说的"贸易中心"与世界贸易中心和国际贸易中心不一样，是美国政府在其他国家设立的长期展。从1962年始，美国先后在法兰克福、伦敦、东京、曼谷、米兰、斯德哥尔摩、巴黎、墨西哥城等城市设立了美国贸易中心。设立贸易中心的主要目的是，帮助出国展览经验缺乏的中小企业开拓海外市场。

三、我国展览的发展历程

近代，我国的社会、经济和科技发展明显落后于欧洲，展览业也不例外。虽然我国很早就出现集市、庙会,但现代展览并没有在我国产生,它与其他工业发明一样也是舶来品。

(一) 清末到抗战前的展览

直到清末,我国才开始举办一定规模的具有近代特征的博览会和贸易展览会。从清末到抗战前这一时期,举办的展览会与抗战期间举办的展览会一样有一个鲜明的特征,即"官办",几乎所有的展览会都是由政府举办,政治色彩和宣传气氛比较浓。在这一时期,近代形式的展览会对经济发展起到了一些促进作用,但在商品流通领域的作用是微不足道的。

清光绪三十一年(1905年),清政府在北京设立劝工陈列所。清宣统元年(1909年),当时的官府在武昌、南京举办了商品陈列所,也称物品展览会,用以展示国货。

清宣统元年(1909年)9月至10月,武汉劝业奖进会在武昌平湖举办,这可能是中国近代史上的第一个博览会。武汉劝业奖进会是在湖广总督提倡下举办的,其举办的主要目的是鼓励生产。武汉劝业奖进会筹备工作于1909年初开始,筹备人员分赴全国各地,重点是两湖、两广,向公司招展,参展费全免,展出的产品有制成品、半成品和自然资源。另外,武汉劝业奖进会设有音乐亭、动物园、花草亭苑、售货亭、招待所等游乐服务设施,其间还进行了评奖,评出一等奖、二等奖、三等奖、四等奖和五等奖各若干名。

清宣统二年(1910年)6月5日至11月29日,在江宁(今南京)由官府和商界合办了南洋劝业会,这是学习西方博览会的又一次尝试,举办的主要目的是了解产业状况,促进工商业的发展。为此,各府州设立了物产会,各省和各大商埠,以及南洋群岛的泗水、三宝垅、爪哇、巴达维亚(即雅加达)、新加坡等地均组织了出品协会以征集展品。此外,上海、南京、两湖、直隶和广东还设立了协赞会以示支持。展区设专业馆、实业馆和国际馆,专业馆包括农业、医药、教育、工艺、武备、机械、美术、通运等展览,以及劝工场;实业馆包括江宁缎业馆、湖南瓷业馆、博山玻璃馆、浙江水产馆等;国际馆包括为外国参展者设立的第一、二、三参考馆,以及为南洋华侨设立的暨南馆。陈列的展品计24部二百二十类,展品都附有说明。南洋劝业会设有商店、饮食店、银行、邮局、游戏场、跑马场、动物园、演剧场等,并组织了评奖活动,设金牌、银牌、优等奖和超等奖。南洋劝业会仅举办一次。

1915年,北洋军阀政府农商部所属劝业委员会设立商品陈列所。一些大城市也相继举办了类似的展览会,如1926年的上海中华国货展览会。

1929年6月6日至10月10日,浙江省政府在杭州举办西湖博览会,参会的有一些省、区和东南亚国家。西湖博览会设革命纪念馆、博物馆、艺术馆、农业馆、教育馆、卫生馆、丝绸馆、工业馆、特种馆陈列所、参军陈列所，展品约15万件，观众达两千万人次。

1935年11月28日到1936年3月7日，中国艺术国际展览会在伦敦举办，这是中国第一次出国办展。该展览会的监理是两国元首，两国最高行政长官为展览会名誉会长。中国政府从故宫、河南博物馆和安徽博物馆等处挑选了约3 000件展品，有铜器、瓷器、书画、玉器、织绣、景泰蓝、家具、文具等，观众达42万人次。展览会轰动了英伦三岛，当地报纸几乎天天刊登有关本次展览会和中国的报道。中国的瓷器、绸缎、茶叶畅销一时，中餐馆生意兴隆，形成了盛极一时的"中国热"。展品在发运前，先在上海预展，让国人知道何物运往英国展出。运回国内后再次展出，以示"完璧归赵"。

(二) 抗战期间的展览

抗战期间，国共两党分别在各自控制的地区举办了多次展览会。举办这些展览的主要目的是展示成就、鼓舞士气、促进经济发展，以抵抗日本的侵略。从性质、意义和特征上看，这些展览相当于欧洲的国家工业展，宣传性质非常明显，但在规模和展示手段上比较落后。

1942年1月1日至1月14日，迁川工厂出品展览会在重庆举办。钢铁、机械、纺织、皮革、五金、化学、烟草、玻璃等行业的两百余家因为抗战而内迁的中国企业参展。观众约12万人次，包括当时在重庆的周恩来和董必武等党政要人。

1943年4月，当时的四川省建设厅举办了四川省物产竞赛展览会。展览会设工业、政情、交通、水利、农林、矿产、教育、手工业、卫生等馆，参展者是省、城市、地区政府和工矿企业，展品共4 780件，在展览会中开展了评奖活动。

1944年2月27日至4月4日，工矿产品展览会由当时的经济部资源委员会在重庆举办。该展览的规模比较大，资源委员会下属的105个单位参加了展出，展览会分设煤炭、矿产、石油、钢铁、非铁金属、特种矿产、机械、化工、电器和电力10个展馆。展品和模型约一万件，其中包括中国专利产品两百余件，并展示了全国资源统计和战后实施工业化计划等资料。

陕甘宁边区在抗战期间举办过七十多次展览，其中一半以上是工农业生产建设展。比较有名的是三届农工业展，也称生产展，该展览比较全面地反映了解放区的生产建设成就。第一届农工业展于1939年分两次展出，农业展含畜牧、狩猎、农作物、果品药材、边区概况等部分，工业展含原料、成品、机械、模型等部分，约三千余件展品，第一届农工业展轰动了整个边区。第二届农工业展于1940年1月举办，展览会分边区概况、农业和工业三大部分，展品七千余件。第三届农工业展改称为生产展,1943年1月举办,展品约7 000件。

(三) 中华人民共和国成立后的展览

从1949年建国到1979年,中国举办了少数类似近代欧洲国家工业展的展览会,如上海工业展览会、全国农业成就展等宣传展。广州中国出口商品交易会是例外情况,"广交会"是在特殊时代背景下由我国政府举办的现代国际贸易展览会。

我国展览业真正的起步始于改革开放初期,从纯粹的官方行为、政府安排、不讲回报地办展到打开国门、商业操作、专业安排、讲究效益的多方办展,二十多年间经历了一个飞跃发展的过程。1978年,北京多国农机展举办,它的重要意义在于它是新中国首个国际专业技术展。1985年,中国举办了第一个比较正规的国际展览会,即亚太贸易博览会。到1995年,仅北京、上海、广州就举办了469个国际展,展览面积28.1万平方米。从1985年到1996年,仅位于北京的中国国际展览中心举办的展览会就达321个。有关统计数字还显示,1997年全国举办展览会总数为1 063个;1998年为1 262个;1999年为1 326个;2000年迅速上升到1 684个,其中国际展约占48%;2002年,仅北京就举办了1 298个展会,展览面积达339.9万平方米。在这些展会中,452个是国际展,占展会总数的34.8%。在我国经济最为活跃的上海,展览业作为一个产业起步于20世纪90年代,年增长速度达20%。2001年,上海举办的大中型国际展会总数已达297个(其中50个已相当知名),展会成交额逾550亿元,观众总数达482.91万人次,其中海外观众超过了40万人次,直接收入达18亿元,占全国会展业总收入的45%。

据有关方面不完全统计,目前全国主要行业办展数量为:电子展24个,轻工展23个,农品展10个,石化展7个,汽车展13个,纺织服装展17个,建材展35个。展览业已渗透到各个经济领域,从机械、电子、汽车、建筑,到纺织、花卉、食品、家具,各行各业都有自己的国际专业展。近五年来,全国新建的展览面积上万平方米的展馆达三十多个,并形成北京、上海、广州、大连、厦门、青岛、武汉、成都等区域展览中心。目前,全国约有160个展览馆。

1999年,我国在云南昆明成功地举办了为期184天的专业性世界园艺博览会,标志着我国博览业已发展到了一个新的阶段。

近十年来,我国通过展览实现外贸出口成交额三百四十多亿美元,内贸成交额一百二十多亿元人民币。现在展览业的年直接收入近四十亿元人民币,拉动其他相关产业如宾馆、餐饮、通讯、交通、旅游、货运、建筑、保险等经济收入达360亿元人民币,而且每年以20%的速度在增长。无数事实与数据有力地证明,展览业为主办地带来了相当可观的经济效益和巨大的社会效应。

随着改革开放的深入和经济发展从东部沿海地区向中西部地区的扩散,如今从北部边关黑河到南部海岛海南;从东方明珠上海到西域宝地乌鲁木齐;从祖国首都北京到雪域之城拉萨,越来越多的城市都在举办规模大小不一的展览活动,使我国的展览业出现了空前的大好发展局面。尤其是经过我国政府和全国人民的共同努力,我们已经成功举办了2008年奥运会,并在紧锣密鼓地筹办2010年世博会,世博会即将在上海举办,给我国展览业的发展创造了前所未有的机遇和美好的前景。

四、展览业发展现状

欧洲不仅是现代展览的发源地,而且目前乃至今后相当长的一段时期仍将保持在国际展览中优势地位,占据世界展览市场的最大份额。2001年,欧洲专业展约占世界总数的60%以上。欧洲展会不仅在数量方面占绝对优势,而且在规模、档次、参展商的数量和质量、观众的数量和质量等方面,均处于世界领先地位。

北美是世界展览业的后起之秀,起步虽晚,但发展较快,而且在发展的过程中还形成了独特的办展模式和风格。特别在20世纪最后10年里,快速增长的美国经济,迅猛扩大的对外贸易,极大地促进了其展览业的发展。2000年,美国和加拿大举办的展览会达13 185个。在北美,举办展览会最多的城市是拉斯维加斯、多伦多、芝加哥、纽约、奥兰多、达拉斯、亚特兰大、新奥尔良、旧金山和波士顿。

有迹象表明,世界展览业的重心有东移之势,经济大发展的亚洲展览业发展迅猛,大有后来居上之势,其中新加坡、中国香港、韩国、日本和中国内地均是展览业发展的佼佼者。

下面简要介绍德国、法国、美国、中国香港、新加坡展览业的现状。

(一) 德国展览业现状

德国是世界展览业最发达的国家,号称"世界展览王国",其领土面积虽然只有35.7万平方公里,却有许多国际著名的会展城市,如汉诺威、科隆、法兰克福、柏林、慕尼黑、杜塞尔多夫、莱比锡等。全世界每年举办的最著名的150个国际展览会中,有2/3是在德国举办的,这些展会吸引了150万家参展商(其中45%来自国外)和1 000万名观众(德国境外人士占1/3),直接产值约22亿欧元,综合消费约250亿欧元。

德国会展城市风格各异,但也有一些共同之处:都拥有十万平方米,甚至数十万平方米的大型现代化展览场地;每年都要举办一批世界级的、大规模的展览会,这些展会都提供优质、高效的服务;有成千上万的参展商和观众来参展或参观。

德国现拥有23个大型展览中心,总面积达240万平方米。按营业额排序,世界十大知名展览公司中,德国有6家。世界最大的四大展览中心就有3个在德国,它们是汉诺威展场、法兰克福展览中心和科隆展览中心。仅汉诺威市就有28个展馆,展场面积总计为 68 万平方米,其中室内总面积为 47 万平方米、室外总面积为 21 万平方米,还有 5 万个停车位;科隆有 27.5 万平方米展厅和 5 万平方米的露天场地,超过 5 万平方米的展览中心就有 5 个;慕尼黑、汉堡、莱比锡、法兰克福及杜塞尔多夫等中小城市,也各自拥有 10 万到 20 万平方米的展览场地。

德国展览业如此发达,并稳居全球展览业前列,有政治、经济、文化、历史等多方面原因。例如,杜塞尔多夫、埃森、科隆地处德国"工业心脏"——鲁尔工业区,雄厚的经济实力为这些城市展览业的发展奠定了基础。同时,德国展览业还有一个鲜明的特点,就是许多专业性展览会都是以城市产业为依托发展起来的,如工业重镇汉诺威的工业博览会,杜塞尔多夫的国际印刷、包装展,旅游城市纽伦堡的玩具展等,这些专业性展览会使这些城市在世界展览舞台上各领风骚。还有非常重要的一点就是,德国展览机构在全世界的办事机构达 386 个,形成了一个全球展览营销网络。

作为国家经济和国际贸易发展战略中的一个重要环节,展览业受到德国各级政府的高度重视,德国设立国家级的展览管理机构——德国展览委员会(AUMA)。它是德国唯一中央级的展览管理机构,有着最高的权威性。它的职责包括,制定全国性的展览管理法规和相关政策,安排使用政府的展览预算,代表政府出席国际展览界的各种活动,以及规划、投资和管理展览基础设施。德国政府管理展览行业的职能和展览行业协会紧密地结合在一起,展览行业协会主要负责制定行规、进行行业间的协调和管理、对展览会进行资质评估、开展信息交流和调研、进行展览人才培训。

德国展会内容丰富、分类科学,涵盖了各个行业和门类。由于有 AUMA 进行协调,德国每个城市办展都有明确的分工和重点,避免了多头办展、重复办展的混乱局面,满足了国内外参展商和观众的需要。

当前,世界上两个最大的博览会在汉诺威举办。其中之一是创立于 1947 年的汉诺威工业博览会。1986 年,从汉诺威工业博览会分出为办公设施、信息与通讯技术等部门举办的"CeBIT"。汉诺威其他重要博览会有金属加工博览会(EMO)、国际汽车—商用车展览会(IAA)及木材和林业展览会(LIGNA)。美因河畔的法兰克福是消费品博览会"Ambiente"和"Tendence"的展出场所,其重点是餐具文化,以及厨房用品和礼品及现代化住宅附属设备。此外,法兰克福还有国际汽车—小轿车展览会(IAA)和国际"卫生—取暖—空调"专业博览会。每年秋季举办的法兰克福书展,是世界各地的出版商、书商,以及作家的聚会场所。在科隆举办的博览会有"国际食品市场"(ANUGA)、"国际图像博览会"(photokina)、国际家具博览会以及其他,如男子时装、家庭用具、五金制品、自行车与摩托车等方面的专业博览会。柏林的博览会主要有"绿色周"(农业与食品业)、国际旅游交易会、国际无线电展览会,以及"国际航空航天展览会"(ILA)等在世界上引起广泛兴趣的博览会。杜塞尔多夫的重要展览活动有"印刷与纸张"(DRUPA)、塑料博览会、"计量技术与自动化"(interkama)、"包装技术"(interpack),以及国际时装博览会。在慕尼黑中心,1998年在原慕尼黑—里姆机场场地上一处崭新的、高度现代化的博览会场地举行落成典礼,在这里举办的重要博览会有"国际建筑机械博览会"(bauma)、"国际手工业博览会"、"饮料技术展览会"(drinktec)、国际体育用品博览会(ispo),以及电子计算机及电子元件专业博览会。纽伦堡的国际玩具博览会也享誉全球。

受国际经济形势的影响,2001年德国展览业受到了一定的冲击。与2000年相比,参加德国境内举办的国际性贸易博览会和展览会的参展商下降了0.7%,其中德国参展商减少3.3%,但国外参展商却增长了4%。2001年,德国共举办了133场国际贸易展览会,展览场地出租面积达710万平方米,参展商数为16.8万个,其中外国参展商为83 674个,约占参展商总数的49%,是历年来国外参展商所占比例最高的一年。观众数保持了持续增长,达到了1 069万人次。2001年大约2 000万名观众和22.6万个参展商参加了在德国境内举办的国际性展览会和地区性展览会。这些参展商和观众总支出约为100亿欧元,其中参展商的支出为65亿欧元,观众支出35亿欧元。全年德国贸易展览组织者收入达25亿欧元,比2000年有所增长。导致展览业收入增长的原因主要有三方面:① 德国展览公司在国外展览业务的迅猛扩张,当年在德国之外的国家举办展览会达160个(2000年举办了154个);② 一些展览中心,如法兰克福展览中心,向展览组织者出租了更多的展览场地,增加了展览场地收入;③ 展位预订、展台搭建、培训,以及市场营销等展览服务质量提高,创造了更多的收入。尽管经济不景气,但德国的汉诺威、慕尼黑、法兰克福、科隆、杜塞尔多夫等展览公司的业绩却比上年增加2%至5%,实现了稳步增长。

(二) 法国展览业现状

法国也是全球会展业最为发达的国家之一。法国拥有160万平方米的展馆,分布于80个城市。巴黎是法国展览业的中心城市,拥有两个十多万平方米的展场;每年法国展览会有近一半是在"会展之都"巴黎举办的,仅巴黎每年举办的国际会议和展览就有四百多个,会议和展览收入连年居全球大城市之首。法国每年的展览业营业额达85亿法郎,参展商交易额为1 500亿法郎,参展商和观众的间接消费达250亿法郎。

与德国相比,法国的综合性展览会优势明显。在法国每年举办的一千五百多个展览中,全国展和国际展约为175个,而真正的专业展只有120个左右。近年来,法国开始重视举办国际专业展,综合性展览会的数量开始呈现下降趋势。2001年,法国综合展的总展出面积比上年减少0.8%,参展企业数下降了1.53%,但国外参展企业的租用面积却增长了2.44%,观众人数下降了1.72%。2001年,在巴黎举办的国际专业展在展出面积、参展商数及观众数等方面均有不同程度的提高。

(三)北美展览业现状

北美展览业比较集中,展览活动主要集中在拉斯维加斯、多伦多、芝加哥、奥兰多等16个城市。2000年,这16个城市共举办了6 020个展览会,约占美国和加拿大举办的展览会总数的一半。其中,前10个城市举办展览会数量达4 540个。

从1995年到最近,美国一直在兴建展览场馆。2000年,兴建和正在扩建的场馆达94个。美国拉斯维加斯会议中心原有展示面积为9.56万平方米,到2001年11月扩建到18万平方米;奥兰多会议中心原有展示面积10万平方米,到2003年10月扩建到19.5万平方米。

据美国展览业研究中心(CEIR)报告显示,2000年在美国和加拿大共举办13 185个展会,展览面积达4 645万多平方米,收入104亿美元,有决策权的观众达4 440万人次。其中,在美国举办的贸易展和消费展使用展览面积达3 948万平方米,收入90亿美元。在重要展会期间,同期召开高规格的国际专业会议是美国会展业的重要特点。会议和展览业的产值占美国国民经济总产值的1%,CEIR估计这些会议和展览活动对经济的贡献约为1 200亿美元,远远超出了1999年的820亿美元。

(四)中国香港展览业现状

中国香港是亚洲重要的会展城市之一,有"亚洲会展之都"之称。香港十分重视会议和展览市场及其相关产品的开发,每年有上千个国际会议和展览在港举办。香港每年举办的大型展会超过80个,参展商多达2万家,每年来自世界各地的约20万个买家在此签下订单。从香港旅协出版的《香港未来会议及展览目录》中可以看到,香港的国际会议展览已经排到了2008年。与其他地区相比,香港举办的展览数量并不多,但其中多数展览会的规模、知名度和排名都位居世界或亚太地区前列。例如,香港玩具展,其规模仅次于纽约和慕尼黑的玩具展,排名世界第三;香港服装节堪称亚洲之最;香港的钟表珠宝展,则名列世界第一。

香港展览业的迅速发展为香港带来了巨大的经济效益。据香港展览会议业协会提供的数字,1999年展览业为香港带来的收入达78亿港元,其中15亿是展览业本身的收入,63亿则是由展览活动所带来的其他行业的收入,展览业的拉动效应为1∶5.3。在展览业惠及的所有行业中,酒店业受益最大。1999年,香港展览业为酒店带来了93.8万个入住数,占其总入住率的16.5%。同时,这些参展人士在餐厅及商店的消费亦很可观,2000年已分别达6亿多港元和27亿港元。

2001年,香港展览业得到了很大的发展。全年共有3.1万家来自全球各地的企业参加了在香港举办的展览会,参展商使用的展场面积达47万平方米,比2000年上升了7.7%。当年,香港会展中心共举办了2 576场商业活动,其中举办各种展览会100个、会议151个,出席各项活动总人数和观众超过500万人次。

(五)新加坡展览业现状

新加坡展览业起步于20世纪70年代中期。新加坡具备良好的办展条件:发达的交通和通讯等基础设施、高水准的服务、较高的国际开放度,以及较高的英语普及率。目前,新加坡有64家国际航空公司的航线,可直飞50个国家的154个城市。最近新加坡在原有的4个展览场馆的基础上,又斥巨资建造东南亚最大最先进的会议中心,接待总规模可达14万人。这一切都为新加坡展览业的发展奠定了良好的基础。新加坡政府十分重视展览业的发展,政府设有新加坡会议展览局和新加坡贸易发展局专门负责推广会展,吸引各国厂商到新加坡参展。

经过多年的努力,新加坡展览业发展迅速,并得到有关国际展览组织的认可。新加坡被国际展览管理协会联合会(IAEM)评为世界第五大展览城市,国际协会联盟(UIA)连续17年评选其为亚洲排名第一的国际会展中心城市。20世纪90年代,亚洲获得国际博览会联盟(UFI)认证的四十多个国际展览会中,有19个在新加坡。

据统计,2000年在新加坡举办的各种国际会议、展览及奖励旅游达5 000次,前来参加这些活动的人数达四十多万人次。2000年,新加坡共举办了130个国际性专业贸易展览会,但多数展览面积均不大,一般仅为数千平方米。2001年,新加坡展览联合的趋势增强,一些组展者合作将一些有关联的展览会同期举办,如将食品、饮料、酒店、餐饮、灯具、酒类等展会合并为亚洲食品与酒店展览会(FHA),展出面积达到22 770平方米,参展商达到2 462家;将机床、金属工业、锻压、度量技术、机械和手工工具等展会合并为亚洲金属工业展览会(MTA),展出面积增加到10 493平方米,参展商达到1 230家;将互联网应用、移动通讯、网络技术等展览会合并为亚洲通讯电子展览会,展出面积达32 307平方米,参展者达2 097家。

中国展览业的现状是怎样的情况?

第三节 展览业的发展趋势

当前,世界展览业主要呈现以下的发展趋势。

一、国际化程度越来越深

随着全球和地区经济一体化和企业发展国际化趋势的增强,世界各国政府和企业越来越重视举办和参与展览会。举办者都想举办影响面大、参与国多、经济效益好的展览会。企业也纷纷走向国际市场,把目光瞄准全球,绝不轻易放过任何一个可以宣传自己、参与竞争、争夺市场、谋求发展的机会。因此,展览国际化程度成了世界展览业发展的方向之一。展览国际化具体表现在以下四个方面。

1. 国外参展商和观众不断增加

这是展览国际化程度越来越深的首要特点。在新加坡,专业展国外参展商在一半以上;国外观众比例也逐年上升,1994年平均为35%,1995年达43%;贸易成交也是以海外订单为主,其中近20%的交易是国外观众与国外参展商之间达成的。在德国举办的国际展览会中,有43%的参展商来自国外。两年一度的巴黎国际食品博览会是世界食品业交流的重要场合,1998年该博览会汇集了来自88个国家的4 716家企业。在上海,由上海博华国际展览有限公司举办的第四届中国国际家具展中,国外参展商的参展面积超过总面积的50%。在2003年上海国际车展上,国外参展商面积达到3.5万平方米,创下了新的历史纪录。

除了国际贸易展览会,值得一提的是全球性的非贸易展(博)览会。这类展览会的宗旨是促进世界各国经济、文化、科技的交流,让每个参展国利用这些场合向全世界展示和宣传本国在相关领域取得的成就,因而其往往更能引起各国政府的重视和参与,这类展览会的高度国际化极大地提高了整个展览业的国际化程度。例如,1984年在英国利物浦举办的国际园艺节,参展国有37个;1990年在日本大阪举办的国际园林绿化博览会,参展国63个、国际组织29个;1999年在昆明举办的中国'99昆明园艺博览会,参展国和国际组织则为95个,包括有影响力的大国、周边国家和园林、园艺特色鲜明的国家,他们和参展的国际组织充分展示了各自的园林成就和传统特色,加强了相互间的交流和合作,体现了广泛的国际性。

2. 国际展所占的比重较大

以北京中国国际展览中心为例,1985年到1995年间该中心举办的展览会中65%是国际展。此外,据中国贸促会不完全统计,1996年以来,中国组团出展和在国内举办国际性展览会的数量不断增加。目前在我国举办的展会中,国际展占 48%。

3. 跨国展览公司加大向国际市场拓展的力度

近年来,发达国家的展览公司纷纷将目标瞄向海外,它们通过品牌移植、资本输出、合作办展等方式开发海外市场,大大提高了展览业的国际化程度。例如,德国法兰克福展览有限公司把每年春、秋两季在德国举办的国际消费品展览会(Ambiente)移植到国外,分别在中国、日本和俄罗斯举办以 Ambiente 命名的展览会;新加坡的 Reed 和 SES 等大公司纷纷到中国、马来西亚、泰国、印度和印尼等国办巡回展。

德国著名的汉诺威展览公司也积极扩大其国际商务活动,到国外发展市场,在其国外商务活动中,中国占重要位置,汉诺威展览公司已在中国成立了汉诺威国际展览(中国)有限公司,并投资 2 000 万马克和德国的其他展览公司一起在上海浦东投资,和中方合作建造上海新国际博览中心。德国慕尼黑博览会公司也和中国国际展览公司合资成立了京慕国际展览有限公司,新加坡笔克公司在北京、上海和广州也分别成立了合资的展览工程公司。当前,发展中国家举办的不少规模较大、水准较高的展览会,都是由发达国家展览公司参与管理,甚至直接控制的。

4. 展览技术标准国际化

国际展览组织在世界范围内建立起统一的展览规章制度、统一的展览技术标准等,并被很多国家加以采用,这将对展览业的发展及国际经济技术交流产生重大的促进作用。

二、展览规模越办越大

展览业在许多发达国家已是一个比较成熟的行业,但展览业仍是一个持续发展的活跃行业,它的规模仍在继续扩大,不仅发达国家和新兴国家,而且发展中国家也呈现这一趋势。目前,国际展览业正在朝规模化和集约化的方向发展,具体表现在以下几方面。

1. 场馆大型化

在德国,现有的 23 个大型展览中心中,有 8 个超过 10 万平方米。目前,国外新建的会展中心,占地一般都超过 100 万平方米,展场面积超过 20 万平方米,如米兰展览中心占地超过 140 万平方米、巴黎博览会占地和预留面积则达 360 万平方米。

2. 展会规模化

全球 2/3 著名的贸易展在德国举办,按营业额排序的全球十大知名展览公司中,德国有6家。每年德国仅举办一百三十多个国际性贸易展,但净展出面积则达690万平方米,参展商达17万多家,观众逾千万。上海现代国际展览公司主办的上海广告技术和印刷设备展到1999年已举办了七届,规模越办越大,展览面积从第一届的2 000平方米发展到目前的1.2万平方米,参展商、展品、观众数目每年均有不同程度的提高。

3. 品牌集约化

越来越多的组展者为了创品牌展会,提高展会的竞争力和规模效益,通过市场公平竞争和兼并,把相关的几个中小展览会合并为一个,把同类或相关的展览会放在同一个屋檐下同时展出,即所谓的"Two in One"、"Four in One"。例如,新加坡展览服务公司主办的化工展(CIF),就把亚洲化工展、亚洲仪器展和亚洲实验室设备展三展合一;新加坡世界书展,则将原来分别由3家公司主办的"华文书展"、"电子书展"合并为一;1999年3月18日至24日在德国汉诺威举办的世界最大贸易展CeBit,把所有有关通讯技术、软件及电讯技术的展品都集中在一起,展出面积超过40万平方米,参展商达8 000家。

4. 企业集团化

目前,世界著名大型会展公司采取战略联盟和并购方式,以扩大规模、提高竞争力、抢占市场份额,形成集团化趋势。例如,世界著名的两家展览企业"瑞德"和"克劳斯"合作联姻,以共同开发通讯计算机展览市场。

三、专业化趋势越来越强

展览专业化趋势主要体现在以下三个方面。

首先是展会专业化。国际上,专业展已成为展览业的主流。与综合展相比,专业展具有针对性强、观众质量高和参展效果好等优点。因此,近年来许多综合展逐渐演变为专业展,有些综合展则细分成若干专业展,如汉诺威工博会就由机器人展、自动化立体仓库展、铸件展、低压电器展、灯具展、仪器仪表展和液压气动元件展等若干专业展组成。一些同一主题的展会也细分为专业展,如国际著名的慕尼黑"国际电子元器件和组件贸易博览会"就已经分成国际电子生产设备贸易、国际应用激光和电子技术贸易及信息技术和通讯贸易博览会。总之,国际上综合展的数量日益减少,专业展日益增加。据统计,目前世界各地举办的展会中,98%是专业展。在我国,专业展占全部展会数量的比重已达95%以上。

其次是管理专业化。展会从策划、申办、筹备直至运作是一项系统工程,需要专业化的组织、协调和控制。全球有不少国际组织和知名展览公司从事展览专业化管理的工作。展览业国际组织包括国际展览局(BIE)、国际展览管理者协会

(IAEM)、国际展览业协会(UFI)、国际博览会和展览会协会(IAFE)、国际展览服务联合会(IFES)、亚太地区会展场地管理协会(VMA)、贸易展览商协会(TSEA)和亚太地区展览会及会议联合会(APECE)等。在展览专业化发展过程中,组展者也日趋专业化,专业办展的公司在不断崛起和发展,使展会专业化管理水平得到不断的提高。

其三是人才专业化。展览业很强的专业性要求其从业人员具备专业化的知识和素质。世界展览业发达国家,如德国、美国和英国等,都设有会展管理专业,系统地传授展览理论和实践知识;同时,展览行业组织,如德国展览委员会(AUMA)和美国国际展览管理协会(IAEM)等,都开展了对展览从业人员的专业培训和资格认证,如 IAEM 就提供注册展览经理(CEM)的系列培训课程和认证。

四、科技化程度越来越高

科技化程度越来越高的特点主要体现在以下两方面。

1. 举办展览会的手段和设施越来越现代化

例如,在深圳举办的首届"高交会"上,上海展团利用电子技术,设计出别具一格的"虚拟展馆";在'98 中国国际旅游交易会上,一些旅游公司综合声、光、电技术,形象逼真地将世界风光展示在每一个参观者面前。位于上海浦东占地 25 万平方米的上海新国际博览中心,采用具有超前性、高标准和单层无柱式结构的展厅,极大地提高布展的灵活性和展厅有效使用率。

2. 网络技术的应用

迅速发展的网络技术,已开始将其"无所不能"的功能淋漓尽致地发挥在大大小小的展览会上,构建起一个新的展会模式,大有"无网不成会"之势。许多展会都设有网站域名,利用互联网进行招展,这大大提高了展会营销的灵活性。

网络技术的运用起初是一些电脑网络专业展的"一技之长",像近年来国内举办的大型电脑网络应用展,无一例外地运用了网络技术,进行展会宣传、观众登记和展位间联系。现在,网络技术已不再是电脑网络专业展的专利了。广泛应用网络,不仅成为上规模展会主办者、参展商和观众所具有的一种新思维,而且也成为 21 世纪展览会的一个鲜明特征。例如,1999 年 5 月举办的'99 上海国际投资洽谈会,无论是会前宣传,还是会中的信息发布和商贸洽谈,甚至是会后的推广,都充分利用网络技术。这次洽谈会主办者的超前意识非常强,让人们体验和感受到了未来展会的新模式。

网络技术在展会上的广泛应用,主要在以下四个方面:

(1) 网上宣传。展会主办者网络策划的第一步是选择域名,一个响亮的、能真实反映展览会内容的域名,本身就有良好的宣传作用。像华交会、昆明世博会、第一届 PECC 国际贸易投资博览会等网址,都是为展览会专门注册的,人们通过域名便大概知道这个网站是关于什么的内容。即使不知道展览会的域名,习惯上网的人也可通过一些专门搜索站点,从无数的网页中查到这类展览会的信息。

为展览会起一个域名,大大方便了参展商和观众。2000 年,德国汉诺威世博会主办者一口气注册了 3 个域名,目的就是为让更多的人知道这个展览会,以便吸引更多的观众。现在为某个展览会注册域名、开展网上宣传已成风尚。

(2) 网上招展。招展是展会成功与否的关键,如果没有国内外有影响的参展商参与,就不会有展会的成功举办。互联网为招展提供了一个新的平台和途径。网上招展具有快捷、便利、经济、直观、覆盖面广等优点。展会的主办方在设立网站后,就可通过网站进行宣传,让潜在的参展商在网上登记、预订摊位和办理参展手续。

(3) 网上交流。以互联网为媒体,可以帮助组展者完成招展、观众登记及信息的传送和更新。制作精美的主页,可运用多媒体手段,将还未举办的展览会在网上进行全方位的展现,让点击该网址的网民充分感受视觉冲击,从而吸引更多的参展商和观众,这些都是传统展会宣传所无法做到的。对于参展者来说,通过网络可以获取大量信息。以'99 上海国际投资洽谈会为例,主办者考虑到了满足远程信息查询和现场信息查阅的需求,建立了互联网和现场内联网系统,使观众或参展商无论是在万里之外,还是在展会现场,都可以查阅到相同的信息。另外,根据这次投资洽谈会的特征,主办者还设计了专门的网络功能,像网络中的 VIP 节目,就包含了浏览国内外最新资料的信息查询功能,包含查阅国内外有关投资项目和投资机构的背景资料,以及在网上进行贸易洽谈等功能。观众根据引导进入该栏目,便可以浏览相关的内容。考虑到洽谈项目的真实性和有效性,网络还对某些项目进行限制,要求观众首先进行注册,取得用户名和密码,在使用某些栏目时,先通过身份核对,然后就可查阅和使用网络的所有功能,获取所需的各种信息。

展后的总结报告和统计资料是参展商感兴趣的内容。网络能为参展商及时地提供一个详尽的观众人数、职业、行业分布等情况的报告。许多展览在结束后,将有关的内容长期在网络上发布,使有期限的展览通过网络技术无限延伸,成为永不闭幕的展览会。'99 上海国际投资洽谈会为弥补常规展会客观存在的不足,如会前缺乏了解、现场沟通仓促、会后无法延续等问题,将整个洽谈会安排成会前网络沟通、会中现场洽谈、会后延续服务三个阶段,为海内外客商营造真实、有效的交流环境和渠道,在国内首创"全程展览"的新理念。

此外,在展览会的网站上,还可以设有客人留言簿,网络访问者可以在网上自由地发表自己对展会的看法。主办者甚至可以开辟出一系列展会专题讨论区,让网上访问者就某个问题展开讨论。例如,在'99上海国际投资洽谈会网页中,主办者就在网上开辟了"20年改革看中国"等专题讨论。

(4)网上服务。通过网络,组展者可为参展商和观众提供全方位的服务。如今,网上订票、订房已是许多展会为参展商和观众提供的服务项目。考虑到参展商有将参展与观光旅游活动结合在一起的要求,许多展会在网页上提供有关风土人情、名胜古迹、观光游览和餐饮娱乐等信息,给外地参展商和观众提供方便,从而产生美好的印象。所有这一切,都体现了组展者利用网络试图给参展商和观众一个"以人为本"的亲和环境,让展会更贴近参展商和观众。

五、展中有会

举办展览会的主要目的是为了参展商推销产品。为了配合产品展销,越来越多的参展商在展中举办相关的会议,如新闻发布会、新产品推广介绍会、研讨会、客户座谈会、业务洽谈会等。组展者为了提高展会效果和知名度,让参展商和观众满意,也举办一些会议配合参展商的展销活动,如专家研讨会、新闻发布会等。在许多商务会议上,也常有会议参加者陈列展示自己的产品,进行产品的宣传、介绍和促销。特别是协会举办的会议,通过会中办展,可以实现以会养会的目的。

当前,展览和会议两者你中有我,我中有你,会议促展览,展览推会议,两者形成互相促进、不可分割的关系。展中有会,会中套展已成为国内外展览会的一个鲜明特点。

六、世界展览业仍呈不平衡发展态势

从世界来看,由于各国经济实力相差比较大,展览业的发展也呈现很不平衡的态势。欧洲是现代展览业的发源地,经过数世纪的积累和发展,其整体实力最强、规模最大。据德国贸易展览业协会的资料显示,截至2002年1月,欧洲有24个超过10万平方米的展览场馆,其中超过20万平方米的有7个。此外,世界60%以上的专业展都在欧洲举办。

北美是世界展览业的后起之秀,起步较晚,但发展较快。特别是在20世纪最后10年里,由于美国经济保持了快速增长,对外贸易迅猛扩大,极大地推动了展览业的发展。2000年,在美国和加拿大举办的展览会就达13 185个。

亚洲展览业的规模和水平次于欧美,比拉美和非洲要高。日本、新加坡、中国内地和中国香港或凭借其强大的经济势力,或凭借巨大的发展潜力和广阔的市场,或凭借发达的基础设施、高水平的服务、较高的国际开放度,以及较为有利的地理区位优势,已成为亚洲的展览大国和地区。

大洋洲的展览发展水平仅次于欧美,但规模小于亚洲。该地区展览主要集中在澳大利亚,澳大利亚每年举办约 300 个大型展览会,参展商超过 5 万家,观众达 600 万人次,而且其发展势头良好。

近年来,展览在拉丁美洲也逐步发展起来。据估计,整个拉美展览业的经济总量为 20 亿美元。其中,巴西位居第一,每年办展约 500 个,收入 8 亿美元;阿根廷紧随其后,每年举办约 300 个展览会,收入为 4 亿美元;排在第三位的是墨西哥,举办的展览会近 300 个,收入为 2.5 亿美元。除这 3 个国家外,其他拉美国家的展览规模很小,很多国家尚处于起步阶段。

非洲大陆的展览业发展情况与拉美基本上相似,展会主要集中在经济发达的南非和埃及。南非凭借其雄厚的经济实力和对周边国家的影响,展览业在南部非洲地区处于遥遥领先的地位。北非的展览业以埃及为代表,埃及凭借其连接亚非欧和沟通中东、北非市场的有利地理位置,展览业在近年取得了突飞猛进的发展,展会规模和国际化水平得到了很大的提高,每年举办的大型展览会达 30 个。当然,由于种种条件的限制,大型展览会一般都还集中在首都开罗举办。除南非和埃及外,西非和东非的展览业规模都很小,一个国家一年基本上只举办一到两个展览会。

纵观展览业在世界的发展状况,可以看出,一个国家的展览业规模和发展水平是与该国综合经济实力、总体规模和发展水平相适应的。发达国家凭借其在科技、交通、通讯和服务水平等方面的优势,在世界展览业中处于主导地位,占据绝对优势。当然,随着经济发展,东亚地区展览业的发展势头非常好。

展览业的发展趋势如何?

小结和学习重点

- 物物交换、集市、庙会、艺术展、国家工业展与现代展览的异同
- 贸易展是如何产生的
- 欧洲展览发展的两个阶段和德国展览业发展现状
- 我国展览业的发展
- 展览业的发展趋势

物物交换是展览的原始形式,集市和庙会是物物交换的进一步发展,而有组织的欧洲艺术展和国家工业展是展览的雏形,工业展与贸易功能的有机结合产生了现代展览。本章主要阐述了展览的起源、发展、现状和发展趋势。

前沿问题

网络展览会取代传统的展览会吗?

练习与思考

(一)名词解释

集市 庙会 国家工业展 AUMA

(二)填空

1. 一些西方学者认为,欧洲集市是起源于古希腊的_____。
2. 1667 年,在法国国王路易十四的提议下,法国举办了第一个_____。
3. _____、_____ 是美国式的展览形式。

(三)单项选择

1. 国家工业展首先在_____举办。
   (1)英国   (2)法国   (3)德国   (4)意大利
2. 改革开放前,我国在国际上有影响的展览会是_____。
   (1)北京国际博览会 (2)上海工博会 (3)广交会   (4)华交会
3. 1894 年在德国_____举办的样品博览会可能是最早的贸易展览会。
   (1)莱比锡   (2)法兰克福   (3)柏林   (4)慕尼黑

(四)简答

1. 如何理解物物交换是展览的原始形式?
2. 举办国家工业展的目的何在?
3. 简述二战后德国专业展发展的背景。

(五)论述

试论述展览业的发展趋势。

部分参考答案

(二) 填空
1. 奴隶市场   2. 艺术展   3. 贸易市场   贸易中心
(三) 单项选择
1.（2） 2.（3） 3.（1）

第三章

展览会的组织

 **学习目标**

学完本章,你应该能够:
1. 根据影响组展的因素进行展览项目的论证;
2. 了解选择展览场馆需要考虑的因素;
3. 明确如何开展展前准备;
4. 阐述组展的整个过程及主要细节内容。

 基本概念

展览项目营销　布展　特装展位　组展效果评估

展览会能否成功举办很大程度上取决于展览会的组织者、计划者、协调者、控制者——组展者。组展者肩负着通过组织和运作,在同一时间将参展商和观众安排到同一地点进行交流的重任。据一位会展专家称,组展工作包括大大小小一千余项相关的工作,是一项极为复杂的系统工程,从展览项目的前期论证、制定组展方案、选择展览场馆、招商、观众宣传、场馆和展台布置、媒体宣传、展台设计施工、展会开幕、展中管理、撤展直到展后总结,形成了一个互相影响、互相制约的有机整体。任何一个环节的失误,都会影响组展的效果,进而影响展会的连续举办。

作为组展者,应以专业服务赢得参展商和观众的支持、信赖,让参展商和观众实现其参展或参观目标。根据一些展览专家观点,80%以上的参展商实现其参展目标、70%以上的观众实现其参观目标才可以认为是成功的组展。

展览的组织过程大致分为四大阶段,即展前策划、展前准备、展中管理和展后阶段。

第一节 展前策划

展前策划主要包括以下工作：展览项目的论证；制订组展方案。

一、展览项目的论证

展览项目论证是组织某个展览要做的第一项工作。展览项目可以分为过去举办过的展览（老展览）和从未举办的展览（新展览）。展览项目也有生命周期，一些老展览可能不适应社会经济的发展需要而被淘汰，老展览也需要进行论证。这里主要讨论新展览项目的论证。

首先，对行业态势进行分析。组展者应对展览举办所在国（地区）的经济和产业结构进行分析，优先考虑本区域的优势产业、主导产业、重点发展行业和政府扶持行业，因为这些产业的展览能吸引相当多的企业参展；还要分析行业市场状况，即应明确该行业市场是买方，还是卖方市场，如果是卖方市场，企业的产品供不应求，企业一般不考虑采用参展的方式营销；此外，还要对行业竞争态势进行分析，垄断、寡头垄断，或者自由竞争行业的企业参展愿望比较弱，而垄断竞争行业的企业参展愿望比较强；还要对买方的情况进行分析，如果买方比较少，而且有关买方的信息比较透明，卖方参展的愿望也较小。

其次，要考虑办展资源是否充分。在展览策划和准备阶段，需要预先投入一定的资源。办展资源包括资金、人才、物化资源（如办公设备和通讯工具、网络等）、信息和社会关系，还要考虑展览所在地的区域位置、交通状况、展览场馆设施等。信息资源包括目标客户、合作单位、行业信息。对组展者而言，目标客户，包括潜在的参展商和观众；行业信息，如行业发展趋势、热门话题、亮点等。社会关系指与该项目所属行业的政府主管部门、行业协会的关系，与本国及海外合作伙伴、招展组团代理的关系，与相关专业媒体和大众媒体的关系等。

其三，要分析同行对此项目的反应，分析项目举办时间是否适当，其他组展者是否也正在组织类似的展览？是否在同一城市，或者附近区域举办？如果国内外已有类似展览，原则上要避免与其举办时间冲突，特别是类似的品牌展览项目，两者的举办时间至少要相隔3个月以上。

其四，要对展览项目进行经济可行性分析，对参展商及观众能否实现其目标进行客观的分析。除搜集二手资料外，必要时还要对该项目进行市场调查和研究。

对展览项目进行论证还需要考虑哪些问题?

二、组展方案的制订

会展项目一旦通过可行性论证,下面就进入制订较详细的组展方案环节。组展方案是整个组展工作的指导性文件,是组展具体工作的较细致的安排,它涉及组展的方方面面,包括从展前准备、展中管理到展后整个过程。组展方案内容包括本章自这里开始后面的全部内容。这里简要介绍组展方案的主要内容。

(一)展前准备

(1)组展各个阶段时间安排。

(2)组展预算。

(3)工作人员的安排。

(4)展览场地的预定和最终确定。

(5)展位营销。

(6)观众营销。

(7)标准展位的设计和搭建。

(8)参展商参展流程确定(主要是策划参展商手册,内容包括参展申请、展位确定、展品运输、参展人员接待等内容)。

(9)观众参观流程确定(主要是策划参观指南)。

(10)关联单位(如赞助单位、合作单位等)谈判和签约。

(11)广告和公共关系策划(宣传资料的准备、媒体安排)。

(二)展中工作

(1)证件办理。

(2)开幕式策划。

(3)现场控制安排(包括人员进出管理、展位管理、展品管理、宣传品的管理、卫生环境控制、侵权事件的防控)。

(4)调查问卷的设计和实施。

(5)突发事件的应急预案。

(6)撤展管理办法制定。

(7)闭幕式策划。

(三)展后工作

(1)组展效果评估的内容确定。

(2) 展后联系工作安排。

第二节 展前准备

展前准备阶段主要工作内容是：主承办单位的确定及支持；公司、单位的选定；主题的创意和选择；场馆的选择确定；参展流程和观众接待的策划；面向参展商开展营销；面向观众开展营销；展品运输服务；参展商接待；展场布置（标准展台搭建、现场营造气氛）等。

一、主承办单位的确定、支持和合作单位的选择

1. 主承办单位的确定

当前，我国展览的主办单位很多是政府主管部门或半官方性质的行业协会，承办单位是一家或几家专业展览公司。例如，2004年10月12日—17日在深圳举办的第六届中国国际高新技术成果交易会，是由商务部、科技部、信息产业部、国家发展与改革委员会、教育部、农业部、人事部、国家知识产权局、中科院、中国工程院和深圳市人民政府共同主办，深圳市中国国际高新技术成果交易中心承办。通常，主办单位主要负责制订并实施展览方案和计划，组织招商、招展，负责财务管理，并承担举办展览的民事责任。承办单位主要负责布展、展览施工、安全保卫及会务事宜。这与西方发达国家不同，西方国家展览业已高度市场化，因此大多主办单位与承办单位合二为一，没有所谓的承办单位，主办单位大多是专业办展公司，一些工作外包给其他公司做。

此外，在我国，一些专业的展览公司为寻求政府（或行业协会）的支持，充分利用其对企业的影响力，主动与其合作，邀请政府（或行业协会）做或共同做主办单位，但主要工作由专业的展览公司来做。

2. 支持单位的选择

寻求相关政府主管部门、行业协会、媒体和其他相关单位（如该行业有影响力的企业）的支持，是展览会成功的关键环节。有影响力的支持单位，可以提升展览会的档次，提高展览会的影响力和号召力，吸引媒体和大众的广泛关注，有利于开展宣传和新闻炒作，吸引目标企业参展和目标观众参观；可以在较短的时期内营造品牌展览。

3. 合作单位的选择

选择合适的合作单位作为展览会的招展组团代理，能够提高展览会的影响力，加快展会信息的有效快速传递，有利于建立一个分布范围广的营销网络，从而可以最大

限度地发掘参展商,壮大参展队伍,最大限度地降低招展成本,这是招展成功的重要环节。通常,当地行业权威机构(如行业协会)、专业展览公司都可作为候选的合作单位。确定的合作单位应有丰富的招展组团经验,能切实有效地开展组团工作。

二、展览项目名称、主题

(一) 展览项目名称

展览项目名称通常包括三部分:基本部分、限定部分和附属部分。基本部分和限定部分构成展览会名称的主体。当基本部分和限定部分构成的展览会名称能将展览会的主要意思表述清楚时,可不使用附属部分加以说明。

1. 基本部分

基本部分,即展览会或展览会的派生词和变体词,如博览会、展销会、交易会等。其他表述方式虽然也表述的是展览会意思,但其内涵及用法习惯有所不同。博览会是综合的、内容较广、规模较大、参展商和观众较多的展览会,如第六届上海国际工业博览会。交易会通常以外贸或地区间贸易为主,如广交会、华交会等是以外贸为主和宣传为辅的展览。展销会则是以零售为主的展览,由一个或数个行业参与,规模多为中小型。展览会一词主要是指专业展,如2004中国武汉国际门窗展。

2. 限定部分

限定部分主要是说明展览会的时间、地点、内容和参展商的来源。

展览会时间的表示方法可以是年份、年份加季节,或者用届的方式来表示,如2005年、2005、2005年春季、第六届等。

地点大都用展览会所在城市名、省(区)名或国家名表示,如广州中国出口商品交易会举办地是广州,华北经济贸易洽谈会举办地是地处华北的北京。

展览会内容指展品的范围。若展品的范围非常广,包括了许多行业,该展览会可称之为经济展或经济贸易展。若范围仅限于某一产业,可称之为某产业展,如农业展、工业展。西方国家对第三产业的展览会习惯称为经济活动展,我国还没有第三产业展览会的说法。若范围仅限于某一行业,如体育,可称之为体育展,如在沙特迪拜举办的中东体育展。若范围限于某行业的某个产业,如糖果、珠宝,可称之为糖果展、珠宝展。组展者要注意恰当使用表示展品范围的措辞,过宽或过窄都会误导参展商和观众。过宽会在观众心中留下虚假的印象,观众因此可能不愿再参观下届展览会,从而影响展览会的连续举办;过窄会导致一些该来的观众未来。

如第一章所述,根据参展商的来源,展览会可分为国际、国家(全国)、地区和单独展,如北京国际机床展是国际展、上海中国艺术展览会是国家展、华北经济贸易洽谈会是地区展。世界上所有或几乎所有的国家都参加的展览会,称之为世界博览会,汉语及日文旧称为"万国",目前主要指国际展览局批准的世界博览会。中国已多次参加在其他国家举办的世界博览会,也于1999年举办了昆明世界园艺博览会,并将于2010年在上海举办世博会。

3. 附属部分

附属部分是基本部分和限定部分的进一步补充,更详细地说明展览会举办的具体时间、地点等。最常见的是用小体字标明展览会的具体日期,如11月4日—11月9日,也有的再加上主承办单位、合作和支持单位的名称。许多展览会的名称有缩写形式,如北京国际博览会的英文缩写是BIE,可以单独使用,但如放在全称之后,可将其视为附属部分。

(二) 主题

展览项目确定后,很多情况下还要就展览会主题进行创意。通过展览会主题,潜在的参展商和观众可以清晰地了解组展者的意图和本届展览会的特点。一个言简意赅的主题,也便于组展者进行宣传。主题要能反映行业的发展走势,代表行业的发展方向,抓住行业的亮点和市场的特点,主题的策划要有创新意识。

下面以2010年世博会为例说明一个好的主题应具备的三个特点。2010年上海世博会的主题是"城市让生活更美好",这个主题有三个鲜明的特点。其一是时代性,因为城市是人类文明的产物,越来越多的人为了追求美好的生活而来到城市,越来越多的创造、沟通交流都在城市中发生,当前整个世界城市化的进程在进一步地加快,我国也不例外,所以城市已经成为全世界政治家、经济学家、社会活动家所关注的焦点;第二个特点是独创性,一百五十多年来世博会从来没有把城市作为一个主题;第三个特点是普遍性,因为城市这个主题可展示性比较强,可参与程度比较大,不论是大城市还是小城市,不论是发展中国家的城市还是发达国家的城市,都可以通过参加世博会来展示其取得的成就。

(三) 展览项目的申办

在我国,许多展览项目都要事先进行审批,因此组展者需要准备充分的资料提前报有关部门批准,然后才可以开展组展的准备工作。

三、展览场馆的选定

(一) 我国展览场馆的概况

据不完全统计,目前我国展览场馆共有一百五十多个,总面积达110万平方米。我国的展览场馆分布的特点是:大展览场馆主要集中在北京、上海、广州等大城市,沿海省市的展览场馆数量及总面积比中西部要多、大。表3-1列出了全国各地主要的展览场馆。

第三章 展览会的组织

表 3-1 中国各地主要展览场馆

序号	省(区、市)特别行政区	展览场馆名称
1	北京	中国国际展览中心、中国国际贸易中心、中国国际会议中心、全国农业展览馆、全国建筑展览馆、中国科技会堂
2	天津	天津国际展览中心、天津国际经济贸易展览中心
3	上海	上海新国际博览中心、上海光大会展中心、上海展览中心、上海国际展览中心、上海世贸商城
4	重庆	重庆会展中心、重庆工业展览馆
5	广东	广州出口商品交易会馆、广州新会展中心、广州国际展览中心、深圳国际展览中心、中国国际高交会展览中心
6	福建	福州国际会展中心、厦门国际会展中心
7	江苏	江苏展览馆、南京国际会展中心、苏州国际展览中心、苏州国际贸易中心
8	浙江	浙江省展览馆、杭州和平会展中心、浙江省经贸国际展览中心
9	四川	四川省展览馆、成都国际展览贸易中心
10	湖南	湖南展览馆
11	安徽	安徽展览中心
12	湖北	武汉展览馆、武汉科技会展中心、华中国际博览中心
13	云南	昆明国际贸易中心、昆明国际展览中心
14	河北	河北国际商贸会展中心
15	辽宁	大连国际博览中心、大连星海会展中心、辽宁省工业展览馆
16	河南	郑州中原国际博览中心
17	黑龙江	黑龙江国际博览中心
18	江西	江西省展览馆

续 表

序号	省(区、市)特别行政区	展览场馆名称
19	陕 西	陕西省工业展览馆、陕西国际展览中心
20	新 疆	新疆国际博览中心
21	山 东	山东国际博览中心、山东省国际会议展览中心、山东省工业展览馆
22	广 西	广西展览馆
23	山 西	山西省展览馆
24	西 藏	西藏自治区展览馆
25	青 海	(资料暂缺)
26	内蒙古	内蒙古展览馆
27	吉 林	吉林省展览馆
28	贵 州	贵州省展览馆
29	宁 夏	宁夏展览馆
30	甘 肃	兰州国际会展中心
31	海 南	海口市展览馆
32	香 港	香港国际会议展览中心、香港新会展中心
33	台 湾	台北国际贸易中心
34	澳 门	(资料暂缺)

(二) 展览场馆的经营管理模式

展览场馆的经营管理模式主要有三种,即政府经营、政府与民间合营和民间经营。目前,世界上大部分的展览馆经营管理模式是第一种和第二种。具体就我国来说,主要是由政府经营,民间经营的情况几乎没有。有一些展览场馆是政府与民间合营,如中国国际贸易中心是由原外经贸部所属的鑫广物业管理中心和马来西亚郭氏兄弟集团所属的香港嘉里兴业有限公司共同投资兴建的,上海新国际博览中心是由上海浦东土地发展(控股)公司与德国汉诺威展览公司、德国杜塞尔多夫展览公司、德国慕尼黑国际展览有限公司共同投资建设的。表3-2所示为三种经营管理模式特点的简单比较。

表3-2 展览场馆三种经营管理模式特点

展览场馆经营管理模式	特　　点
政府经营	直接由政府,或者隶属于政府的有关单位投资和经营
民间经营	民间投资建馆,没有政府的参与,纯粹是商业运作
政府与民间合营	产权属政府所有,由企业进行商业运作

(三)选择展览场馆需要考虑的因素

展览场馆的选择事关能否吸引到足够数量的参展商和观众,事关展会能否成功举办。选择展览场馆时,需考虑以下一些因素。

1. 展会预期需要的面积和展览场馆可用面积

参展商预期需要的展位面积和附加面积、展览场馆可使用面积,在很大程度上决定租用展会所在地的哪个展览场馆。例如,一个标准展位的面积是3米×3米,则1 000个标准展位需要9 000平方米的净场地面积,再加上宽2.4米的通道面积,如果考虑到消防等因素需要3米的通道,还要考虑组展者服务区所需的面积,因此通常展场所需要的面积大约为净面积的两倍,如上述9 000平方米的净面积,实际就需要18 000平方米的展场面积。

展览场馆最好是由较小展厅组成,这可降低场地空置的风险。组展者应仔细分析展览场馆的情况介绍。展览场馆面积太小会让人感觉拥挤、局促,太大则又给人冷清、人气不旺的感觉。组展者应到展览场馆进行实地考察,然后进行比较,选出一个大小适中的场地。

展览会最好在同一个展览场馆进行,这样便于参观,也便于管理。如展览会所在地的某个展览场馆无法容纳所有的展位,可采用主会场与分会场相结合的方式,主分会场相距应尽可能近,或者要能为观众提供便利的免费交通服务。

2. 展览场馆空间和设施

一些比较高大的展品(如大型机械),或者特装展台对展览场馆的空间要求较高。新建的展馆中间一般没有障碍物,老展馆可能存在天花板高度太低、中间有柱子和其他障碍物、出入口尺寸太小等问题。

天花板太低会导致较高的设备无法进入,而且不利于声音的发散。场地不能承重，则不能展出沉重的设备。如举办机械展，应选择场地有足够承重力、方便大型机械进出的展览场馆。大多展场地面是混凝土，如铺上地毯，不仅可以吸音，而且对参观产生良好的视觉效果。

灯光、电力是展览场馆提供的基本条件，有些参展商需要使用电话、煤气、空调、冷热水、蒸汽，甚至要求有光纤设备以方便上网，对这些方面的情况组展者必须了解清楚。此外，展览场馆内或附近最好要有会议室、餐厅、银行、商务中心、厕所等相应配套设施。

3. 场地单位面积费用及其他间接费用

展览场馆不同，租金价格也会有所不同。会展中心收费一般是根据实际使用展场面积或每天使用的净面积来确定。第一种计算方法按实际使用展位的面积计算，从布展开始到撤展结束为止。第二种计算方法以每天使用的净面积计算，进场布展或撤展不予收费或以较低价格收费。

在一些较高档的会展场所，如饭店或会议中心，则以每一个展位价或每天净面积价计算展会期间的租金，布展和撤展另计。也有些场馆以半天来计量单位。组展者在与场馆签订场地租用合同时，要注意对场租及布展、撤展时的租金予以明确。

4. 展览场馆的软件条件

面积、设施等，是选择展览场馆时需要考虑的硬件条件。展览场馆形象、工作人员的服务水平，是选择展览场馆时需要考虑的软件条件。

形象较差的展览场馆，即使费用便宜，但其节省的费用可能不足以弥补因参展商对展览场馆缺乏信心，而少订展位或不参加所造成的损失。因此，组展者应尽可能选择形象比较好的展览场馆。

展览场馆工作人员在展会前后，应向组展者、参展者和观众提供清洁、保卫、咨询、餐饮供应、电力供应等多方面的服务。如果他们素质不高，就不能提供同行的服务。

此外，要了解展览场馆是否有损害参展商和观众权益的规定。例如，有些展览场馆禁止参展商和观众携带任何食物及饮料进馆，如需要则须在馆中以高价购买；有些展览场馆要求收取不合理的超时加班费，或强迫参展商雇佣展览场馆指定的展览服务商；有些展览场馆实行价格双轨制，即在电费、空调、加班费用等方面对海外参展商收取比国内参展商更高的费用。

展览场馆要提供足够的安全保障，组展前应将安全防范工作作为前期策划的一个必不可少的组成部分，有以下问题需注意：展馆是否有完善的突发事件处理预案；是否有救生系统和火警系统；紧急出口是否明显标示、通畅无阻，并能正常使用；展览会期间，该展馆是否提供医疗服务；该展馆是否有公众广播系统，以便紧急

第三章 展览会的组织

事件发生时可以及时通知;该展馆是否发生过自然灾害;该展馆和参展商下榻的酒店内部或附近是否有治安问题;该展馆外部和停车场的照明是否足够;该展馆保安人员素质如何。

5. 展览场馆附近的交通

交通是否便利也是选择展览场馆需要考虑的重要因素之一。便利的交通将方便人员和物资快捷地到达或离开展览场馆。特别在展览会期间,人流量、货流量都非常大,交通不畅将会给参展商、观众和其他相关人员带来诸多的不便,最终可能会影响其下一届参展或参观。当然,展览场馆通常都建在交通比较便捷的地点。

我国若干展览中心简介

1. 上海新国际博览中心

上海新国际博览中心位于我国经济、金融和贸易中心——上海,地址在浦东新区龙阳路2345号。上海新国际博览中心目前已建成7个展厅和一个入口大厅,室内面积为8.05万平方米,室外2万平方米。全部建成后,将拥有17个展厅和一座塔楼,室内总面积为20万平方米,室外5万平方米。每个展厅为70米×185米,面积为11 547平方米,服务区设在大厅两端。在拱廊一端的服务区内及展厅之间设有商店。展厅内完全没有柱子,高度为11米,其中5号展厅高度为17米。展厅设有灵活性分隔、卡车入口、装卸设备、办公室、小卖部及餐厅和板条箱仓库。上海新国际博览中心的入口大厅,明亮气派,可安排来宾登记、信息查询和洽谈。整个场馆高挑宽敞,设施先进齐全。该中心还设有商务中心,提供邮电、银行、报关、运输、速递、广告等各种服务。附近有地铁2号线、大桥五线、大桥六线、东川线、方川线、申庆线、申江线、杨祝线、983路等公交线路。

2. 中国国际展览中心

中国国际展览中心隶属中国国际展览中心集团公司,中心共有8个展馆,室内场馆面积6万平方米,室外面积7千平方米,停车场和集装箱场地面积各1万平方米,还有海关保税仓库面积3千平方米。场内的水、电、暖、冷、电信设备齐全;设有大型报告厅、会议室、技术交流室、贸易谈判间、中西餐厅等,可举办大型展览会和会议。为展览会服务的海关、运输、施工、旅游、饭店等单位均设有办公场所或配套设施,参展商无需出中心即可得到各种相关服务。该中心地处北京市区东北角,北三环东路内侧,距市中心10公里、距使馆区5公里、距机场仅20公里,周围饭店二十余家。

3. 中国进出口商品交易会展馆

中国进出口商品交易会展馆现为琶洲展馆。在2008年前,还包括流花路展馆。流花路展馆建于1974年,展馆面积达17万平方米,广场面积近1万平方米,可举行大型的开幕仪式和庆典活动。流花路展馆序幕大厅位于一号馆,面积为1 260平方米,大门口建有达300平方米的飘檐。流花路展馆因每年举办春、秋两届中国出口商品交易会而举世闻名。中国出口商品交易会流花路展馆常年举办80到100个展会,是广州乃至华南地区举办展会数量最多、展会规模最大、展会档次最高的展览馆。家具、建筑装饰、美容美发、皮革、通讯、汽车、广告等多个题材的展会,其规模、知名度和吸引力,不仅在华南首屈一指,在全国也名列前茅。流花路展馆坐落在广州市4条主要干道交汇处,位于最繁华的黄金地段,交通便利、人气汇聚,多年办展形成的知名度和商誉有口皆碑。

琶洲展馆位于广州市东南部的琶洲岛,建筑总面积70万平方米,首期占地43万平方米,单体展览场馆面积世界第一,达39.5万平方米,已建好16个展厅,其中室内展厅面积16万平方米,室外展场面积2.2万平方米,可搭建国际标准展位10 200个。临江露天展场2.2万平方米。主要以展览、展示、表演和大型集会为主要使用功能,是目前亚洲最大的会展中心。琶洲展馆设计独特,环境优美,集会议、展览、商务洽谈等诸多功能于一体,是实用化、智能化、人性化、生态化完美结合的现代建筑。琶洲展馆首层展厅净高13米,二层展厅净高8.89—19米,可为各类展览提供超高的展出空间。首层的8个1万平方米左右的展厅,每个展厅仅有很少的几根柱子,二层的5个1万平方米左右的展厅,全部无柱,布展十分方便。展厅具备超强承重能力,首层、二层展厅每平方米设计荷载能力分别高达5吨和1.5吨。另外,展览场馆南北双向均有开放式进出口,展厅既可连成一体,又可独立办展。

4. 深圳会展中心

深圳会展中心位于福田中心区正南端,与市民中心在同一条南北建筑轴线上,属于深圳市中心区标志性建筑物,总占地面积22万平方米,建筑面积28万平方米,别名"水晶宫"。深圳会展中心北临福华三路,南接滨河大道,西侧是益田路,东侧为金田路,交通便利;在展览场馆北侧正在兴建的地铁站距展览场馆150米,人流可从东、西、北3个方向汇集到会展中心,南面的滨河大道为快速干道,可作为货运主通道使用,但需限时上路;展览场馆共有停车位2 000个,在重大展览期间可在周边另外统一安排车位3 000个,解决停车问题。

四、参展流程和观众接待的策划

为了使展会有序进行,制定科学合理的参展流程十分必要。许多组展者都制定详细的参展流程。通常参展的流程大致是这样的:欲参展的企业填写好参展申请表(代合约书),加盖公章后邮寄或传真至组展者,然后将参展费汇至组展者账户。组展者收到参展费后向参展商确认展位,展览开始前参展商带上确认函到展览馆组展者接待处报到。

观众接待的流程随展会有所不同。一般的流程是:观众通过登记或购票的方式获得入场券,持入场券经入口处保安核对后即可进入展览馆参观。专业展一般是观众用名片换取门票,有些观众事先可得到组展者或参展商的赠票。

五、展览项目面向参展商的营销

吸引足够数量和质量的企业参展,是关乎展览成功与否的关键因素之一。为此,组展者需要开展针对参展商的营销。组展者要充分利用各种宣传广告手段,营造招展氛围,形成市场声势,并利用各种关系和途径,寻求有关的单位支持和合作,建立起一个触点广泛的展览营销网络,开展声势浩大的市场推广,最终使尽可能多的潜在参展企业报名参展。

(一)组展者与参展商的关系

组展者与参展商的关系是服务和被服务的关系,参展商是组展者的顾客,是组展者的"上帝",组展者要为参展商提供优质、高效的服务。从广义上说,组展者所提供的服务既包括展览场馆的租赁、广告宣传、保安、清洁、展品运输、展品储存、展位搭建、观众统计分析等专业服务,也包括提供有关餐饮、旅游、住宿、交通等相关信息的配套服务。

参展商是展览会的主体之一,组展者的收益主要来自参展商支付的参展费。组展者收取了参展商的参展费,就要为参展商提供物有所值的服务。参展商也希望支付参展费后,能够从组展者那里获得物有所值的服务。服务质量的高低,关系到下一届展览会参展商的数量和质量。

为此,组展者首先要牢固树立服务观念,按照市场化、专业化的要求开展各项工作。发达国家都有一套成熟的展览服务运作模式,我国展览业起步较晚,很多展览会行政色彩仍较浓,主办单位在参展商面前,往往是居高临下的指挥者,而不是服务者,开幕式一结束,展览会就宣告成功,主办单位的人员便无影无踪。而在展览业发达国家,主办单位是以服务客户的角色出现的,客户服务中心帮助参展商解决各种具体问题,处理有关投诉。

其次,要实现服务流程的规范化、标准化。国内一些组展者也已经认识到展会服务流程规范化、标准化的重要意义,如在全国率先获得ISO9001国际质量体系认证的深圳高交会展览中心,就已经建立了一套包括展览业务经营、展览工程、展场租赁、会展物业管理等较为完善的会展服务体系;并在实践中,严格按照规范的流程进行运作,为高交会、家具展、中国国际互联网展等大型展会提供一流、高效的服务。

其三,组展者提供的服务要重实效和体现"以人为本"的理念。譬如,展览会的布局按照展品大类来划分,这样可以方便观众参观;观众刚踏进展馆就能得到一份服务手册或参观指南;展场内设有餐饮部、休息场所、便捷通道;等等。主办方要从细微处着手,处处实践"以人为本"的服务理念。

其四,要有重点地提供优质服务。参展商不仅希望获得组展者周到的接待,更希望在展览期间能与一定数量和质量的专业观众进行交流。因此为参展商吸引到一定数量和质量的专业观众,是组展者为参展商提供的最重要的服务,否则即使接待再周到,也不能实现参展商的主要目标。

(二) 参展商名录的建立

1. 新展潜在参展商名录的建立

建立一个包括尽可能多的(理想的情况是所有的)潜在参展商的名录是展览营销的非常关键的一步。获得潜在参展商名录的方法有不少,这里作一简单介绍。

现在很多行业都建立了协会,从有关协会可以获得潜在参展商的名录。当然一些企业可能没有加入该行业协会,通过最新版本电话黄页可以找到一些潜在参展商。

企业都要到工商行政管理部门登记注册的,因此通过工商行政管理部门的网站或到工商行政管理部门去查询,也能获得有用的信息,寻找到有价值的潜在参展商。

网络也是获得潜在参展商信息的重要途径,打开一些搜索功能强大的网站,如中国的 baidu 网站、Sogou 网站,国际的有 Google 网站、yahoo 网站,输入关键词,将出现许多与关键词相关的网站、网址和网页,点击后可能会获得一些有价值的信息。

2. 老展参展商名录的整理

对于老展,组展者应对过去参展的企业名录进行整理。组展者应将历届参展的企业及潜在参展企业按一定的顺序(如可先按地区,再按字母顺序)进行登记,每届结束后及时将本届的参展商及潜在参展的企业汇总,内容包括单位名称、主要展品、联系电话、公司负责人、负责营销工作的部门及负责人,以及具体联系人、邮政编码、展台面积、是否特装等信息。可以用 Excel 表格,格式如表3-3所示,也可以建立查询功能强大的数据库。有了这张表,组展者就可以开展有针对性的营销。

表3-3　第××届 ××展览会参展商名录

地区:

序号	单位名称	地址	邮政编码	具体联系人		部门负责人		公司负责人		本届展台面积	是否特装
				姓名	电话	姓名	电话	姓名	电话		

制表人:　　　　　　　　　　　　　　　　　　　　　　　制表日期:

(三)面向已知联系方式的企业的营销

一些展会可能在上届展会结束时就已经有一些企业预定下一届的展位了,少数知名展会甚至下一届的展位全部预订完,这样的展览项目几乎不存在营销问题。一般地,组展者在上届展览会还未结束就可以开始下一届展览的预告宣传工作。例如,2004年在上海举办的慕尼黑生物化学展,在展览会快要结束前,在上海新国际博览中心的入口广场处就树起旗帜,上面写着"2006年我们再次相聚"的字样。

大多数展览项目需要对那些犹豫不决者继续做工作,争取他们参加下一届的展览。其实对于那些已参加本届展览的参展商来说,最好的营销是让他们对本届展览满意,满意的参展商不仅将继续参加下一届的展览,而且可能带来新的参展商。因此,组展者要尽可能提供专业的优质服务,专业的展览服务应渗透到组展的整个运作过程,从市场调研、主题立项、寻求合作、广告宣传、组织观众、活动安排、现场气氛营造、展后服务,甚至文件、信函的格式,都须具备较高的专业水准,所有工作人员都应抱严谨认真的工作态度。

展会营销要有重点地开展,主要是针对还没有决定参展的企业,以及其他不知联系方式和地址名称的潜在参展企业。对潜在的参展商要进行认真分析,开展有针对性的营销。针对已知名称的潜在参展企业的营销方式主要包括:邮寄参展邀请函、不定期邮寄相关的展会资料,通过电话、传真或 E-mail 不断将有关展会信息告知他们,并在相关的行业网站及组展者网站上公布展会信息。必要时,登门拜访一些重点潜在参展企业,直至将预定的展位全部售出。

(四) 发掘潜在的参展企业

一些有参展意愿的企业,组展者并不知其名称、地址和联系方式,这时组展者需要发掘这些企业来壮大参展队伍。发掘潜在的参展企业的方式有如下三种。

1. 合作招展和组团

国际上,政府一般不干预企业办展和参展,展览会能否成功举办,很大程度上取决于行业和企业的认可。组展者可以利用潜在参展企业所在地的行业协会、政府主管部门和专业招展组团机构的力量,利用其对当地潜在参展企业熟悉的优势,实行利益共享、合作招展。当地行业协会可以打印文件下发协会会员,告知有关会展的信息。组展者若能获得权威的行业协会和重点企业的支持和合作,无疑会增加该展览会的声誉和可信度,并产生良好的宣传效果和影响力。

2. 通过潜在参展企业比较熟悉的媒体发布展会信息

有兴趣的潜在参展企业获得信息后,可能会主动与组展者联系,这样就可以得知其地址、电话等信息,再用邮寄、电话、传真或 E-mail 等方式进行追踪,直至确认其参展。

广告是传播展会信息的一种有效宣传方式。宣传一般是指单向的信息传递,即组展者单向地向潜在参展商和观众传达展会信息,广告的优势是使信息大范围地传播。媒体包括专业媒体(如专业报刊、网站)和大众媒体(如电视、电台、主导性报纸)。专业展比较适合在专业媒体做广告,必要时辅之在适当的大众媒体做广告。

公共关系宣传。组展者还可以通过新闻发布会、酒会、行业研讨会等形式制造新闻题材,开展与展览会有关的各项广告征集,对重点参展企业进行新闻专访,从侧面传播展览会信息,进行新闻炒作。

3. 创品牌展览项目

品牌展览项目意味着高附加值、高质量、高水平服务。组展者应努力培育和发展知名品牌展览会，力争获得 UFI（国际展览业协会）的资格认可。

目前，全世界获得 UFI 资格认可的展览会有近 600 个，我国有 13 个。UFI 对申请加入其协会的展览项目和主办单位有着严格的要求及详细的审查程序。通过这套较为成熟的资质评估制度的评估，取得了 UFI 的资格认可，这个展览会就可以使用 UFI 标记，UFI 标记是品牌展览会的重要标志。中国加入 WTO 后，海外众多实力雄厚的展览公司、知名展览会纷纷抢滩中国市场，我国展览企业要争取获得 UFI 认证，这对规范展览运作、提高国际竞争力、吸引潜在的企业参展有着不可估量的作用。

六、展览项目面向观众的营销

企业参展的目的是利用展览会这个平台与目标观众进行接触、洽谈、交流信息。作为组展者，能否吸引足够的目标观众事关展览会的成败。因此，面向目标观众的营销是摆在组展者案头的另一个非常重要的课题。

建立重要目标观众的资料库是一项重要的基础工作。收集尽可能多的观众名录，或叫目标买家名录，将有效地提高面向目标观众营销工作的效率。组展者应该像建立参展商资料库一样建立重点目标观众资料库。在每次展览会结束后，都应将目标观众进行汇总，以备下次展览会开展有针对性的营销。组展者应把主要精力集中于那些最有希望参展的观众上面，如曾经参加过类似展览（自己或竞争对手举办的）的观众。

对于特别重要的观众，可以直接给他们打电话，并明确表示"来参加展览，我们会帮你们……"此外，组展者还可以辅之邮寄邀请函、发送 E-mail 等方式来强化效果。

对于已知地址（包括 E-mail 地址）的重要目标观众，可以通过邮寄邀请函的方式辅之以 E-mail 进行目标营销。注意不要过分依赖电子邮件，因为有的信息可能会无故丢失。

对重要的目标观众可以有计划地发送参观门票。

对于已知 E-mail 地址的一般目标观众，可以通过 E-mail 进行目标营销。

对于其他联系方式不清楚的潜在目标观众，可以在专业性报刊和网络发布广告、举办新闻发布会等方式进行广泛营销，以吸引其注意。要让潜在目标观众知道组展者的网站，用精美的明信片宣传组展者的网站比用小宣传册来宣传效果会更好。可以让目标观众在网上注册，网上注册不仅可以节省印刷和管理费用，提供比较准确的信息,还便于统计汇总。在展会开始后,可以向那些第一天没来参观的注册者发一封电子邮件,询问一下情况。对那些距离非常近的还能来参观的观众,应提前向他们告知第二天的展会活动。另外,不要急于关闭用于注册的网站。

在展会开幕前的最后阶段——展前4个星期,要把宣传重点放在周边地区。展会现场的气氛营造(现场的布置、开幕式安排、开幕广告、户外广告等)可以吸引展会所在地附近的潜在观众。利用人流量较大的公共场所,如机场、车站、码头、商业街道和广场等地点,以户外广告(海报、灯箱、广告牌、宣传条幅、彩旗等形式)进行广泛宣传,以营造展览会的声势,对展会所在地附近的潜在观众展开广告宣传攻势。

七、运输和交通

展品通常由参展商自行负责运输到展会目的地,可以自运,也可以他运。自运是参展商自己用汽车等运输工具将展品运送到展览场馆所在地。他运可以选择通过邮政渠道或运输公司进行运输,有的时候要办理水、陆(包括公铁)、空联运。

为方便参展商和观众到达或离开展览场馆,组展者可能要在机场、车站、码头、地铁出口、饭店与展览场馆间安排免费班车服务。组展者应详细说明班车的起止站、始发和末发时间及时间间隔,以便有关人士乘坐,必要时安排临时工作人员引导。

为方便外地的参展商和观众住宿,组展者通常指定若干酒店作为展览会特约酒店,参展商和观众可提前向指定的接待单位代理预订客房。组展者应在服务手册中注明指定的接待单位代理名称,指定酒店的电话、传真、地点、星级。组展者通常要求酒店大堂设有专门接待站。

八、会刊等印刷品的准备

在展览会前和会中,需要用到大量的印刷品,如邀请函、参展商服务手册、会刊、入场券、展场地图、观众门票、参观指南、工作证、施工证等。

主办或承办单位都要为参展商提供一本内容全面翔实的服务手册。服务手册既要能吸引读者,还要通俗易懂,把一切可能想到的问题和解决方案都要编写进去,特别是本届展览会在服务方面的新变化。此外,服务手册应该便于查询,可读性强。一本内容完整又便于查询的服务手册,可以节省参展商的时间,减少、避免参展商与组展者的摩擦。参展商服务手册主要包括以下几个内容:展览会的中英文名称、展会举办城市及场馆的名称、展会起止日期(包括进场布置、撤展日期)、住宿及行程安排、交通旅游、视听摄影设备、花艺盆景的租借,等等。

展览会会刊是提供给参展商和观众的重要资料。下面以2004年在上海举办的国际家用品及赠品展览会会刊为例,说明会刊包括的主要内容。该会刊主要包括以下内容:开放时间、参观手续、大会管理机构、展览场馆指示图、指定服务提供商、研讨会日程、专题报道、上海概况、旅游信息、餐厅指南、广告客户索引、参展商名录(包括参展商名称、展位、产品、联系人、具体联系细节)、展品目录(包括参展商名录、展位、E-mail 地址、传真和网址)、展览会平面图。

组展者在事先要做好会刊等印刷品的策划,策划的内容包括印刷品的种类、数量、内容、版面、质量和印刷时间等。在确定好要求后,将此业务外包给印刷公司,并关注印刷的进度。

九、人员的组织

展览会的成功举办需要一些素质较高的正式员工和非正式员工。通常展会准备期间,并不需要太多的人员。一个项目经理和几个助手就可以将有关工作做好,当然需要其他部门的通力合作,如财务部门收款。展前的很多工作可以外包给提供展览服务的专业公司,如标准展台搭建可以外包给展台设计搭建公司。

在展览会开幕前后,需要较多的临时工作人员,如参展商、展台搭建商和观众接待人员,观众和参展商意见调查工作人员等,组展者可雇佣由专业人才中介提供的临时工作人员。对临时工作人员,需要做好培训工作,使他们熟知自己的工作程序,明确自己的职责,解决参展商和观众提出的相关问题,如果无法回答,应知道从哪里获得答案(一般可以找总服务台,因为总服务台工作人员一般是熟练的正式员工)。

对正式员工和非正式员工要进行科学的管理。可以按工作性质划分为若干小组,分工开展工作,每组由组长负责管理。

对各个组要有明确的任务要求,并且要进行检查和督促,防止松懈散漫。

十、媒体宣传安排

为了扩大展览会的影响,吸引潜在的企业参展和潜在的观众参观,许多展览会都利用新闻媒体为自己造势。媒体宣传是吸引潜在参展商和观众的重要手段。许多组展者在招展的时候,都向参展商说明自己的支持媒体。

(一)媒体的选择

组展者应确定专职或兼职的新闻媒体负责人,选择合适的媒体作为支持媒体。新闻媒体包括大众媒体和专业媒体,可以是报刊、电视、网络,政府机构也可以视为媒体。不同的媒体其目标受众是不同的,因此要选择那些受众与展会的潜在参展商和观众尽可能一致的媒体,这样展会的潜在参展商和观众就有可能读到有关展会的新闻和报道。组展者可从展出地的新闻名录中查找合适的媒体,也可以询问当地潜在的参展商和观众阅读哪些报刊,然后从中选择适当的新闻媒体。选择媒体时,还要考虑该媒体是否会报道该展会,这主要取决于媒体的风格、特色和栏目等。再好的新闻,如果寄给了不合适的媒体也是浪费。

> 第五届中国国际质量控制技术与测试仪器展览会,相关的媒体有《理化检验—物理分册》、《理化检验—化学分册》、《无损检测》、《机械工程材料》、《腐蚀与防护》等。

新闻媒体负责人要与媒体接触,并保持与其良好的关系。组展者与媒体的关系,实质上是组展者工作人员(负责人、新闻媒体负责人)与媒体工作人员之间的关系。新闻媒体工作人员包括记者、摄影(像)人员、专栏评论员、编辑及其负责人。新闻工作是一项长期性的工作,与媒体保持良好的关系是新闻工作成功的基本条件。可以登门拜访重要的媒体编辑,与有关编辑记者保持联系,邀请他们参观。良好的人际关系有助于获得媒体的最大支持,并获得较高的报道率。

(二)提供新闻资料

组展者媒体负责人应积极主动地向媒体提供相关的新闻资料。新闻资料要充分准备,精心安排。向媒体提供的新闻资料内容可以不必局限于展览会,因为新闻媒体的兴趣面比参展商和观众广,通过新闻媒体做宣传也是面广一些为好,只要是该新闻有亮点值得媒体报道即可。新闻资料包括新闻稿、专稿、特写、新闻图片和视频等。

1. 新闻稿

组展者新闻工作的主要内容之一就是编发新闻稿。新闻稿是组展者提供给媒体的主要的和基本的新闻资料,如果质量高、内容新,有报道价值,新闻媒体感兴趣,符合新闻报道的要求,就有被采用的可能。要了解新闻稿最终读者的兴趣,根据他们的兴趣安排相应内容。新闻稿的数量可以根据展会的规模及需要决定,大规模的展览项目可以多编印一些新闻稿。

为保证新闻稿及时地刊发,组展者应该了解新闻媒体的出版频率、截稿期,计算好提前时间,及时安排邮寄新闻稿。新闻稿不仅可以提供给新闻界,也可以提供给潜在的参展商和重要观众。

2. 新闻图片

新闻图片也是媒体需要的素材。好图片可以单独使用，也可以衬托新闻稿内容。拍摄效果好的新闻图片比好的新闻稿件更可能被媒体采用。图片的拍摄要注意真实，最好由专业摄影师拍摄，要了解媒体对图片内容和规格的要求；图片背面可以附上照片概要、联系方式、登载许可，注明"免费"字样的图片会提高其被编辑选用的几率。现在数码相机盛行，用数码相机拍摄可以及时通过因特网传送，便于相关媒体编辑。专业刊物很少有专业摄影师，就更需要向其提供质量高的图片。

（三）记者招待会

记者招待会是组展者与媒体建立并发展关系的机会，是将展览项目广泛深入地介绍给多个新闻媒体的一种有效方式。

记者招待会能否成功举办的关键是内容。组展者要有能吸引新闻媒体的内容，方可考虑举办记者招待会。记者招待会可以在招展正式拉开帷幕时，也可以在展览开幕前或在闭幕后召开，还可以在展览开幕前一两个月举办记者招待会，向外界宣布招展的成果。不同阶段举办的记者招待会重点应有所不同，如招展正式拉开帷幕时，记者招待会以介绍展览主题、组展计划、招展目标等为主要内容。闭幕后的记者招待会，则以介绍展览成果为重点。记者招待会主要邀请新闻界人士、政府相关部门领导参加，还可以邀请重要参展商和目标观众参加。

在记者招待会上，可以向与会人员提供新闻资料袋。成套的新闻资料（新闻稿件、特稿、专题、新闻图片等）装入资料袋，称作新闻资料袋。在记者招待会上提供的资料袋，可以装有招待会安排、发言人名单和发言稿。新闻资料袋也可寄给有关媒体。

记者招待会还有一种特殊形式，叫"拍摄专场"，是专门为摄影记者摄像安排的。

十一、布展

布展是指在原先空旷的场馆中搭建展位和将展品陈列等工作。展位分标准展位和特装展位。标准展位是指使用统一规格的材料，按统一的模式搭建的展位，通常由组展者指定一家或数家承建商根据设计图所搭建的标准展位。特装展位是指在预留空地上，参展商自己选择一家专业的展览设计公司负责本公司展位的设计和搭建，特装展位风格独特，能充分反映参展企业的文化和特色。展品陈列一般由参展商自己安排。

下面结合2004年10月深圳高新会的例子说明有关布展工作。

（一）布展的时间安排

组展者通常会给布展留出足够的时间，一般为1—3天，有时是3天以上，并且可以在正常工作时间之外申请加班施工。

本次高新会共有9个展览场馆，组展者根据不同情况确定不同的展位搭建时间，具体安排如表3-4所示。

表3-4　2004年深圳高新会布展时间安排

展 位 类 型	搭 建 时 间
标准	10日8:30—17:30，11日8:30—10:00
四个普通展览场馆特装展位	6—10日8:30—17:30，11日8:30—10:00
省市展区特装展位	3—10日8:30—17:30，11日8:30—10:00
海外展区特装展位	5—10日8:30—17:30，11日8:30—10:00
高校展区特装展位	3—10日8:30—17:30，11日8:30—12:00
交易洽谈区特装展位	8—10日8:30—17:30

搭建完成之后，封馆进行安全检查。如某日需要加班，搭建商须在加班当日的下午一点前通过现场服务台提出申请，延时加班需要向组展者支付延时加班费用。

（二）对施工单位的审查

为保证展台搭建的质量和进度，组展者对参展商指定的施工单位提出以下要求：施工单位必须具备合法的经营资格，具备展览工程施工资格，具备专业施工安装技术队伍，有固定的从事展览工程业务的人员；同时，应确保有足够的人力、物力，能在规定时间内完成各项布撤展工作。施工单位要熟悉并遵守布撤展、施工管理规定，自觉服从组展者现场工作人员的管理。参展商指定的展台设计搭建单位，须报相关单位审查通过。

（三）特装布展方案的审查

需对展位进行特装的参展单位，应于指定日期前向组展者申报特装图纸等备案资料。参展商的备案资料交至组展者指定的承建商。所有特装图纸须经组展者指定的承建商审核通过后，参展单位指定的施工单位方可在布展期间直接到现场服务点办理有关手续进场施工；审查不合格的，参展单位要按照组展者指定承建商的要求进行整改,并在指定日期重新报送备案资料,组展者指定的承建商将对修改过的图纸重新审核。

特装布展方案须报送的备案资料如下:

(1) 特装图纸。包括:设计方案的立体彩色效果图,设计方案的平面图、立面图,有关用电资料,资料报送单位和施工单位联系人、联系方法的详细资料。

(2) 施工单位营业执照复印件,相关的资质证明。

(3) 组展者与参展商签署的《施工委托及消防安全责任书》。

特装布展方案审查的流程是:参展商委托设计施工单位设计展位→在指定日期前向组展者指定的承建商申报特装图纸等备案资料→指定的承建商审核→审核通过,施工单位办理进场施工手续→施工单位进场施工→展台搭建结束,结束布展。

施工单位进场施工前须办理的手续,包括办理《施工许可证》,办理布/撤展人员工作证,交纳有关施工管理费、电费、垃圾清运押金等。

(四) 布展施工管理

特装布展参展商对所有报送备案的内容,不得自行更改;如确需更改的,须在指定日期前向组展者重新报送。特装展位的设计与施工,其垂直正投影不得超出预留空地的范围。特装布展参展商负责自己展台内的地毯装饰,所有地毯和地面装饰可使用双面胶纸固定。施工单位应将施工许可证挂放在展位醒目位置,严格按图施工。特装展位的维护由施工单位负责,由该展位所属的参展商负责监管。标准展位搭建高度为3米(包括地台高度)以下,在施工和技术条件允许的情况下,特装展位的建筑高度不超过8米(包括地台高度),超出此高度的展位,需申请批准。展位搭建必须与消防栓四周至少保持1米距离,留出取用通道。严禁使用双面或单面胶等粘贴材料在展览场馆通道的柱子上粘贴任何物件,不得在墙面、地面打孔、刷漆、刷胶、粘贴、涂色。严禁锯裁展览场馆的展材、展板,不得在展材、展板上油漆、打钉、开洞。不得损害展览场馆的任何设施,所有水、气源配置必须向展览场馆预定。屋顶的悬挂作业只能由展览场馆工作人员或经授权的专业人士完成,未经许可任何单位和个人不得在展览场馆从事任何形式的物品悬挂作业。展览场馆屋顶的悬挂作业一般仅限于广告条幅和指示性轻质标志,不允许在展馆屋面悬挂重物或作为展位结构的牵引之用。悬挂作业需要预先申请,在申请中列出拟悬挂物品的名称、尺寸大小、材质、重量和内容(广告或标志),并注明需要悬挂的平面位置和高度。

从布展之日起,所有施工人员应佩带相关证件,服从并配合保安的检查,证件不得转借给他人和带无证人员入馆。

标准展位的楣板文字(参展单位名称)经组展者核对,由指定承建商统一制作,参展单位未经组展者审核批准不得擅自更改,如确需更改,可与指定承建商联系。

(五)消防和用电安全

1. 消防

(1) 基本要求。展位搭建商须遵守会展中心制定的《展览场馆消防安全管理规定》。布展期间各种装修材料、展样品不得堆放在展厅门口或展览场馆通道上,以免堵塞消防通道、防火门。布展期间使用的包装箱、纸屑等杂物应在展览会开幕前及时清理出馆,严禁将其堆放在展位内、柜顶或展位板壁背后。展位搭建防止遮挡、埋压、圈占、堵塞展览场馆内的消防设备、电器设备、紧急出口和观众通道,展览场馆防火卷帘门下不得搭建任何展架、展台。制作灯箱时,应留有足够的散热孔,日光灯镇流器应脱离箱体,使用易燃材料制作的灯箱,内部须作防火处理。展览场馆内严禁保存、使用或展示易燃、易爆、放射性及有毒物品。展览场馆内不得使用未经阻燃处理的草、竹、藤、纸、树皮、泡沫、芦苇、可燃塑料板(万通板)、可燃地毯、布料和木板等物品作装修和装饰用料。施工现场严禁明火作业。所有装修和装饰材料均应采用阻燃或难燃材料。在外地预先制作展台、展架半成品的,所使用的阻燃材料应有当地公安消防部门检验的合格证,并将合格证的复印件送交易中心核实、备案。馆内所有展位及装修不得以任何形式封顶,确保消防报警系统和自动喷淋灭火系统的功能正常发挥。展览场馆内除指定区域外,严禁吸烟。

参展商对展位的自身相关安全负责,会展中心安全人员现场例行检查中,有权要求施工单位出示展位有效安全证明文件,如具备设计资质的公司出具的加盖公章的设计文件(包括效果图、结构图,以及资质文本复印件),必要时还需提供消防措施处理示意图和结构承重说明,并与主办单位签订《施工委托及消防安全责任书》。

(2) 展位临时消防系统安装要求。根据公安消防部门的要求,凡有顶("有顶"即展位顶部装有覆盖面积超过展位面积30%的结构性覆盖构件)的多层展位和高度超过3米的单层展位,均应设置临时烟感探测器和临时自动喷水系统。具体安装说明:有顶的多层展位,如第二层封顶,则第一层、第二层天花上均需安装;如第二层不封顶,则只需在第一层天花上安装;两层以上的展位依此类推。符合安装条件的展位,必须同时安装普通烟感探测器及线路和68℃闭式普通喷淋头及管道。烟感探测器和喷淋头的安装应符合标准。

2. 用电安全

展会期间,各参展单位凡需接装施工、演示机器等动力用电,增加展柜、展区(位)照明灯具及使用录像机、电视机、复印机、电冰箱、灯箱、霓虹灯等用电设备,不论功率大小,一律办理用电申报手续(可到各馆缴费办理),并由中心派电工接电。

施工单位进场布展前,应将用电负荷报现场服务台审核,施工完毕,经检查后方可通电。各参展单位凡需增加用电设备负荷,要如实申报,以便对整个展览场馆用电负荷进行合理调配。如发现实际用电与申报数目不符,中心有权不予安装。

各展区(位)电气产品的安装、使用和线路、管道的设计敷设,应符合国家有关消防安全技术规定,其电线应使用由公安消防部门检验合格(应有检验证书或标识)的阻燃导线,并套金属管或阻燃套管敷设。严禁使用麻花线、铝芯线、电工胶布等,同时要做好安全接地。如参展单位所在地没有公安消防部门检验合格的阻燃电线,一律使用公安消防部门检验认可的阻燃电线。广告牌、筒灯、射灯、石英灯、灯箱、灯柱要有石棉垫、通风孔等安全措施,日光灯镇流器应使用消防安全型的产品,各种照明灯具应与参展样品等物品保持30 cm以上的距离。

使用电水壶、电炉、电烫斗等大功率电器设备,须申请批准后方可使用。大功率的灯具(如碘钨灯500 W以下)应加装防护罩。严禁安装霓虹灯。

特装展区(位)自装用电设备应按用电规程合理分片、分区集中管理,须安装漏电保护开关,金属外壳(包括铝合金支架)要重复接地,不允许随意接入展厅的电箱和插座上,不允许利用天花板悬挂灯具和电线。特装展区(位)的电箱开关,要安装在明显、安全、便于操作的位置。特装展区(位)不配置灯和插座,其自装的用电设备按加装项目收费。

(六)布展期间运输车辆管理

布展期间运输车辆的管理,按组展者公布的路线图和规定时间行驶操作。组展者要与展览场馆有关负责车辆停放的部门确定停车位置。在展览会举办期间,通常由展览场馆提供车辆停放的管理工作。

第三节 展中管理

展中工作主要包括以下内容:证件办理和发放、开幕式、安全保卫、清洁服务、会刊销售、意外事件处理、发收相关调查表、撤展等。这里主要介绍证件办理、开幕式、现场控制、知识产权保护、展览安全和突发事件处理、问卷调查和撤展。

一、证件办理

为说明身份,便于管理,组展者需要提前或现场制作一些证件,如贵宾证、嘉宾证、参展商证、参观证、工作证、记者证、保卫证、车辆通行证、布/撤展证等。

不同证件有相应的使用范围。贵宾证可供政府有关部门高级领导、大公司高级管理人员、业界高级专家使用。嘉宾证供政府一般领导、一般参展商高级管理人员使用,有的时候为进一步加以区别,嘉宾证可以分红、黄色,红色嘉宾证供政府一般领导使用,黄色嘉宾证供参展商邀请的重要客人使用,嘉宾证办证数量可根据情况予以控制。参展商证供参展商工作人员使用,办证数量可根据展位面积多少来分配。参观证主要为专业观众办理。布/撤展证是供布/撤展施工人员使用。工作证是组展者和组团单位工作人员使用的证件,上面载有个人的信息,可能还要印有照片,组团单位办证数量一般有限制(如15个/团)。记者证供参观和采访展览会的媒体记者使用。保卫证供负责展览会保卫的公安人员使用。车辆通行证供展览会期间重要来宾、组展者等车辆通行使用。

2004年10月,深圳高交会的参展商工作人员需填报《高交会证件办理申请表》,并附个人2寸免冠正面彩色证件照一张(背书其姓名),亦可将个人电子相片文档(jpg格式)磁盘交至组展者相关部门(组团参展单位由组团牵头单位统一交)申办证件。为了方便各组团和参展商便捷地办理证件,高交会开通"高交会票证管理系统",利用网络进行证件申办及管理,参展人员登录高交会网站(www.chtf.com)的"证件办理"栏目的"高交会票证管理系统"进行远程申办证件,这样可减少参展组团与参展商办证的工作量,提高办证效率。各参展单位(组团参展的由组团牵头单位)直接向组展者相关部门领取证件。布/撤展证由施工单位持营业执照复印件、施工人员身份证,以及组团单位或参展商(非组团参展的)开具的介绍信等相关资料到现场服务台办理。

二、开幕式

不少展会在正式举办的当日上午举办开幕仪式(简称开幕式),开幕式是展会正式开始前的一种庆祝欢迎仪式。举办开幕式的目的是扩大展会的影响,提高知名度,吸引媒体和大众的注意。"热烈、隆重、欢快、节约"是开幕式的基本要求。开幕式应力戒铺张浪费,现在西方一些知名的展览会已经取消开幕式和闭幕式活动,以节约办展成本。

1. 开幕前的准备

为确保开幕式成功举办,需要精心做好开幕式的各项准备工作。首先是确定开幕式的流程。其次要确认参加开幕式的人士,精心拟订邀请贵宾的名单,这些人包括政府有关部门负责人、行业协会负责人、媒体人士、重要的参展商和观众等。

参加开幕式的人士工作一般都比较繁忙,为保证他们参加,应该提前向他们发送请柬,并电话跟进落实,以确保其参加。其三是要准备好有关发言稿。发言稿应言简意赅,起到沟通情感的目的。其四是布置好现场。现场布置要突出渲染喜庆热烈气氛,一般要悬挂"××展览会开幕式"的横幅。要准备好音响、照明设备,排列好花篮、牌匾,安排好纪念品,会场四周可挂彩带、宫灯、放气球、插彩旗等,以烘托喜庆的气氛。

2. 开幕式的大致流程

在举办开幕式前,要由专人接待参加开幕式的来宾,安排来宾签到、留言和题词,组展单位负责人应亲自接待重要来宾。早到的来宾可安排到休息室休息。在开幕式正式开始前,可奏乐或播放节奏欢快的乐曲。主持人宣布来宾就位后,组展者负责人先致辞,向来宾表示感谢。然后可安排有关政府领导和参展商代表、观众代表致辞。致辞应言简意赅、热烈庄重、友好善意,切忌信口开河、长篇大论。在开幕式进行过程中,可安排摄影、摄像等有关服务工作人员到指定岗位,有序地开展工作。

3. 剪彩

一些展会可能安排剪彩仪式。剪彩人员一般是上级领导,或者是有较高声望、深受大家尊敬的知名人士。剪彩者是剪彩仪式的主角,衣着要大方、整洁,容貌要适当修饰,剪彩过程中要保持稳重的姿态、洒脱的风度和优雅的举止。

参加剪彩的礼仪小姐可穿西式套装或红色旗袍,穿高跟鞋,配长筒丝袜,化淡妆,发型以盘起发髻为佳。剪彩仪式的用品,如剪刀、白纱手套、托盘应按剪彩人数配备,准备好系有花结的大红缎带2米左右。剪彩仪式的时间以短为宜,大体可按以下程序进行:请出席者各就各位,会场座席一般只安排剪彩者、来宾的座位;剪彩仪式正式开始,主持人介绍重要来宾,并向他们表示谢意,鼓掌向与会者表示谢意;进行剪彩。主持人宣布正式剪彩之后,剪彩者应在礼仪小姐引导下,步履稳健地走向剪彩位置。如有几位剪彩者时,应让中间剪彩者走在前面,其他剪彩者随后走到自己的剪彩位置,礼仪小姐用托盘呈上白手套、剪刀,剪彩者应微笑致谢,并接过剪刀和手套,然后表情庄重地将缎带一刀剪断;如有几位剪彩者共同剪彩,则应协调好彼此的行动,剪彩时,剪彩者还应和礼仪小姐配合,让彩球落入托盘中。剪彩者在放下剪刀后,应转身向四周的人们鼓掌致意,并与东道主进行礼节性的谈话,然后退场。

开幕式结束后,有关领导和嘉宾一般都要到展览场馆参观,重要的领导和嘉宾原则上都要有专人陪同。参观结束后有关领导和嘉宾可能会离开展览会现场,也有可能继续留下参加招待宴会。

三、现场控制

1. 人员进出

参展商、观众等所有人员须凭证件进出展览场馆。证件不得转借、变卖、涂改,一经制作,不予更换(姓名、单位等)。特殊情况需要更换的,在办证配额范围内方可考虑。证件丢失应及时报告所在组团及参展单位,办理补办审批手续,交纳有关费用后,至现场办证点补办。

参展商和组展者工作人员比观众早半小时入馆,进行接待准备。参展商和组展者工作人员、观众必须在规定的时间前出馆,参观人员停止入馆的时间比清场时间早半小时。

2. 展位管理

展览期间,针对参展商可能将展位转让或转租(卖)的情况,组展者通常制定比较严格的规定。例如,展位使用单位与展位申请单位不一致;以联营名义将展位转给联营单位使用;以供货或协作(挂靠)名义将展位转给供货、协作、挂靠单位使用;以借用名义将展位转(借)给其他单位使用;未经许可擅自对调、对换展位,向供货、联营、协作等单位高价收取展位费或参展费,等等,均视同违规转让或转租(卖)展位。

展览期间,所有展位应有专人值守,并应指定一名展位负责人。展位负责人必须是该展位参展单位的正式工作人员,必须坚守岗位,并有义务向组展(团)者说明展位使用情况。

3. 展品管理

所有进馆物品需接受保安的安全检查,原则上展览期间展品一律"准进不准出"。布、撤展期间,展品出入馆须持有组展者开具的《参展商物品出馆核准单》,并经有关人员签字后才能放行。

未经申报或未通过组展者审核同意的技术成果或产品不得参展。携带不能说明来源或归属的展品视为违规展品,禁止参展,并由参展商承担责任。展会开始后,未经组展者许可,任何展品不可从展台或现场撤走。在展会未结束前,任何展台不准拆卸。展品的摆设不得超出参展商展位,不能占用过道及过道上方的空间。

专业展通常禁止在展览会现场销售展品。一些专业展在展览最后一天可能允许参展商现场销售展品。为保证参展商及观众的利益,维护展览会的形象,严禁展览现场乱摆卖和兜售假冒伪劣产品。如现场发现与申报不符的展品,将予驱逐、没收,并将其记录在案,作为以后审核参展的条件之一。

4. 宣传品管理

参展商只能在本展位派发自己的各种资料,不得在他人展位和通道上派发,也不得在通道上摆放宣传品和宣传资料,更不得代替他人分发宣传资料和宣传品。参展商派发的各种资料的内容和文字,必须符合中华人民共和国有关法律、法规的规定(如不得出现有关"台独"、"中华民国"(ROC)、法轮功邪教等内容及字样),参展商要确保派发的各种资料的真实性和合法性。

5. 噪音控制

为保证一个相对安静、有序的展览环境,组展者通常对展位发出的音量进行控制,控制的原则是不对观众或其他相邻的参展商构成干扰。声像设备的音量应低于50分贝。

6. 成交统计、成交项目签约仪式

展览期间,组展者可能每天要对成交的情况进行统计汇总,参展商每天须在规定时间前填写《项目成交情况统计表》,并交组展者。

一些参展商可能要举行成交项目签约仪式。为使签约仪式有序地进行,配合媒体做好签约项目的追踪、宣传工作,组展者可能会应参展商的要求组织"重大项目签约仪式",打算参加签约仪式的参展商须填写《参加重大项目签约仪式申请表》,并将合作项目的草签协议和申请表在指定时间交组展者。组展者将对所有项目进行筛选后,确定可参加"重大项目签约仪式"的项目。此外展览期间,如果参展商要自己组织签约或项目信息发布,可先填写《会议场所使用申请表》交组展者,组展者再根据具体情况安排场地。

7. 境外参展商

境外参展商须遵守中国和地方有关法规,按照中国有关办理签证的手续规定办理签证。组展者一般不提供为境外参展商代办签证服务,但可以提供一定的协助,如提供咨询。如果境外参展商因没有获得签证而无法参展,合约并不能因此而取消。

展览大厅为海关管辖的区域。大厅内的所有境外展品在展览期间是免税的。没有得到海关的许可,任何境外展品不允许带出展览大厅。境外参展商可联系组展者指定的承运商办理展品通关手续。所有在本次展览中发出的宣传物品,包括印刷品、名片、资料、礼品等,均需提前交海关和交易中心查验,否则不予入场。展览期间可分发小礼品,但需缴纳进口税,境外参展商在分发小礼品之前应该通过大会指定承运商向海关提交小礼品数量和价格清单。对于携带入境的手提物品,在进出展览大厅前,必须通知大会指定承运商进行报关,并获得海关许可。境外参展商须妥善保存海关发出的所有收据,以便大会指定承运商向海关代领回展品。

关于境外参展商到我国参展注意事项,可参看《中华人民共和国海关对进口展览品监管办法》。

8. 其他

展馆内通常设有商务中心,组展者在现场也会设置办公室或总服务台。商务中心可提供翻译、出口贸易咨询、酒店住宿咨询、会议旅行安排,以及电话、传真、复印、打字、票务、外币兑换等服务。现场办公室,则随时为参展商和观众提供咨询服务。

为便于联系工作、解决问题,组展者总部联络处电话、传真等要在展前告知参展商和观众。在现场指南图中,要标明现场服务台位置,现场服务台的服务项目包括:负责咨询、接待、办理布展手续等相关事项,对参展、施工单位的布展施工进行全面监督和管理,如受理《施工许可证》审批手续、受理申报加班、受理水电申报及设备安装、消防咨询、清洁押金及有关收费。

布、撤展期间,公共区的清洁工作由组展者负责,展位内的清洁工作由参展商自行解决。现场清洁工主要负责清运垃圾和展览场馆公共区的清洁工作,同时向参展商提供展位清洁有偿服务。撤展期间,参展商须将本展区(位)的所有垃圾清运出展览场馆,并将垃圾运至指定的堆放点后,方可到现场服务台领回清洁押金。

四、知识产权保护

根据世界贸易组织(WTO)《与贸易有关的知识产权协定》,知识产权包括版权及相关权利、商标权、地理标志权、工业品外观设计权、专利权、集成电路布图设计权和对未泄露之信息的保护权。组展者应协助参展商做好知识产权保护工作,在展前和展后加以控制,在展中对涉嫌侵权行为进行妥善处理。

1. 展前和展中控制

参展商在申请展位时,须根据申请表的要求提交有关权属文件,并确保其所有展品、展品包装、宣传品(包括展位内张贴或摆放的产品宣传图片、资料及包箱物品)和展位的任何展示部分,没有违反有关法规或侵犯他人权利。凡涉及商标、专利、版权的展品,参展商必须有合法权利证书或使用许可合同(以下统称权利证书)。

组展者有权要求参展商撤走涉嫌侵犯他人知识产权的展品,由此引发的后果由相关参展商承担,包括赔偿主、承办单位因第三方指控参展单位和/或主办、承办单位侵权而引起的一切费用与损失。

2. 投诉处理

根据需要,组展者可以安排专门机构和人员,或者兼职人员负责受理发生在展览现场的涉嫌侵犯知识产权的投诉。一些规模较大展会的组展者,可能会邀请商标、专利、版权等知识产权管理部门进驻展馆处理有关知识产权的投诉。对发生在展览现场的涉嫌侵犯知识产权的事件,投诉人须通过组展者对涉嫌侵权方提出投诉。如不通过组展者,直接与涉嫌侵权方进行交涉,导致引起纠纷从而影响展览现场秩序的,组展者有权将引起纠纷的人员直接清出展览场馆。投诉人向组展者提出投诉,并要求组展者对涉嫌侵权人采取措施,根据情况可能要支付主、承办单位因处理投诉引发的费用。

知识产权投诉处理的一般程序是:投诉人填写《提请投诉书》提交组展者有关工作人员,投诉人应提供证明被侵权的证据,受理投诉的人员接受投诉申请并处理。如受理投诉的人员认为证据充分,工作人员将前往被投诉展位对涉嫌侵权的展品作出处理。除非被投诉人能当场提供有效的权利证书,而工作人员也认为证据充足,否则被投诉人须立即签署《承诺书》,承诺在展览期间不再经营或展出涉嫌物品。被投诉人对投诉处理人员的处理结果有异议的,可提出抗辩。

为维持展览现场秩序,被投诉人接受处理后到当届展览会结束前,投诉人不得在展览现场对被投诉人采取进一步的法律行动。展览结束后,投诉人对被投诉人采取的进一步法律行动,与组展者不再有任何关系。

五、参展商和观众调查

为不断提高展览会的举办水平,了解参展商和观众对本次组展工作的意见,收集一些有关参展商和观众的统计资料,在展中和展览快要结束前组展者都要进行参展商和观众意见调查。下面是参展商问卷调查和观众问卷调查的样表。

观众调查表

1. 本次展会期间,您参观了多少天?
   □一天　　　□两天　　　□3天　　　□4天　　　□每天
2. 如果您参观超过一天,平均每天参观多长时间?
   □不到两小时　□2—4小时　□4—6小时　□全天
3. 您参观了哪几个馆?
   □全部　　　□A馆　　　□B馆　　　□C馆　　　□D馆
4. 您来自:
   □本市　　　□本省其他地方　□其他省市区　□海外
5. 您是通过何种渠道知道本展览会的?
   □直接发函　□报刊广告　□新闻报道　□内部刊物　□参展商
   □其他
6. 您打算购买哪些产品?
   (详细排列,供观众打钩选择)
7. 您在公司采购过程中的作用是:
   □决定　　　□参与　　　□建议　　　□不参与

8. 您是否参观过其他同类展览？
   ☐否　　　　　　☐是　如是，请列明。
9. 您对展览场馆布置有何建议？

10. 您对接待等工作人员表现有何建议？

11. 您对展品有何意见、建议？

12. 您对本次展览总体评价是：
    ☐非常满意　　☐满意　　　☐一般　　　☐不满意　　☐非常不满意
13. 本展会下一届将在某年某地举办，您将是否参观？
    ☐是　　　　　　☐否　　　　☐现在不能确定

参展商调查表
1. 贵公司来自：
   ☐本市　　　　☐本省其他地方　　☐其他省市区　　☐海外
2. 贵公司参加本次展览的目的是：
   ☐寻找代理　　☐招商　　　　☐合作合资　　☐市场调查　　☐宣传
3. 您从何途径知道本展览会的？
   ☐直接发函　　☐报刊广告　　☐新闻报道　　☐内部刊物　　☐别人告之
4. 本次展会吸引您参加的原因是：
   ☐规模　　　　☐宣传　　　　☐知名度　　　☐上级要求　　☐其他
5. 参观贵公司展台的观众数为_____个。
   其中，接待的客户数为_____个，老客户数为____个。
6. 本次展会贵公司成交笔数为_____，成交额为_____。
   其中，与老客户成交额为_____，与新客户成交额为_____。
7. 参观贵公司展位客户的总体质量是：
   ☐高　　　　　☐比较高　　　☐一般　　　　☐低　　　　　☐非常低
8. 参展目标是否实现？
   ☐实现　　　　☐基本实现　　☐部分实现　　☐未实现
9. 贵公司是否参加过其他同类展览？
   ☐否　　　　　☐是　如是，请列明。
10. 您对展览场馆布置有何建议？

11. 您对接待等工作人员表现有何建议？

12. 您对本次展会组织总体评价是：
　　□非常满意　　　　□满意　　　　　□一般　　　　　□不满意　　　　□非常不满意
13. 本展览会下一届将在某年某地举办,贵公司将是否参展？
　　□是　　　　　　　□否　　　　　　□现在不能确定

六、展览安全和突发事件的处理

（一）展览安全

自展览诞生之日起,作为一个汇集人流、物流的场所,安全问题就与之相伴相随。在2003年的"香港国际珠宝展"上,仅在开幕之日就发生了两起珠宝失窃案,两名参展商在两分钟之内被窃去价值200万美元的钻石,翌日又发生两起盗窃事件,共损失达400万美元。2002年在东莞举办的"健康博览会"上,一开展就有小偷作案十多起,甚至连组委会办公室都未能幸免。

展览会上屡次发生的安全问题,引起了展览业界的高度重视。不少组展者都在致力提高管理水平,将安全纳入展览会总体工作安排之中。

首先,应制定和实施完善的安全管理制度。组展者应明确展位负责人为第一安全责任人,并要求参展商指定安全保卫具体责任人认真做好安全保卫工作,制定安全保卫措施,提高人员的安全防范意识。展览期间,组展者要提供安全保障措施,展馆出入口要安排保安,展品出入馆要登记。目前,我国一些展馆不提供贵重物品保险柜租用存放服务,展览期间人来人往,因此贵重物品应妥善保管。

所有人员应自觉爱护展览场馆内的各种消防器材和设施,保证消防设施的完好和正常运转。消防栓和灭火器材前1米范围内不得摆放任何物品,严禁阻挡、圈占、损坏和挪用消防器材。展位不得以任何形式封顶,以确保消防报警系统和自动喷淋灭火系统的功能正常发挥。如需封顶,需要安装自动喷淋灭火系统。

参展商应将展品按规定摆放,不得将展品摆放在展位以外的任何地方,严禁乱摆乱卖。如果是特装修的展位,不能忽略了贮藏室的设计和搭建,贮藏室可以放置公司礼品、文件和工作人员的衣服、随身物品等。标准展位的参展工作人员,则应随身携带公文箱包,用于携带和临时存放小件物品、钱财等。参展商要认真做好防火工作,严格遵守用电安全、消防安全等规定,加强对所属人员的安全防火教育,一旦发现安全隐患应立即向现场工作人员或保卫人员汇报,把火灾事故隐患消灭在萌芽状态。每天闭馆前,参展商要积极配合保卫人员认真做好闭馆前的清场工作,清除展区(位)内的可燃杂物、火种和其他安全隐患,切断本展区(位)的电源,保管好贵重物品和关好门窗。贵重展品参展商可与会展中心指定的保安公司签订看护合同，额外支付费用聘请保安在展期全天看护展位。布、撤展及展览期间，参展商应确保有人看管展位，以保证展品安全。

组展者和参展商要特别注意展览开幕后和闭展前一段时间的安全防范工作，根据经验，很多展会盗窃案件都是在这个时间发生的。

（二）展览保险

通常，组展者对展览期间参展商发生的意外人身伤害、展品遗失或损毁不承担任何责任。为防止和减少盗窃、丢失、火灾等导致的损失，参展商应对展品或其他贵重物品投保财产责任保险，参展商还应考虑为参展人员购买意外保险。

在我国，针对展览的专业险种十分缺乏。会展发达国家和地区的行业协会鼓励会展行业内部自办保险，如设立自保基金或组建互保机构等；而且这些国家和地区的展览业保险十分注重专业细分和对象细分，提供创新的、有特色的服务，如参展商的营业延迟损失、展品和摊位的意外损害与灭失、参展人员的意外伤害险等。

（三）突发事件

2001年，美国发生了"9·11"恐怖事件，导致许多展览被迫取消。2002年7月27日，在乌克兰国际航展上，一架战斗机在进行特技表演时坠毁，酿成了人类历史上最为严重的一次航展空难事故。这些事件给展览业界人士提出了一个问题，这就是组展者如何应对类似"非典"这样严重传染病的爆发和其他突发事件。

恐怖主义提高了会展界防范突发事件的意识，这种意识随各国受其威胁程度的不同而不同。"9·11"事件后，美国会展业的安全支出大大增加，许多展览会增加了安全警示牌和用以甄别危险品的金属探测仪，其严格程度有如机场安检；人员支出也有所增加，包括增加安全特派员和给保安提薪。美国底特律市民中心部总监帕夫勒德说，"现在安全保障已经是一条生产线了。展览安全的开支更大了，比以前增加了20%到100%"。其实，有些展会安全支出增加率要超过这个数字，如在巴黎举办的航展，其安全开支现在是"9·11"前的两倍。

根据是否可预见，可将其简单地分为可预见的和不可预见的突发事件。可预见的突发事件是指，像火灾、人员伤害等在事前就可以预料到有可能发生的突发事件；而不可预见的突发事件是指，像地震、暴风雨雪等灾害性天气和恐怖袭击等事前无法预料会发生的突发事件。当然，这里所谓的可预见和不可预见的划分是相对的，不是绝对的。

1. 可预见突发事件的应对

（1）可预见突发事件的防范。可预见突发事件应尽可能防患于未然。首先，在展览举办前，组展者应成立紧急应急小组，根据展馆情况，制订应急预案，包括人员疏散、撤离方案，必要时在展馆进行人员疏散、撤离演练。展览期间，应急小组应当保持应对突发事件的准备。其次，安排专职安全员，在展览过程中（包括布展、展中和撤展)发现有不安全行为及隐患,及时予以制止和处理。其三,根据展览会的规模办理保险,将突发事件发生后的损失降到最低。其四,在展览会举办前,应与当地公安、消防和医疗部门联系,告知展会举办时间和有关情况,这样一旦发生突发事件,可以在第一时间得到他们的帮助。必要时,在当地聘请医生在展览现场设立医务室,并备足常见及抢救药品和医疗器械。同时也考虑聘请当地公安和消防部门到现场协助组展者做好安全及消防等工作。其五,在展位搭建结束后,组展方人员应检查展位搭建情况,包括检查防火通道及安全出口是否畅通,展位间通道是否达到宽度要求,所有消防器械周围是否有异物阻挡,所有消防器械是否能正常使用。组展者工作人员要熟悉展馆所有防火通道和安全出口位置,以及所有消防器械位置。组展者工作人员在平时应进行防火培训,能熟练使用各种消防器械。布展结束后,组展者工作人员还应全面细致地清理展馆地面,尤其是水渍、油渍,以及其他可能给观众带来伤害的杂物。其六,必要时根据展会的规模聘请专业保安。最后,准确预测观众数,大型或热门的展览会,应将观众数控制在展馆最大人员数量范围内,以防止观众过多而发生人员踩踏等突发事件。观众数可通过限制门票发售等手段控制。

(2) 可预见突发事件发生后的处理。虽然采取了有关防范措施,但紧急突发事件还有可能发生。突发事件发生后,工作人员应保持冷静,根据不同的突发事件,采取不同的处理办法。

人员意外伤害是展会中常见的紧急突发事件。当发生意外伤害事故后,应立即将伤者送到展览现场的医务室进行急救,并根据其伤势的轻重决定是否送当地医院救治。在展览现场受伤的人员,展馆和组展者都要承担相应的责任。对意外伤害人员应尽量安抚,并支付相关的医疗费用。组展者在展会前通常都会办理保险,此费用将由保险公司理赔。

发生火灾时,工作人员应在第一时间拨打 119 联系当地的消防队,拨打 120 联系当地医疗机构,并立即启动紧急应急小组和紧急突发事件预案。组展者工作人员可分两组,一组到事发现场,用展览场馆内的消防设施救火、协助医务人员抢救伤者,另一组按事前制定的"疏散、撤离方案"安排人员安全撤离危险区域。事后要做好抚慰伤者、向保险公司索赔等善后工作。

2. 不可预见突发事件的应对

不可预见突发事件处理原则是以人为本,即在事件发生后在保障人员安全的前提下,尽量减少财产的损失。

(1) 地震等地质灾难。应在第一时间拨打 120 联系当地医疗机构救治伤者,立即启动紧急应急小组和紧急突发事件预案,按事前制定的"疏散、撤离方案"安排人员撤离危险区域,并协助医务人员抢救伤者。

（2）恐怖袭击事件。应在第一时间拨打110，联系当地公安机关。立即启动紧急应急小组和紧急突发事件预案，按事前制定的"疏散、撤离方案"安排人员撤离危险区域，并协助医务人员抢救伤者。

（3）突发性传染病爆发。应联系当地的医疗机构救治，同时视严重程度，减少展览场馆内人员流量，乃至闭展。

七、撤展

在闭展前半小时，观众停止入场。闭展前一刻钟，展馆将停止展位的水电供应，参展商归还租借的设备并领回押金。闭展后，大件展品、设备、展台开始放行出馆。展览结束后，参展商应按撤展时间要求有序撤展，特装展位由参展商自行撤出展览场馆。展览结束当晚，可通宵撤展，参展商应在规定的撤展结束时间前完成撤展。

1. 撤展流程

在快闭展时，参展商将租赁器材归还出租方。闭展后，参展商将展品打包，小件展品、资料凭放行条手提出馆，大件展品、设备打包，到现场服务台办理"出馆放行条"，然后清拆展台，运走大件展品。最后将展台内的垃圾运到指定地点，随后参展商可以到服务台领回清洁押金，撤展结束。

2. 撤展管理

为保证撤展的有序进行，组展者通常向参展商发放《撤展通知》，参展商须按《撤展通知》有关规定撤展。参展商在闭馆前30分钟内归还租赁的器材，办理租赁押金退还手续。在展览正式结束前，参展商不得撤下展品，以免影响展览的正常进行。展览结束后，参展商方可开始收拾装置、用品及文件材料，展位的拆撤工作稍晚一些。在撤展过程中，撤展工作人员须佩带撤展证方能出入展览场馆。展览大厅的所有纸箱、板条箱不能摆放于通道中，以便移走通道地毯。撤展时，参展商不得随意拆除、移位组展者和展馆安装的所有用电设备。展品运出展览场馆大门，凭组展者发放的放行条出展馆。除非参展商有特别要求，撤展后现场工作人员将清理掉遗留在现场的一切物品。

将展位的垃圾清运出展览场馆，并由组展者工作人员确认后，参展人员到现场服务台办理退还清洁押金手续，未清理垃圾的展台将不予退还清洁押金。

第四节 组展总结、效果评估和展后跟踪

组展者在展后还要进行总结评估，总结本次组展的经验和教训，评价本次展览

的得失,并进行展后跟踪等工作。

一、组展总结和效果评估

组展是一项准备时间比较长的活动。在组展过程中,组展者投入了相当的人力、物力和财力,既获得一些宝贵的经验,也有一些今后需要引以为戒的教训。在展览结束后,组展者有必要对整个组展工作进行总结,对组展效果进行客观的评估。通过总结和评估,组展者可以发现问题、改进工作和提高效率,在下一届展会时为参展商和观众提供更好的服务。

(一)组展总结

组展总结是整个组展后续工作的一个组成部分。总结可分为三个部分,第一部分是组展工作整个过程主要情况的介绍;第二部分是经验和教训(存在的主要问题);第三部分是存在问题的原因分析、改进的建议和下一届展览会的展望。组展工作包括许多分项工作,每个分项工作由各具体责任人进行总结。如有可能,每过一个阶段,或者一分项工作全部完成之后就进行总结。

总结要实事求是,尽可能用数据说话。既要肯定工作中的成绩,也要深入分析失误的原因,并提出有针对性的解决办法。这样才能发挥总结对未来工作的指导作用,以利于持续改进。

(二)组展效果评估

组展效果评估是通过建立一个由若干统计指标组成的体系,对组展活动效果进行较全面的综合评价。组展效果评估的结果可为参展商在同一行业不同的展会之间,以及参展和其他营销手段之间的选择提供参考依据,也为专业观众选择参观不同的展览会提供参考依据。为保证对展览会效果评估的客观、公正,最好由独立的第三方收集、整理有关数据,并得出评估结论。

当前,在德国、意大利、法国等展览发达国家,展览业内分工非常细致,派生出许多专业的展览服务公司,如展览广告公司、布展公司、策划公司、评估公司等,专门为展览主办单位提供策划、预测、统计和评估等专业展览服务。目前在我国,为数不少的组展者在展后几乎没有做任何评估工作或仅进行简单的评估,导致组展水平一直原地踏步,甚至日渐衰落。组展者可成立专门评估小组,或者指定专人负责收集评估展览会所需的各种资料,然后进行统计分析。每届收集的资料和统计的项目前后要尽可能保持一致,指标和标准要基本保持不变,以便比较分析。

评价组展效果的重要统计指标包括:专业观众人数、参展商的数量及代表性、达成的意向成交额、参展商及观众满意度和投入产出比等。

1. 专业观众数

展览会可能是人流如潮、熙熙攘攘，但如果许多观众仅仅是来看一看，拿一些小礼品，这样的观众并不是参展商所需要的。参展商希望的观众是专业观众，是自己产品或服务的潜在的买家。如果参展商面对的是数量众多的普通观众，这不仅需花费他们很多的时间和精力才能从中分辨出专业观众，而且白白浪费一些本应散发给专业观众的资料。

按照国际惯例，专业展不是将所有进入展馆的观众作为专业观众。理论上说，有兴趣和参展商建立商务关系的人才能算作专业观众。德国会展统计数据自愿控制组织（FKM），将购票入场或是在观众登记处登记了姓名和联系地址的人都称为专业观众，记者、参展商、馆内服务人员和没有登记的嘉宾不列入专业观众。这个行规在欧洲被普遍采用。FKM隶属于德国展览委员会（AUMA），AUMA作为德国展览业代表与政府沟通，负责提供业界全面和权威的信息以供参展商和观众参考。FKM 77个成员中，74个来自德国，3个来自国外，其中之一是中国香港贸易发展局。现在，FKM每年审核的展会数量由40年前的25个增长到约300个。德国举办的90％国际性博览会、80％地区性展会都由FKM审核。关于如何收集、发布参展商数量、展示面积、观众数量和观众结构分析等资料，FKM有自己的一套规范制度，强制适用于FKM所有成员，成员是否执行规范最终由公众会计师审查。在美国，参展商的工作人员和其他团体（如协会）人员被称为"展会参与者"，也统计入专业观众中。

2. 参展商数和代表性

理想的参展商数是所有与某展览有关的企业都来参展，当然在现实中，这几乎是不可能的。参展商到底来多少才算招展比较成功，这可以进行纵向或横向比较。纵向比较就是看本届参展商数与历届比，横向就是与其他同类展览会进行比较。如果50％以上的已知联系方式的潜在参展企业、75％以上的主要潜在参展企业、本地影响力最强的潜在参展企业来参展，这个展览会就可以说比较成功。如果主要企业未来参展，那么即使参展企业数量比较多，给人的只能是乌合之众的感觉。

3. 达成的意向成交额

专业观众数、参展商数是展览效果评价的两个重要指标，但如果专业观众数和参展商数都比较多，而双方意向交易额比较少，则从一个侧面说明组展效果也不是非常的好。

4. 参展商和观众满意度

参展商和观众满意度也是评价组展效果的重要指标。如果组展的各项工作做得非常出色，参展商接待了足够的专业观众，观众也接触了足够的参展商，都找到了足够多的商机,那么他们都将非常满意。关于满意度的测量,可以用问卷调查的方式来获得。

5. 投入产出比

组展者作为一个组织,需要了解组展的投入与产出之比,特别是当组展由一家商业展览公司运作的情况下,更是如此。追求最大利润是每个企业的目标,也是其生存和发展之源。因此,要对组展效果从财务角度进行分析,整个组展过程投入了多少资金,收入是多少,利润是多少,利润率又是多少,这也是衡量组展效果的主要指标之一。

> 评价组展效果的重要统计指标包括:专业观众人数、参展商的数量及代表性、达成的意向成交额、参展商及观众满意度和投入产出比等。

二、展后联系工作

展后联系工作主要是针对参展商和重要观众进行的,目的是进一步加深他们对组展者的印象,树立品牌展览会的形象,同时也是为下一届展会做宣传预告。

组展者可以开展以下后续工作:向所有的参展商、重要的专业观众和支持单位、合作单位,以及曾给予展览会大力支持的媒体致谢;对于重要单位,组展者可以考虑安排登门致谢,甚至通过宴请方式以示谢意。媒体跟踪报道工作,主要是对展会作一个回顾性的报道,将有关情况、有关的统计资料,提供给新闻界报道,以进一步扩大展会的影响。

> 展览项目的策划需要考虑哪些问题?

小结和学习重点

- 展览项目策划
- 展览项目的营销
- 展中现场控制
- 组展效果的评价

参展商或观众能否实现参展或参观目标,很大程度上取决于组展工作。组展工作能否做好,前期周密的论证策划非常重要,还要选择合适的主题、展馆和合作单位。展前准备的两项重要内容是开展针对潜在参展商和观众的营销,还要做好布展、媒体宣传、有关资料的准备、人员安排等工作。展中主要是对展览现场进行控制,保证展览的有序进行。组展结束后还要进行认真细致的总结和评价工作。本章主要介绍了展前策划、展前准备、展中和展后等组展四大阶段的具体内容。

前沿问题

展览项目主题策划

案 例 分 析

案例 1
一起专利侵权案的始末

2003 年第八届中国国际建筑贸易博览会上,在展览会开幕的第一天,会展主办方就收到了浙江某知名装饰品公司和德国某品牌卫浴公司的公函,两家公司声称有十几家参展企业的产品侵犯了它们的专利权,要求主办方给予妥善处理,否则即申请法院进行证据保全,进场扣押被控侵权企业的参展产品。

作为主办方的法律顾问单位上海市汇锦律师事务所受托全权处理此事。律师首先请两家公司出示它们的专利权属文件,两家公司出示的专利权属文件表明他们的专利均是外观设计专利。按照专利法的规定,"外观设计专利权被授予后,任何单位或个人未经专利权人许可,都不得实施其专利,即不得为生产经营目的制造、销售、进口其外观设计专利产品",律师认为参展企业单纯的展览商品属于许诺销售行为,是一种销售的要约邀请,并不在专利法明确禁止之列,而参展企业一旦在展览会上与客户达成订单则属于销售行为,构成对专利权人的侵权。

鉴于此,如果两家企业与其他企业僵持下去,则两家企业暂时并不能控告其他企业侵权,任由其他企业大肆宣传产品,两家企业的利益显然将受到损害;而其他企业也不能在展览会上销售其产品,有动辄遭受侵权投诉之虞,处于进退两难之中。因此,律师建议两家企业邀请上海市知识产权局执法部门出面与其他企业共同协商,由其他企业撤除在展览会上可能侵权的产品,两家企业不再追究其他企业的责任,最终事情得以妥善解决,展览会圆满结束。

在许多已经发生的专利争端面前,大多数企业明显表现出准备不足、缺乏有力的解决措施等问题,从而多以支付专利使用费、丧失一部分市场而告终。这不仅直接影响了企业产品的销售和企业形象,还敲响了企业进一步生存发展的安全警钟。对于会展主办方,不注意知识产权的保护,往往会令自己尴尬地陪着侵权企业站在被告席上。律师建议企业参加展会不仅产品要"硬",自主的知识产权意识也要加强,只有这样才能从容应对展会中的知识产权纠纷。

思考题:

1. 作为组展者,如何在展前预防可能在展会上发生的知识产权侵权行为?
2. 你如何看待本例中对侵权事件的处理结果?

案例 2
2008 中国国际工业博览会展后报告

一、概况

中国国际工业博览会(以下简称"中国工博会")是由国家发展和改革委员会、商务部、工业和信息化部、科学技术部、教育部、中国科学院、中国工程院、中国国际贸易促进委员会和上海市人民政府共同主办,中国机械工业联合会协办,上海世博(集团)有限公司承办的亚太地区,乃至全球工业领域最新产品和技术的交易平台和展示窗口,也是中国最具影响力的国家级工业博览会,于每年11月在上海举行。

2008 中国国际工业博览会于 11 月 4 日—8 日在上海新国际博览中心成功举办,是工博会历史上的第十届。本届"中国工博会"以"科技创新和装备制造业"为主题,突出重大装备,强化以交易为核心,展示、评审、论坛为辅的四大功能,展览总面积 12.1 万平方米,七十多场论坛或活动同期举行。

2008"中国工博会"共设"重大技术装备展"、"数控机床与金属加工展"、"工业自动化展"、"环保技术与设备展"、"信息与通信技术应用展"、"能源展"、"科技创新展"七大专业展。数控机床与金属加工展展出面积 40 250 m^2,信息与通信技术应用展展出面积 11 500 m², 科技创新展展出面积 11 500 m², 能源展展出面积 5 750 m², 环保技术与设备展展出面积 11 500 m², 重大技术装备展展出面积 5 750 m², 工业自动化展展出面积 34 500 m²。

二、参展商分析

本届"中国工博会"参展商总数 1 816 家。境外企业占全部展览面积的 30.6%, 境内其他省市企业展览面积占 42.8%, 上海市内企业占 26.6%。

其中, 来自上海的企业 420 家, 包括: 上海电气集团、上海机床、上汽、上海城投、上广电 SVA 等。有来自境内除上海以外 29 个省市自治区和计划单列市的企业 923 家, 包括: 中船集团、振华港机、首钢集团、齐二机床、武汉重型、浙江凯达、星火机床、和利时、研祥集团、中科电气、宝钢、海立、华谊、中国电信、中国移动、中国联通等。

来自 24 个国家和地区的境外企业 473 家, 包括: ABB、西门子、天田、斯宾纳、印度国家展团、日本国家展团等。

（一）境外参展商分析

在国际金融危机爆发的情势下,"中国工博会"仍展现出颇高的国际化水平。包括日本、德国、印度、美国、白俄罗斯、韩国、意大利、新加坡、瑞士、土耳其、加拿大等 24 个国家和地区的企业参展。境外国家组团数量达历史之最, 其中德国展团 4 500 平方米, 日本以 3 000 平方米的规模参展"环保技术与装备展", 印度参展"数控机床与金属加工展"五百多平方米。境外参展面积占总展览面积的 30.6%。境外企业绝大多数对此次"中国工博会"反映良好, 并表示愿意, 甚至以更大规模或更高质量参展明年"中国工博会"。

（二）境内参展商分析

2008 年, 来自全国 30 个省市自治区及计划单列市参展的境内展商参展了"中国工博会"。其中, 上海市展商 420 家, 展位数 1 334 个, 分别占展商总数的 23.1% 和 26.6%, 比例比去年有所下降; 境内非上海市展商 923 家, 展位数 2 147 个, 分别占展商总数的 50.8% 和 42.8%, 比例比去年均有上升。

三、专业观众分析

本届"中国工博会"共到场观众 116 722 人次, 其中专业观众 96 266 人次, 分别来自全球 77 个不同的国家和地区, 以及境内 30 个不同的省份及计划单列市。

四、展会同期活动

2008"中国工博会"期间共举办以主题论坛——"创新与可持续发展"为核心的论坛及会议共71个,涉及工博会的各个相关领域。论坛的主要类别有:发展论坛、行业论坛、技术研讨会、技术交易洽谈会等。论坛主讲专家层次较高,主题热门、新颖、切合实际,听众参加踊跃,有多场论坛都出现爆满的情况,获得了良好效果。据统计150人以上的论坛及会议为二十余个。其中日本贸易振兴机构的论坛规模超过800人,OEM主论坛及中国国际节能环保论坛参会人数达五百多人,上海工业设计协会的论坛出席人数也超过300人。

(资料来源:http://www.ciif-expo.com/)

思考题:

1. 本例组展总结从哪些方面进行了分析?是否全面?
2. 组展总结和评价之间的关系是什么?

练习与思考

(一) 名词解释

展览项目营销 组展效果评价

(二) 填空

1. 布、撤展期间,展品进出馆须持有组展者开具的_____,并经有关人员签字后才能出展馆。
2. 不可预见的突发事件包括_____、_____、_____。

(三) 判断

1. 参展商可以将展位转租给其他单位。
2. 所有进入展馆的人都是专业观众。

(四) 简答

1. 组展者选择媒体时,要考虑哪些因素?
2. 组展者与参展商和观众的关系是怎样的?

(五) 论述

1. 展览项目的论证需要考虑哪些因素?
2. 如何进行展览项目评价?

部分参考答案

(二) 填空
1. 参展商物品出馆核准单 2. 地震、暴风雨雪 恐怖袭击 突发性传染病
(三) 判断
1. × 2. ×

实 训 题

参观本地一展览场馆,了解其硬件和软件条件,分析其适合举办什么展览。

第四章

会议的组织

 学习目标

学完本章,你应该能够:
1. 明确会议的内涵、类型及构成要素;
2. 掌握会议准备包括的工作内容;
3. 了解会址选择应考虑的因素;
4. 了解如何进行会场布置;
5. 掌握如何进行会议效果评估。

 基本概念

会议　非营利性组织　协会　发言人

第一节　会议的概念、类型和构成要素

一、什么是会议

所谓会议,通常是指有一定数量的人参加,围绕特定的目的、在某个地点定期或不定期进行的持续一段时间的思想、观点和信息交流活动。

作为一种社会活动,会议的历史非常悠久。在我国的古书《书·周官》中,有"议事以制,政乃不迷"的记载。恩格斯在其《家庭、私有制和国家的起源》一书中,

指出"氏族有议事会,它是氏族的一切成年男女享有平等表决权的民立集会"。在现代社会,会议已成为国家、企业之间和人与人之间进行沟通的一个重要手段。

将会议作为一个行业来看待,是最近30年的事。在20世纪60年代,宾馆、饭店并不情愿提供会议服务,会议被认为是无关紧要的。即使在西方发达国家,除了一些大城市的大饭店外,没有什么地方适合举办大型会议,而且几乎没有什么饭店设有会议部开展会议策划或吸引会议业务,可提供的会议服务设施也相当有限。20世纪70年代中期以后,会议业的发展进入了一个新阶段,会议因其广泛的影响、高额的利润和巨大的发展潜力,引起了越来越多国家和地区的关注,争办会议之风愈演愈烈。现在,世界上不少城市都将自己视为一个可以举办会议的地方,并为争取在本地举办会议展开宣传。

会议业本身的收入并不多,但其可拉动相关产业的发展,促进就业和消费。新加坡面积狭小、资源不多,但在国际上的地位比许多中等规模国家都要重要,除了经济发达外,每年二三百场的国际会议不能不说是一个重要原因。举办国际有影响的会议,可增进会议所在地的人们对某专业前沿知识的了解和兴趣,推动当地该产业的发展。例如,1993年在中国台湾举办的一场国际医学研讨会上,主办单位邀请了"制造"全世界第一个试管婴儿、在英国有"试管婴儿之父"之称的医学博士演讲,对于试管婴儿刚刚起步的中国台湾产生了很大的推动作用。近年来,中国台湾地区的人工生殖科技取得相当的进步,与此次会议的举办不无关系。1998年5月,北京大学借百年校庆之机,主办了世界教育史上空前的"著名大学校长论坛"。这次论坛的一大成果便是让牛津、斯坦福、加州伯克力、东京大学等顶尖学府的校长对中国的高等教育有了更进一步了解,促进了世界高校之间的交流。

欧美会议业发展较早,也较成熟,其会议市场机制十分完善,操作也十分规范,并在世界会议市场上占据较大的份额。20世纪90年代以来,亚洲经济一直保持持续发展,洲内洲际交往日益增多,各国和各地区都开始重视会议产品的开发、宣传和促销,纷纷设立会议专门机构,并采取倾斜政策,吸引各类会议,其市场份额也在稳步增长。如今,日本、新加坡、中国内地和中国香港已发展成为新兴的世界国际会议目的地,特别地,作为亚洲会议市场的"大哥大",新加坡和中国香港在国际会议市场中占有十分重要的地位。据国际大会和会议协会统计,亚太地区1997年国际会议市场在全球的占有率为25%,与欧洲的57%虽相距甚远,但从动态来看,亚太地区的占有率是从1992年的17%上升为25%,而欧洲则从62%下降为57%。

二、会议的类型

根据不同的标准可以对会议进行分类。根据会议的主要参与者来源,可将会议分为地区性会议、全国性会议、国际性会议；根据会议举办机构的不同,可将会议分为协会(民间组织)会议、公司会议、非营利性组织(如国际组织和政府)会议。其中,公司会议和协会会议占整个会议市场80%的份额。公司会议,是指大型跨国公司、集团公司召开的全球年会,如1998年初在上海举行的奔驰公司全球年会。协会(民间组织)会议,如1998年11月在桂林举行的亚太环境会议、1999年6月在北京举行的世界建筑师年会。表4-1列出了公司会议和协会会议特征的比较。

表4-1 协会会议与公司会议特征的比较

项 目	协 会 会 议	公 司 会 议
背景资料	容易收集	不易收集
会议选址	选择有吸引力的地方,以刺激会员参加	寻找安全、方便、舒适、服务较好的地方
策划期	较长(1—4年)	较短(一年以内)
开会模式	周期性(春、秋季较多)	按需求(任何月份)
决策者	通常是委员会,有时会考虑是否由当地会员、分会邀请	一般由公司总部决定
与会者	会员自行决定是否参加	员工必须出席
与会者费用	会员自付	由公司负责
会议举办地	多选择、地区轮换	符合公司需要的地点
会议规模	大多数超过100人	多数在100人以下
开会频率	固定	不固定、较频繁
会议期限	3—5天	1—3天(一般会议) 3—5天(培训和奖励旅游)
住宿	价格不等的酒店(与会者自选)	通常是星级酒店(公司决定)
会议场地及设施	会展中心、大学等	选择有良好设施的酒店
会议与旅游局参与	经常有会议与旅游局参与	会议与旅游局几乎不参与

续 表

项　　目	协 会 会 议	公 司 会 议
价格	敏感	不太敏感
陪同人员	经常有	一般没有
展览	经常有	不多

三、会议的构成要素

会议是有组织、有领导地召集有关人员共同商讨、决定某事务的一种集体活动，或为了实现某个目的而进行商讨的集会，但并非人类任何集体活动都称为会议。会议由一些必备的要素构成，而其他集体活动并不完全具备这些要素，所以不是会议。

会议的构成要素包括：会议名称、会议时间、会议地点、会议举办机构、与会人员、会议主题、会议举办的方式、会议结果等。这里主要对会议地点、会议举办机构和与会人员作一分析。

（一）会议地点

会议可以选择在酒店、会议中心、大学和其他类型学校的报告厅、游船、疗养地和主题公园、公共建筑、公司内部的会议厅等地点召开。选择会议地点时，一般要考虑成本、交通的便利性等九个方面的因素。表4-2所示是一份调查表，表明成本、交通的便利性等九个因素在确定会议地点时的重要程度。

表4-2　选择会议地点时需考虑的因素及各因素的重要程度

选择会议地点时需要考虑的因素	重 要 程 度
成本（包括酒店、餐饮等）	94%
目的地交通是否便利	93%
会议场所设施情况	93%
与会者距目的地的距离/旅行时间	90%
交通费用	88%

续 表

选择会议地点时需要考虑的因素	重 要 程 度
气候	75%
观光及其他活动	65%
会议目的地形象	65%
娱乐健身设施（高尔夫、网球、游泳等）	55%

注：重要程度的百分比愈高说明愈重要。

（二）会议举办机构

如前所述，会议举办机构主要包括公司、协会和非营利性组织。

1. 公司

由于业务需要，不论是大公司还是小公司都经常举办各种不同规模和层次的会议。在欧洲，公司举办的会议占整个会议市场的90%。《会议杂志》曾把公司举办的会议分成九种类型：管理会议、区域销售会议、新产品介绍会议、全国销售会议、培训研讨会、奖励旅行、专业技术会议、股东会议和其他会议。

公司会议通常讨论的是公司内部事务，与会议有关的细节不对外公开。虽然相当数量的公司会议在饭店或专用的会议场所举办，但这些饭店和专用的会议场所也不会公布有关数字。

国际上，在公司以外的其他城市举办会议时，与会者有时与配偶同行。据《会议杂志》1979年在北美举办的一次调查显示，公司会议的与会者中大概有1/10是与配偶同行的。

2. 协会

协会一般按行业和区域进行划分，包括地区性协会、全国性协会、洲际性协会和国际性协会。

协会的性质各有不同。国际上一般将协会分成下列五种类型：行业协会、专业和科学协会、退伍军人和军事协会、教育协会和技术协会。其中，行业协会被认为是会议市场最有价值的营销目标，因为行业协会绝大部分会员是公司的管理人员，他们是公司有关事务的决策者。在举办行业协会会议时，常同时举办展览。中小学和高等院校的教师，以及科研院所从事学术活动的专家、学者，也是会议市场营销的一个重要目标，世界上每年有很多全国性、国际性的教育学术会议在举办。

专业和科学协会也经常举办会议（见表4-3），其举办的会议主题十分广泛，其中医药科学协会举办的国际会议占专业和科学协会举办的国际会议的比例最大，达27%。

表4-3 国际协会举办国际会议的前十个专业领域(按占总数的比例统计)

名次	专业领域	占总数比例(%)	名次	专业领域	占总数比例(%)
1	医药科学	27.2	6	社会科学	4.1
2	科　　学	11.7	7	经　　济	4.0
3	技　　术	9.2	8	教　　育	4.0
4	工　　业	7.8	9	商　　业	3.7
5	农　　业	7.8	10	管　　理	3.0

资料来源：国际会议协会(ICCA)。

3. 非营利性组织

许多不属于公司、协会的非营利性组织，如政党、政府部门、社会团体，也经常举办各类会议。国际上通常把非营利组织称为 SMERF，即社会(social)、军人(military)、教育(educational)、宗教(religious)和兄弟会(fraternal)。这些非营利性组织，通过收取会员的会费、争取政府的拨款和公司的捐赠等多种途径筹措资金。非营利性组织举办的会议市场份额虽不大，但也是会议产业的一个细分市场。非营利性组织每年都要订大量的客房，而且多数是在饭店淡季时用房，从而在淡季时为饭店带来收入，有效地降低了饭店淡季空房率。

(三) 与会议有关的人员

与会议有关的人员包括与会人员(含会议主持)、秘书人员、服务人员。较正式、规模较大的会议，有关人员包括：正式出席人员、列席会议人员、会议执行主席、会议主席团、会议代表小组组长或代表团团长、会议秘书处、会议服务人员等。

(1) 秘书人员。秘书主要从事会议的有关准备，在会议期间提供服务和会后进行总结等工作。秘书的具体工作包括：制作和邮寄会议的请柬、准备会议材料、会议记录、会议记录的整理和会议的善后工作等。

(2) 服务人员。服务人员，特别是会议接待人员的仪表，对接待工作的质量有着十分重要的影响。一些心理学家通过实验得出如下结论：一个人的外表魅力指数与他人想再次与之相见的相关系数为0.89。端庄、整洁、形象好的接待人员，能使与会人员产生好感，提高对会议组织工作的满意度，增进会议的效果。因此，组织会议的负责人应高度重视会议的接待工作,对一些重要的接待任务应亲自组织部署。

(3) 与会人员。参加会议的人,或者与会人员也被称为与会者、参加者、注册者和参会者等,是指与会议主题、会议目标的实现有关联的人。

四种特殊类型的与会人员

(1) 国际与会人员。国际与会人员是指那些来自会议举办国以外国家或地区的与会者。随着国际交往的不断深入,国际与会者的人数与过去相比有显著增加,尤其是物理和社会科学领域方面的会议。会议组织者十分重视国际与会者的参与,将其视为扩大会议影响的资源。

(2) 行为障碍者。很多会议有行为障碍者参加,为保证会议的顺利进行,工作人员在布置会场时应考虑与行为障碍者有关的问题。

(3) 老年与会者。现在越来越多的老年人参加各种会议,会议组织者需要考虑他们的特殊需求,如可能需要特殊的视听设备、现场医疗救护。

(4) 贵宾。像政府高级官员、影视名人、某一领域的专家学者等贵宾,应受到特殊的安排,受到特殊的接待和保护。

第二节 会议的策划

与会人员在参加一个周密安排的会议后满意地离开了,而会议组织者在为会议的成功举办感到高兴之余,奇怪为什么看起来如此简单的工作却耗费了如此多的时间、精力和资源。将会议的各组成要素有机地结合在一起,需要精心的策划和准备。

会议按时间顺序可分成会前策划和准备、会中管理和会后总结等三个阶段。会议组织者需要对这三个阶段的每个细节进行周密的安排。会前策划包括会议预算的编制、组织机构的确定、会议形式和时间的策划、确定会议主题和目标等内容。

一、会议预算的编制

会议预算的主要工作是编制损益表,损益表由收入和支出两个部分组成。

会议收入主要来自以下渠道：注册登记收费、会议赞助、参展商交费、联合主办者交费、广告和其他等。会议支出方面包括：承办者报酬、策划委员会旅费、市场宣传费用；办公费；保险费；工作人员报酬(含长短期工作人员)；视听设备费；陪同人员接待费用；翻译人员、发言人的报酬、旅费；材料印刷费用；奖品和纪念品、保安费；运输费；娱乐活动观光费；会议地点使用费；客房费，会议评估和后续工作费等。

静态净收入是总收入与总支出之差，动态净收入还要考虑资金的时间价值。

不同会议举办机构的预算政策有所不同。公司或非营利性组织的会议主办者通常会限定一个总体预算，承办者在这个预算范围内安排会议。以营利为目的的会议主办者在制定预算时，则往往考虑到一定的净收入或利润率。协会组织在主办会议的时候也会寻求赢利，谁都不愿意举办亏本会议的。

二、会议组织机构的建立

会议的策划和准备有很多具体的工作要做，这不是一个人能独立可以完成的。会议大多由某个会议组织机构，如组委会策划和筹备。组委会或策划委员会是一个担负会议策划、组织、协调和控制的团队，通常由组织会议的单位人员组成。在组委会下面可能设置若干个工作小组，如策划小组、接待小组、服务小组等。

组委会要制定明确的目标，安排好各项具体的工作，最好要有书面的工作安排，分工和责任要明确，组委会与承办者的关系也应明晰。

三、会议形式的策划

会议形式有多种，这里仅介绍一个常用的策划方案。一般地，一个会议至少要召开一次全体大会，所有的与会者坐在同一个会议场所中，通常会议的开幕式和闭幕式以全体大会的形式进行，当然全体大会也可以安排到其他时间。并行会议是常见的会议形式，即同时进行两个以上小型会议。显然，并行会议的主题和目标应与全体大会保持一致。为了让与会者能够从不同的角度对全体大会的议题进行深入的讨论，还可举行小型的分组会议。分组会议讨论的结果可能在全体大会上公布，也可能纳入整个会议的报告中。当会场不能容纳所有与会人员时，并行会议可以采用重复会议的形式。

四、会议时间的策划

会议时间的策划应考虑到交通、茶歇和会场布置等事项。会议时间表主要有会议筹备进度表和会议议事日程表(表4-4所示是以最常见的3日会议为例)。

筹备进度表由会议承办者负责建立和填写,由秘书人员进行实际操作,该表应定期更换,用空白的新表格记录最新的工作进展,但前面用过的表格也要保存下来,这样一旦出现问题就能够向前追溯。

表4-4 三日会议的策划方案

时间	事件编号	周一	事件编号	周二	事件编号	周三	事件编号	周四
7:30AM			4	早餐	12	早餐	20	早餐
9:00AM			5	全体大会	13	全体大会	21	全体大会
10:00AM			6	休息	14	休息		
10:30AM			7	分散会议和并行会议	15	分散会议和并行会议	23	闭会
							24	休息
12:00Noon			8	午餐	16	午餐	25	午餐
2:00PM	1	注册登记	9	并行会议	17	并行会议		
4:00PM			10	自由活动	18	自由活动		
6:00PM	2	开幕宴会	11	晚餐及晚会				
8:00PM	3	会议介绍			19	招待会		

第三节 会议的准备

会前准备阶段主要包括:会议的营销和公关、会议地点和场所的选择、会议注册登记和发言人的邀请、会场布置等工作。

一、会议地点的选择

会议地点(会址)的选择不仅要考虑会址的地理位置,还要考虑其气候环境、交通基础设施等方面,这些因素都直接或间接地影响着会议的效果和成败。

1. 地理位置

会址的选择是一个不断缩小范围的过程。首先考虑会议是在国外,还是在国内举办。就公司会议而言,其不需要像协会会议那样,通过选择不同的城市以吸引参会者,而是首先以公司的业务和需要为出发点。其次是费用预算,大多数公司为了降低成本,一般都在国内召开会议。而协会会议则要考虑许多细节,如要保证足够的出席率、会议的质量要高、备选的城市是否符合会议的主题。如果是商业性会议一般都选择在有商业代表性的国家和城市举办,如美国的纽约或英国的伦敦。

2. 交通

不论是公司会议,还是协会会议,在安排会议地点时都会考虑尽可能节省时间。协会会议选择在不同地方召开,除了要考虑吸引新的与会者外,还不能忽略方便与会者参加,最好选择与会者可直达的会议地点。另外,有些与会者可能在会议前后自助游,自助游的交通问题也要考虑。

3. 季节和气候

地理位置不同,季节和气候也随之不同。一般地,北方冬季气候寒冷,南方夏季酷热难耐,春、秋两季是最适宜举办会议的季节,当然还要考虑到不同国家的气候特点。有些会议主题对季节还有特殊要求,如有关冲浪的会议在夏季举办比较合适,有关滑雪的会议则最好在冬季举办。策划人员应因会制宜。

此外,还要考虑到恶劣的天气往往会影响与会者的出行,除了航班延误无法按时参加会议外,还影响大型的室外活动,在这种情况下,如果考虑不周全,没有安排足够的室内活动的话,难免会影响会议的质量。因此,选择会址时,要慎重考虑季节和气候等因素,尤其是协会类会议。

二、具体会议场所的选择

在确定会议地点后,下面就要选择会议地点的哪一个具体饭店作为会议场所。选择具体会议场所时,应考虑以下因素。

1. 客房的数量、类型和内部设施条件

会议场所应有足够的客房以容纳与会者。会议组织者不仅要弄清客房数量,还要清楚客房的类型。除普通的单间、标准双人间和套间外,还要有足够的贵宾间供会议的重要人士入住。贵宾间除了设施更加完善外,还要有安全保护措施。会议组织者不仅要保证贵宾在会议进行过程中的安全,还要保障其住宿期间的人身安全。

许多客房都提供香皂、牙膏、牙刷、洗发水、洗手液、漱口液、沐浴露、浴帽等日常用品,这些都是日常生活不可或缺的,配备这些日常用品可减少与会人员携带行李的重量。随着生活水平的日益提高,与会者对客房用品的需求也在不断增加,如

吹风机、体重机等。这些物品成本较大,一般可以向服务台借用。另外,客房中一般都配有电视机、电话、空调等。

2. 服务水平

服务水平是要考虑的一个重要因素。如清洁整理工作,服务人员最好不要在与会者休息的时间进行,以免打扰其休息;不要挪动与会者的物品,以免引起不必要的误会。要了解会议场所的工作人员是否有强烈的安全意识,会议场所的工作人员着装是否得体,应答是否礼貌等。服务人员除了为顾客的衣食住行用提供服务外,还应考虑是否能帮助会议组织者解决其他一些琐碎问题。作为会议组织者,常常希望在与会者接待高峰人手不足时,可以借用会议场所的服务人员以减轻压力。如果会议场所曾经举办过会议,服务人员对会议的大概过程有所了解,当再次举办其他会议时就能够得心应手。如果会议场所没有举办会议的经验,而会议又很重要,会议组织者可能要对有关服务人员进行培训。

要了解会议场所是否可使用信用卡或接受哪些外币。尽管目前用信用卡付款盛行,但也不排除现金支付的可能。此外,会议场所接受的信用卡种类也各不相同,通常以当地信用卡为主。

会议场所应能保证与会者的人身及财产安全。客房钥匙、门卡的保管应规范,必要时可对重要人士提供保护。

疾病防治。现在,人们愈来愈关注健康,与会者即使是伤风感冒也能得到温馨及时的服务,这会提高会议场所的信誉和服务质量,与会者也对主办者细心周到的安排感到满意。要考察会议场所是否有常驻医护人员,并能随时到达现场。还要考虑是否制定针对老龄与会者和可能发生的突发事件的预案。

3. 娱乐和服务设施

随着人们对娱乐健身要求的不断提高,会议场所的娱乐设施是否完善和充足也是组织者要考虑的因素。组织者在安排会议日程时,通常会留有一段时间供与会者自由活动。为此,组织者通常要进行实地考察,这样在制定日程表时就清楚留多长时间给与会者比较合适。当然,如果会议场所的娱乐设施不够充足或活动项目少,就要考虑会议场所是否与邻近的娱乐场所有合作关系,并能提供交通服务,以方便与会者前往。此外还需要了解的是,在会议过程中,这些娱乐设施是全面向与会者开放,还是部分开放?完全开放要有何凭证?可否优惠?一些娱乐活动的特殊设施会议场所能否提供?能否免费提供给与会者?这些情况都要详细准确地告知与会者,以免发生误会和尴尬。

4. 公共设施

(1) 洗手间。会议场所洗手间的数量和卫生状况越来越受到关注。会议组织者在选址时,应根据与会者人数来判断洗手间的数量和分布是否合理,其空间大小是否会造成拥挤,清洁程度如何等。有些会议场所在洗手间会安排专门的工作人员,是否要收取小费应在事前通知与会人员。

(2) 电梯。如果会议在会议中心举办,那么通常不会发生电梯拥堵或不足的情况。如果会议在酒店中举办,各会议室之间又相隔好几层,那么很难保证不发生这种情况。因此,组织者在进行实地考察时不要忽略这个问题。

(3) 安全设施。会议场所除了有报警系统外,还应配备完善的消防设备。组织者在实地考察时,要了解会议场所最近一次消防设施维护保养或更换是在什么时候,了解安全设施是否齐全,灭火器、紧急报警系统、喷洒头、安全门是否有效,设备是否定期检查更换。为确保万无一失,必要时可向当地的消防部门查询,防止消防设施是"只能看不能用"的"装饰品"。此外,安全标志也要清晰可辨。

(4) 是否能满足会议行为障碍者的特殊需求。例如,是否至少有一处入口是坡道或没有台阶的平地;所有的门是否足够宽,并能方便地打开;建筑和房间的门槛是否都足够的低;是否有楼梯的地方都设置了坡道,坡道的陡峭程度如何;是否有水平或接近水平的道路通向各个建筑物;会场附近的人行道是否有转弯坡道;每层建筑之间是否都有电梯相连;电梯中是否有操作员,乘轮椅者是否可以触及所有的电梯按钮;所有电梯按钮上是否都有盲文或突起标志;公共厕所里的过道是否都至少有32英寸宽,并设置有扶杆;会场是否设置了可供乘轮椅者使用的较低的手动饮水机和公用电话;是否设置了带有扩音器的公用电话,以方便听障者使用;行为障碍者停车是否方便;公共交通设施是否为行为障碍者提供了特殊的方便;会议及相关场所是否允许导盲犬出入。

5. 会议场所的费用

要了解会议场所客房、会议厅室的费用情况,由于会议组织者团体预定客房,这可与会议场所协商争取优惠价格。

会议场所收费随旺季和淡季有所不同,旺季价格有所提高,淡季相应下调,会议组织者要明确会议安排在哪个季节。旺季除了价格上调外,还很难预定太多客房。组织者应告知与会者淡、旺季的价格表,以免引起不必要的误会。

预定客房时,一般要同时交纳定金。如果没有交纳定金,那么口头约定不受法律保护,也无法保证会议场所在会议期间能按时提供客房和会议厅室。因此,双方要签订并认真履行协议,防止发生误会。

要明确会议场所是否收取额外的费用,如水费、电费、电话费等。有些会议要消耗较多的电和水,与会者也难免会打(国际)长途电话,这无疑会增加会议场所的开支。因此,会议组织者要与会议场所进行充分协商,并在书面协议中明确责任,防止一旦发生冲突导致对簿公堂的情况。会议场所对人身和财产安全等是否办理了保险,对取消预定的赔偿和财产损失责任应明确写在书面协议中。

选择具体会议场所时应考虑以下因素:客房的数量、类型和内部设施条件、服务水平、娱乐和服务设施、公共设施、会议场所的费用等。

三、发言人的邀请

一个会议一般要召开一次全体大会。在全体大会上,主要发言人为会议奠定了基调,精彩生动的发言能调动与会者参与的积极性和热情。因此,发言人的选定在会议组织中是非常重要的一项工作。那么,在发言人邀请过程中,应注意哪些问题呢?

1. 确定发言人应考虑的因素

会议组织者要明确是选择职业发言人,还是志愿发言人。通常,邀请职业发言人的花费较大,因此大多数的协会和非营利性机构都会选择业内有名望的人作为发言人。当然,实力雄厚的公司和规模较大的协会则会邀请职业发言人。是否邀请职业发言人,首先取决于预算,还要考虑被邀请的发言人的声誉和影响力。

一般地,是否邀请某位发言人主要考虑下列因素。首先,被邀请的发言人身份是否符合会议的主题。一个学术会议如果由一个商务人士作开场白,显然不合适。其次,要确定发言人的类型。通常,实践型发言人经验丰富、演讲生动,但内涵不一定深刻;而理论型发言人可能由于经验不丰富、演讲枯燥,而造成气氛不热烈。因此,要进行充分权衡。最后,还要考虑被邀发言人能否吸引与会者?是否有过负面的报道?是否有争议?如果争议非常大,即使被关注的程度再高也不要贸然邀请。

2. 对拟邀的发言人进行调查

在向拟邀发言人发出正式邀请前,还要对拟邀的发言人进行调查。例如,发言人基本信息情况,如姓名、地址、电话、所在的单位名称、职务、职称等;发言人与会议有关的信息,如发言题目、发言日期和具体时间、需要的视听设备;发言人报酬和其他费用(如旅行费用和补贴);发言人旅行安排(旅行预定、房间预定、陪同人员);发言人是否参加过会议演讲,是否就某个主题做过发言,学识水平如何;等等。

会议组织者在初步确定发言人后,寄一份建议表给候选发言人,以进一步明确有关信息,建议表具体内容如表4-5所示。

表4-5 发言人建议表

说明:请尽量将此表填写完整。您在这里提供的信息将作为我们选择的主要依据。如果您有任何问题,请联系(联系人的姓名和电话号码)

会议承办者应该提供下列信息:
- 会议主题
- 会议日期
- 会议目的
- 预计的与会者人数
- 交表的最后期限
- 对书写字体的要求(打印还是手写印刷体),备份数量,确切的交还地址,以及附加材料

1. 会议预定题目:＿＿＿＿＿＿＿＿＿
2. 会议类型:＿＿＿＿＿＿＿＿＿
全体大会＿＿＿＿＿＿ 并行会议＿＿＿＿＿＿ 分散会议＿＿＿＿＿＿

发言人:
(如果有一个以上的发言人,请分A、B列出,其中A发言人将作为主要联系人)

A. 姓名:＿＿＿＿＿＿＿＿＿
　 地址:＿＿＿＿＿＿＿＿＿
　 电话:办公室＿＿＿＿＿＿
　 单位名称:＿＿＿＿＿＿＿
　 部门:＿＿＿＿＿＿＿＿＿

B. 姓名:＿＿＿＿＿＿＿＿＿
　 地址:＿＿＿＿＿＿＿＿＿
　 电话:办公室＿＿＿＿＿＿
　 单位名称:＿＿＿＿＿＿＿
　 部门:＿＿＿＿＿＿＿＿＿

3. 就会议发言进行简短描述(如果您被选中的话,您将负责修改此描述,会议将把它用于会前发表,以及制作与会者手册)。＿＿＿＿＿＿＿＿＿

4. 您的会议发言将针对哪些类型的与会者?
没有相关经验或知识＿＿＿＿＿＿＿＿＿
有一定相关经验或知识＿＿＿＿＿＿＿＿＿
对会议话题有丰富的经验和知识＿＿＿＿＿＿

5. 与会者从您的发言中会有哪些收获?＿＿＿＿＿＿
6. 简述您将在会议中使用的技术和方法。＿＿＿＿＿＿
7. 您对会场布置和视听材料有什么要求?＿＿＿＿＿＿
8. 您从前是否就这个话题或相关话题发表过演讲? 是＿＿＿ 否＿＿＿
9. 时间安排:
会议举行日期如上提示,您希望在哪天进行演讲?＿＿＿＿＿＿
上午＿＿＿＿ 下午＿＿＿＿

续　表

```
10. 费用问题：
（这部分内容要根据具体的会议主办者而定,有时候主办者对这方面的问题作出具体规
定。在其他情况下,可以参考下列内容）
    报酬_____
    旅费_____
    住宿费_____
    其他（请说明）_____
11. 录音/像和出版：
    A. 如果您被会议选中发表演讲,你是否同意会中对你的演讲进行录音/像? 是____
否____
    B. 如果您事先准备了讲稿,我们是否可以将它作为会议的一部分进行发表? 是____
否____
12. 其他问题：
```

其中,特别要明确的是被邀发言人在会议举办期间是否有空,不与其他事情冲突；发言人对议题是否有兴趣；发言要持续多久,是一场还是几场发言；发言人是否明白受邀请的目的；等等。要告知发言人会议大致的规模和与会人数,让其心中有数。

发言的录像或录音都是发言人的版权。发言人要在书面合同中注明是否授权承办者录像或录音,以免出现版权纠纷。

此外,发言人在会议期间是否要派专人全程陪同,发言人抵达和离开会场的交通、安全,发言人的健康和可能发生的突发事件,随行人员的安排等,要在事前做好充分的准备。有些发言人会携带亲友或助手一起出席会议,对这些人员要进行周到的安排。如是亲友,是作为会议人员的一部分还是另行安排？费用如何安排？若是助手,费用如何安排？住宿如何安排？这些都要同发言人协商妥当。

3. 发言人接受邀请后

发言人接受邀请后,对发言人的宣传应准确。会议工作人员要为发言人提供其所需的有关会议材料,如与会者概况、录音/像授权表格、秘书处的联系人、组织者的有关规定、住宿安排和预定表格、旅行安排和预定表格、会议注册表格。若发言人有特殊的媒体设备要求,而会议场所不能满足,会议组织者应及早解决。

四、会场布置

根据与会人数的多少和会议类型的不同,会场布置可以千差万别。精心布置的会场可以让与会者感到舒适、安逸,能提高会议效果。

1. 人员分工

会场布置人员包括负责人、灯光媒体音响专业人员和勤杂人员。从会场策划

到布置;要明确每个环节由何人负责,全体大会会场、并行会议会场要明确由谁负责。

2. 会场安排

(1) 规模较大的会议通常采用剧院式的或阶梯式的布局。会议中心一般都会有此种类型会议厅,这类会议厅以发言人为中心布置座位。规模较小的会议,如并行会议人数不多,可采用座谈式或类似教室格局的布置,当然这种布局容易出现坐在后面的与会者视野被前面与会者挡住的情况,最好采用围绕发言人或以其为中心的布置。具体可根据与会人数及发言人的要求而定。

(2) 演讲台是固定,还是可调整应视情况而定。有些发言人可能会播放幻灯片,如果演讲台处于中心位置,就会挡住与会者的视线,可移动演讲台则可解决此问题。当然,可移动演讲台可能要增加额外费用。

(3) 座位安排。有些会议室中间有大型的圆柱,在安排座位时应避免挡住与会者的视线。座位之间要考虑是否留有足够的空间,以方便与会者通过。座位太紧凑,会给人拥挤的感觉,特别是在夏季。安排的临时座位不应挡住安全门出口,应留出足够的空间。

3. 灯光、音响和媒体设备

(1) 灯光。会议一般不需要专业灯光效果。采用专业灯光效果不仅要增加预算,还要请灯光专业人员控制。当然,如果需要灯光效果系统,在事前要规划好。

(2) 音响。在会前或会间休息时,可播放音乐,让与会者放松情绪。有时,发言人需要用音响来渲染气氛。要明确音响是由会议组织者,还是由会议场所工作人员控制。

(3) 媒体设备。发言人可能会用到幻灯片、电脑、投影仪等设备,这些在会前要调试好。

4. 会场装饰

放到会场中的桌椅,特别是演讲台、贵宾席应考虑是否需要配备整洁、优雅的桌布。一般地,桌布与桌裙(及地)长度不同,如有一定比例的女性与会者则较适合用桌裙,特别是在有女性发言人时,演讲台一般要铺设桌裙。其次,桌布或桌裙的材质也要有所讲究,是丝质还是其他,要精心选定。

要考虑会场是否需要像节日期间那样进行装饰。如会议比较严肃,则装饰不宜花哨;而气氛比较轻松的会议可适度加以修饰,以烘托气氛。会场墙壁一般不悬挂装饰品,但艺术氛围浓的会议可以悬挂一些。

5. 隔音

一般会议中心都有良好的隔音条件,而酒店或其他会议厅隔音效果可能并不理想。在选择会议地点的时候应进行实地考察,以确定是否需要加装隔音设施。

第四节　会中管理和会议评估

会中管理主要是按预先制定的议程开会,并做好控制工作,使会议有序地进行。会中工作主要包括:接待、餐饮安排、交通、社会娱乐活动的安排、突发性事件处理等。会后工作包括总结、会议效果的评估等。

一、会议报到

要按照会议报到的程序接待与会者,要精心对报到登记处的布局进行设计,创造一个亲切的报到氛围。报到可能遇到的最大问题是排队等候。报到处要办理登记手续和发给与会者资料,因此要保证充足的灯光和空间。另一个问题是,绝大多数会议主办机构都不会有足够的正式员工从事报到接待工作,特别是在报到高峰期,因此需要雇佣一些临时工作人员,要对临时员工进行适当培训。

无论是在会议中心,还是酒店举办会议,都不能保证在某一时间只举办一个会议。为避免与会者走错会场,通常在会场入口处放置指示标牌,以告知与会者此处是何地方,同时也可以表示对与会者的敬意和谢意。

要做好贵宾接待工作,防止出现意外。要考虑是否安排专人负责联络贵宾,是否需要为每位贵宾采取特殊的保护措施,在会议过程中贵宾是否有可能引起骚乱或受到恐怖袭击,会场是否要安排保安人员,是否要制定应急安全预案,是否有贵宾需要国家安全部门的保护,在为贵宾提供安全保护方面是否需要征求专家的建议,是否需要对一些房间进行彻底搜查,在贵宾会面或使用的房间是否要控制人员进入。

二、入住和退房

会议组织者在会前会通知与会者可入住客房的具体时间,但有的与会者可能提前到达,如果有空余的客房,那么提前入住不成问题,但如果遇到旺季没有充足的客房供提前入住,组织者需要妥善处置。

一般情况下,退房时间与会议最后一次活动结束的时间一致。但如果两者相冲突的话,与会者就不得不放弃参加最后一次活动了,因此组织者要与宾馆商量能否适当推迟退房时间。通常这种协议在举办会议几个月前或处于淡季时达成,但在会议正式举行时可能是旺季了,由于可能有下一批的入住者,宾馆希望与会人员能准时退房。为防止出现这种情况,要在书面协议中明确该条款,以免宾馆临时反悔。还有一种情况是,与会者的机票预定在下午6点或晚上,那么中间空余时间应该如何度过呢?虽然会议已经结束了,但只要飞机没有起飞,会议组织者还应尽地主之谊,安排适当场所让与会者休息娱乐。

三、发言人接待

会议开始前,如发言人自己到达会议场所,接待人员应为其准备好材料、饮料,安排好休息室;如果发言人从机场赶至会议场所,一般需安排人员去机场迎接。

在会议中,接待人员应注意发言人是否有暗示或需要什么帮助,也许会有突发事件需要接待人员处理。

发言后,即使发言人打算与与会者私下交流,接待人员也要注意发言人的安全和需要。还有,发言人有媒体采访时要留心记者的提问,当涉及发言人隐私或发言人不想回答又不便拒绝时,要及时出来帮助解围,但要注意方式。

当发言人的任务完成后,如需自助旅行需要帮助时,组织者仍应尽可能提供服务。总之,要始终提供热情的服务直至其离开为止。

四、会议评估

会议结束后的一项重要工作是会议评估。通过评估,会议组织者可以总结经验教训,找出问题,根据反馈的意见改进工作,争取下一次会议组织得更好。

1. 明确评估的内容

通过收集与会议目标相关的信息,分析评价会议的成果和问题,评判是否实现了预期的目标。评估的内容可包括:预算的执行情况、发言人邀请工作、会议地点选择是否合适、宣传和公共关系开展情况等。特别应注意评估以下四点:

(1) 承办者。承办者在安排会议时会花费不少的人力、物力、财力,在评估时,要明白是否物尽其用?是否达到了基本的要求和目的?

(2) 主题相关性。会议是否围绕着会议的主题进行?

(3) 预算。预算的执行情况如何?预算盈余或亏空是多少?盈余或亏空的原因是什么?预算是否准确?

(4) 发言人。发言人的演讲是否生动?演讲主题是否与会议主题相符?

2. 谁参与评估

除了会议组织者自己评估外,与会者也可以参与评估。对于小型会议来说,可以选择几个与会者组成一个座谈小组,提出一些问题征求他们的意见。有些与会者虽然乐意提出反馈意见,但由于航班或其他紧急事件等原因不得不提前离开。遇到这种情况,可以通过信件或电子邮件的形式,将调查表发给他们,然后反馈回来。对于大型的会议,一般是通过寄发信件,并附有回寄信封,在会议结束后即寄送,与会者刚回到公司即可收到并填写回寄;也可以采用电子邮件的形式。

3. 评估时间

何时进行评估也会影响评估的质量。在会议结束后立即进行调查,与会者还停留在刚才的会议气氛中,来不及加以仔细思考,通常没有经过深思熟虑,更多的是感性的回答,评估往往会有偏差。如在会议结束一两天后再进行评估,答案会有所不同。评估的时间也不能太晚,因为被调查人员可能忘记了一些与会议有关的细节了,这也不利于会议的评估。

4. 评估方法

最常用的评估方法是问卷调查。在会议结束后,邮寄调查表给与会者,与会者收到后就可以填写。问卷上提出的问题应简洁明确,便于与会者回答。

也可以用采访的方式进行评估。在会议刚结束与会者还没有离开的时候,邀请部分与会者进行讨论。可以是录像式的,也可由主持人和助理做记录。采访中应注意以下几点:问题要具体,尽量避免有争议的问题;一个问题中不要包含太多的小问题;尽量避免涉及个人隐私和敏感性的话题,如不要直接询问对方的年龄。

5. 评估分析

会后,汇总所收集的数据,进行统计分析计算结果;然后把得出的结果与原先制定的目标进行比较,找出不足。

会议组织者只有对会议效果进行细致认真的评估分析,找出不足之处,才能不断提高举办会议的水平。

　　　　会议组织的全过程是怎样的?

小结和学习重点

- 会议的含义
- 会址选择
- 发言人的邀请
- 会场布置
- 会议效果评价

近年来,愈来愈多的国家和城市日益重视会议产品的开发、宣传。本章首先介绍了会议的内涵、会议的分类和会议的构成要素,然后按顺序介绍会前策划和准备、会中管理和会后评价等内容。

练习与思考

(一) 名词解释

会议 行为障碍者 发言人

(二) 填空

1. 根据会议举办机构的不同,可将会议分为_____、_____和_____。

2. 与会议有关人员指与会议主题、会议目标实现有联系的人,特殊与会人员包括_____、_____、_____和_____。

3. 会议报到可能遇到的最大问题是_____。

(三) 简答

1. 简要对协会会议和公司会议的特征进行比较。
2. 发言人邀请应考虑哪些问题?
3. 选择会议场所应考虑哪些因素?

(四) 论述

试论述会议效果评估的内容和评估方法。

部分参考答案

(二) 填空

1. 协会会议 公司会议 非营利性组织会议
2. 国际与会人员 行为障碍者 老年与会者和贵宾
3. 排队问题

实训题

参加一次会议或参与组织一次会议,并写一篇参会或组会总结。

第五章

国 内 参 展

 **学习目标**

学完本章,你应该能够:
1. 了解参展决策需要考虑的因素;
2. 了解参展前准备工作的内容;
3. 明确如何做好展中工作;
4. 了解如何进行参展效果的评价。

 基本概念

报展　参展　效果评估

　　参展商是展会的主体之一。通过参展企业可以宣传自己、调研信息、扩大销售,参展是企业开展营销的重要方式之一。参展也是一项较复杂的活动,受制因素很多。从参展决策、展位申报和确定、展品选定、报关运输、特装展位设计搭建、展品布置、宣传资料准备、展中交流,直至展品回运,形成一个互相影响、互相制约的有机整体,任何一个环节的差错,都会影响参展的效果。

　　对于企业来说,首先要作是否参展的决策,一旦决定参展,就要着手参展准备,然后是展中工作和参展总结与效果评价。本章按此顺序介绍有关参展知识。

第一节　参展决策

一、参展对企业的作用

　　参展是企业开发新市场的首选方式,也是企业拓展市场的重要方式。通过参展，企业可以全面、迅速地了解新市场的行情，与新市场所在地、周边地区，乃至世界各地的买家接触，最终达到推销产品、在新市场获得一定市场份额的目的。通过参展，企业向国内、外客户推销自己的产品。国外许多大公司非常善于利用展览会树立和宣传自己的形象，寻找商务代理，提高企业和品牌知名度。

具体地说，通过参展，企业可以建立与新客户的联系、巩固与老客户的关系、进行企业形象的宣传、推销自己的产品、开展市场调研，从而最终实现促成交易的作用。

1. 建立联系

展览会为参展企业提供了一个与客户进行交流和联系的平台。在展览会上，参展商与客户建立的联系对未来成交有很大影响。据美国一项调查显示，16%的客户在展览结束后再联系一次才签约，10%的客户在展览结束后再联系两次才签约，20%的客户在展览结束后再联系三次才签约。在日本，企业一般喜欢在展览会上先建立联系，了解产品或试订小批量的货，为将来大批量订货打下基础。不论是美国、德国式的现场订货，还是日本式的展后订货，在展览会上相互了解、建立关系，在展览会后再做一些后续工作，将给参展商带来长远的经济利益。

展览会中，参展商与客户建立联系有三个鲜明特点：

（1）联系量大。在短短几天展会期间，参展商可能会接触到该行业或其产品的大部分客户。电话营销、人员推销等其他营销方式，都不可能在如此短的时间内接触到如此多的客户。

（2）联系面广。在展览会上，参展商可与批发商、零售商、代理商，甚至最终顾客等新老客户建立和加强联系。对企业而言，利用其他方式加强与老客户联系、广泛接触老客户需要花费很多时间和人力，但在展览会上企业可以轻而易举地做到。

（3）联系效果好。首先展览会上的观众质量非常高。贸易展览会的观众大多是业内人士，是组展者和参展商精心甄别挑选后通过专门途径吸引来的。据美国一项统计调查显示，贸易展览会上，84%的观众拥有采购决策权或影响力，他们之中不少是拥有采购决策权的关键人物和重要人物；其次，在展览会上能够实现高质量的交流。因为观众参观展览会是一种主动行为，到展览会来的目的就是为了与参展商接触交流、收集信息、洽谈贸易。在这种状态下，参展商与观众进行交流就容易得多。此外，展览会上的交流是面对面的双向直接交流，这种交流的效果显然比广告单向的、间接的交流方式要好。

2. 调研信息

信息是事关企业发展的重要资源。展会为企业提供了一个理想的信息收集平台。一个参展商云集的展览，其本身就能比较全面地反映该行业的现状和发展趋

第五章 国内参展

势。在展览会上,参展商可以利用多种方式进行市场调研,广泛搜集第一手资料。通过在展会上开展有目的的调查,企业可以搜集到有关竞争者和顾客的信息,为企业制定发展战略提供依据。

企业在展览会上进行调研有以下特点。

(1) 可调研内容多。在展览会上,参展商可以就有关产品的生产技术进行调研,如最新生产技术、该技术的发展趋势;可以调研该产品市场的现状及发展趋势;可以了解客户对本企业产品的意见,也可以了解某个竞争对手。

通常,在展览会上比较多的是对产品和市场进行调研。专业展是了解新产品、新技术的大好场合。在展览会上,既有实物产品,又有详细的技术说明和产品介绍。市场调研的主要内容有:供求态势、价格、包装、交货期、付款条件、客户对产品的建议和要求等。客户对产品的要求包括:对品种、规格、档次、外观、性能、生产工艺、使用范围等方面的要求。通过收集客户的意见和要求,参观其他展位,观察其接待情况,可以获得所需的信息。

(2) 调研方式比较多。调研人员可以装成一个买家,听别人交谈,问一些问题,合法地搜集其他参展商的资料。调研人员也可以以自己的展台为阵地,向观众发放调查问卷,了解观众对本公司产品的要求和意见。

通过组展者也可获得一些有用的信息。组展者通常都把从参展商、观众和其他信息提供者那里搜集的信息,进行整理加工,汇编成册。在展会上常举办报告会、研讨会、讲座。主办单位一般都是业内的知名企业,主讲人一般是业内知名的专家,他们所作的报告和演讲中包含了不少有价值的信息。调研人员在参加这类会议前,事先准备好想要了解的内容,在报告中或报告结束后提一些有针对性的问题,以获取一些有用的商业秘密。一般在这种场合下,报告人为了强调自己的产品优势、说服听众和争取客户,可能会透露一些秘密。

(3) 调研结果的质量较高。展览会调研具有被调查者数量众多和调查直接两大优势。一般地,被调查的范围越广,调查结果就越可靠。在展览会上,参展商可以接触到许多客户。另外,在展览会上对产品的观察,以及与客户的接触都是直接的,这比通过间接途径获得的信息更要真实可靠。

3. 广告宣传

参展是一种非常有效、直接的宣传公关活动,在某些方面其宣传效果比广播、报纸、电视、杂志等媒体要好。

由于展览会具有很好的宣传、广告作用,因此有人将展览归入广告的范畴,称之为立体广告。企业参展的宣传广告作用具有三大特点,即宣传方式多、观众感觉全面和宣传效果好。

(1) 宣传方式多。在展会上,可以展示有形的产品,也可以向观众散发文字资料、光盘;产品可以静态展示,也可以动态展示(如现场演示、电视画面演示)。参展人员的气质、形象,企业的商标、标志等都可以展示;参展商可以以展台为阵地宣传自己,也可以通过新闻媒体加以炒作。

(2) 展会是全感观的宣传。展览大多展示的是实物样品,观众可以使用其全部感觉器官对展品和参展商进行全面、真实的感受,并留下生动、深刻的印象。在食品展上,观众除了可以看食品的颜色,还可以现场品尝一下,评其味道;在化妆品展上,观众可以闻化妆品的香味;在缝纫展上,观众可以亲眼看到缝纫机制作出一件时尚的服装;在音乐展上,观众可以击打钢琴的键盘、听听其音质。总之,观众可以使用所有感官对产品作详尽、全面的了解,这正是展览会所具备的优势和特点。

(3) 展会的宣传效果好。展览会的宣传对象主要是对展品感兴趣的专业观众,而且参观展览会的观众多。为公众举办的展览会大都是综合性、消费类的博览会,这类展览会能吸引很多对展品感兴趣的潜在的购买者。比如,巴黎国际博览会每届有大约100万观众,德黑兰国际博览会有大约40万观众,对如此之多的、有兴趣的观众做宣传,影响当然是相当大的。而且一些报刊、电视广告无法全面反映的复杂产品也可以在展览会上展示,产生其他方式无与比拟的效果。

随着市场竞争日趋激烈,企业都在努力维持和扩大其市场份额和开拓新市场。企业经常选择在展览会中展示新产品和发布新产品信息,以激发潜在消费者的需求,为今后的营销铺平道路。

展览会宣传企业的形象,效果也相当不错。设计精美的展台不仅能吸引观众,还会吸引新闻媒体、政府官员的注意。越来越多的企业利用展览会树立并提高形象,扩大影响。不少企业连续参展以显示其发展稳定,一些知名大公司,甚至租用大面积的净地搭建豪华展馆以显示企业实力强、档次高、规模大的形象。

4. 贸易成交

企业参展的最终目的是销售产品,上述三方面的作用从根本上说是附属于贸易成交作用的。因为联系客户、市场调研、宣传广告,其最终目的都是为实现销售。参展是一项充分利用人所有感官的营销活动;展览会不像商场是一个中立场所,不属于买卖任何一方,从心理学角度看,这种环境易使人产生独立感,从而以积极、平等的态度进行谈判。在展会中,参展人员通过向客户宣传介绍产品,使客户产生兴趣,经过洽谈后可能达成意向成交协议。在其他情况下,这个过程可能比较长,但在展览会上,这一过程可以在比较短的时间内完成,尤其是对有业务往来的客户。对潜在客户,参展商可以在其产生兴趣时,趁热打铁开展营销。

据美国一项调查显示,34%的观众在展会期间会与参展商签订合同。因为参展商是为卖而参展,观众是为买而参观,都是有备而来。观众当场了解产品品种、性能、质量、价格,并在现场比较其他参展商的同类产品,选择比较后就可能与参展商进一步洽谈价格、包装、付款方式等交易条件,谈妥便签约成交。在一个展会上,可能在一个比较短的时间内就完成从看样到成交的全部过程。我国许多中小进出口贸易公司在国外举办的比较成功的贸易展览会上,往往一次就可以签订几百万美元的合同。

二、参展决策需要考虑的因素

参展对企业作用非常大,但不是说企业就一定要采用参展这种营销方式,就一定每展必参。企业还需要对是否参展进行认真分析论证,最终得出是否参展、参加何展览及参展的频次等决策。

作参展决策时,企业要克服两种极端观点。一种极端的观点是绝对否定参展的作用,认为参展耗费较多的人力、物力和财力,但并没有立竿见影的效果;另一种观点是绝对肯定参展的作用,只看到参展的好处而不考虑其缺点,认为其是开拓市场最有效方式,只要参展各种营销问题都能解决,所谓"一展就灵"。

在作参展决策时,企业需进行客观的分析,全面考虑企业的内外环境,特别是企业的营销战略,认真分析企业到底是否有参展的需求。根据对企业的内外环境进行客观分析作出的参展决策,通常能充分发挥参展的建立联系、开展调研、进行宣传和促成交易的作用,获得满意的参展效果,最终促进企业产品在目标市场的销售。但是如果企业的内外条件不成熟,盲目参展往往不能发挥参展应有的作用,造成人、财、物的浪费,甚至影响企业在目标市场的形象。

参展决策有如下需要考虑的六种因素。

(一)产品因素

1. 产品生命周期

许多产品都有生命周期,产品生命周期是参展决策需要考虑的重要因素。根据产品生命周期理论,产品生命周期包括投入期、成长期、成熟期、饱和期和衰退期五个阶段。参展效果与产品生命周期之间有一定的相关关系。

在投入期、成长期,参展对产品销售有事半功倍的效果;在成熟和饱和期,参展对产品的推销作用大大下降;而在衰退期,参展效果最差。

2. 产品的新老和复杂程度

由于中间商和消费者对老产品比较熟悉,因此老产品参展的几率相对要小一些。而新产品由于中间商和消费者都不熟悉,企业在推出新产品时,较多地采用参展的方式来了解市场的反应。因此,如果一个企业的产品更新换代快,新产品多,参展的次数就相对较多。技术复杂、语言和文字不易清楚说明的产品（如飞机），以及必须通过演示来展示其品质、性能的产品比较适合采用参展方式。通常，生产资料制造企业相对生产消费品的企业，会更多地参加展览；而用户有限且固定的特殊产品，通过参展来扩大销路是没有意义的。

（二）企业经营状况

如果企业经营状况良好，处于发展阶段，大多会努力获得更大的市场份额，参展作为开拓市场的一种有效手段，较多地被企业运用；衰退型企业在慢慢退出市场，因此参展较少；维持型企业则努力保持市场份额，参展是维持型企业经常运用的保持市场份额的一种手段，其参展的频次介于上述两者之间。

（三）企业决策层的经营作风

企业决策层的经营作风也是影响参展决策的因素之一。经营作风影响企业管理的方方面面，包括参展工作。有的企业经营作风是进攻型的，有的是防守型的，还有的则是攻防兼备型的。一般情况下，进攻型企业多采取主动出击的战略，通过参展、广告等方式，攻城略地、抢夺市场；保守型企业多采取防御战略，通过公共关系等方式，暗度陈仓、巧夺市场，而很少采用参展等营销方式；攻防兼备型企业的参展决策数量，则介于上述两者之间。

（四）企业的营销组合策略

参展是营销的一种方式，其他营销策略还包括：价格、渠道、产品、促销、人员推销、电话和网络销售、广告（广播、电视、报纸、杂志、户外广告、直接邮寄等）、营业推广（赠送样品、折价券、赠品、抽奖或竞赛、现金返回、向中间商推广、向销售人员推广、销售现场陈列和表演）。

一般情况下，选择某营销方式要综合考虑三方面因素：首先是企业营销战略和目标；二是市场环境；三是营销方式自身的特点。通常，企业将多种营销方式相结合开展立体营销。例如，某企业决定要开拓某新市场，营销工作可以这样安排：首先开展公关活动，派企业高层（企业 CEO、董事长或总经理等）或请行业协会负责人，甚至政府官员到目标市场访问，以引起该市场所在地政府、媒体和客户的注意；然后安排广告宣传，以扩大影响、加深印象；接着在该市场展出实物，接触潜在客户，建立初步联系；参展后，再通过函电、人员拜访等方式将这些潜在客户发展成为实际客户，最终实现打入该目标市场的目的，完成开拓新市场的战略意图。

不同的营销方式各具其优势和劣势。企业要进行全面客观的分析，选择一些适合企业的营销方式。

（五）企业的资源

参展需要投入一定的人力和财力，因此在作参展决策时，需要结合企业的实际,量力而行。

财力。参展需要花费一定的费用,因此对营销费用要全面考虑、统筹安排。即不仅要考虑参展的开支,还要考虑人员推销、电话和网络销售、广告、营业推广等其他营销方式的开支。合理安排各种营销方式的开支比例,充分发挥各种营销方式的整体效果和合力,使有限的支出获得最大的回报。据有关资料显示,在"展览王国"德国,企业平均将营销预算的28%用于参展,英国企业平均仅用8%,美国制造或经营生产资料的公司一般将30%—35%的营销预算用于参展。

人力。参展除涉及营销部门外,还需要其他相关部门的支持。企业要考虑是否有足够的人员备展和参展,必要时将有些参展准备工作外包给专业展览服务公司,即便如此,参展企业仍需安排人员负责联系、督促。展台工作通常企业自己负责。企业要考虑有无足够的人员准备和参加展览,如果条件不成熟,就暂时不去参展。

(六) 目标市场的情况

展览的举办地不同,面向的市场也不一样。企业首先要选择适合其开拓的目标市场,然后再决定是否参加在该地举办的展览。例如,上海光明乳业股份有限公司是一家总部在上海的企业,它的市场主要在上海及周边地区,如果它想到西南去发展,那么它就可以考虑是否参加在重庆或成都举办的食品展,在重庆或成都举办的食品展通常主要面向西南地区市场。

选择目标市场要考虑三个因素:该市场是否可以进入,该市场是否有一定的容量或发展潜力,该市场是否能为企业赚取利润。

1. 该市场企业是否可以进入

不是所有的市场企业都可以进入。不少地区或国家的市场进入是有限制的,包括人为的和非人为的限制。人为进入限制,如一国的外贸政策、技术政策的限制。例如,目标市场所在地国家制定较高的产品标准或技术要求,对产品的环保提出苛刻的要求,甚至对企业所在国的产品实施禁销。因此,企业要调研目标市场的产品规格、款式、色彩、质量、包装和环保等要求,若不符合目标市场的产品标准或技术等要求就不要去参展,否则不仅可能暂时进不去,还可能影响以后的销售。世界上大部分国家的市场都存在程度不同的贸易壁垒,如关税壁垒、配额限制等。一些发达国家市场的开放程度,还不如许多发展中国家的市场,如日本。在有些国家,不同地区市场的开放程度也可能不一样。例如在我国,东部地区的市场开放程度就比西部大,经济发达地区的市场开放程度就比经济落后地区大。非人为限制主要是指自然条件的限制。例如目标市场远,必然增加运输成本、延长交货期,从而可能降低产品的竞争力,进入该市场就没有实质意义了。又如,有些产品的保质期短,经长途运输还未到目的地就已变质了。

2. 市场容量或发展潜力

市场不仅可以进入,而且还要有适当的规模或发展潜力,企业才有可能落地生根和发展。市场容量小,企业生存和发展的机会就小,这样的市场没有开发价值,企业也就没有必要参加该地举办的展览;还有一些市场竞争可能已经十分激烈,进入不易,企业也要慎重考虑是否参加该地举办的展览。

关于市场容量的判断,可以通过分析目标市场所在地的统计指标来了解其大致情况,如当地的国内生产总值(GDP)、国民收入、人均国民收入、人口数、支出结构等。

当然有些市场的判断比较简单。比如,生产空调的企业,不会把四季如春的地区作为自己的目标市场的;而对生产羽绒服的企业而言,热带地区是没有市场价值的。

3. 市场利润率

进入目标市场的最终目的是为了获取利润。即使某市场可以进入,市场容量比较大,企业也还需要了解竞争态势,以便知道与谁竞争、竞争者的优势及弱势、市场占有率、价格等。企业还需要分析运输因素,包括产品运往目的地的运输路线、方式、价格和时间,然后计算利润水平。利润率太低的地区是不宜作为企业目标市场的。

综合分析以上三个因素后,企业就可以作出是否把某市场作为目标市场的决策,然后决定采取何种营销组合策略。

因此,参展决策的过程大致是:首先,确定目标市场。根据市场条件、企业的特点和发展需要,企业选择重点开拓或挖掘的市场。目标市场可以是国内某地区,也可以是其他国家。然后,确定营销方式,也就是确定开拓该目标市场的营销组合策略,包括是否参展。

参展作为一种营销方式,企业在选择时应考虑哪些因素?

三、具体展览的选择

企业在确定目标市场,决定把参展作为营销组合的一种方式后,就面临着参加目标市场所在地的哪一个展览的问题。一般地,企业在选择具体展览时,主要综合考虑以下七个因素,即展会的性质、展会的内容、知名度、目标受众、展场情况、展会举办时间和费用。

1. 展会的性质(目的)

如前所述,根据性质来划分,展会可分为贸易展、消费展和综合展。贸易展是为工商企业举办的展览,展览的主要目的是交流信息、洽谈贸易,这类展览观众主要是工商界人士。消费展是为公众举办的展览,展出的基本上是消费品,目的主要是直接销售,这类展览对公众开放,观众主要是普通消费者。兼有贸易和消费性质的展览是综合展。通常经济不发达国家,由于受经济水平和展览业发展水平的限制,展会的专业性不强,许多展会是综合展;而经济发达国家,展会的贸易和消费性质分得非常清楚。参展企业应结合自身需要进行选择。

2. 展会的内容

现代展览业的一大特点是日趋专业化,有关某一产品的展览会其具体内容可能有许多。例如,有关计算机的展览,其具体的展出内容可能是计算机技术,可能是计算机工艺,可能是信息技术,可能是大型系统,可能是网络,可能是个人电脑,还可能是应用软件,甚至可能是防毒软件。参展企业事先一定要了解清楚,以免"误入歧途"。

3. 知名度

不同展会的知名度是不一样的,有的是该行业展会的"龙头老大",买卖双方都愿意参加,如芝加哥工具展、米兰时装展、汉诺威工业博览会、广州全国出口商品交易会等。显然展会的知名度愈高,吸引的参展商和采购商愈多,商机就愈多,效果也就愈好。当然,名气大的展会收费往往比较高。中小企业如想参加此类展会可合租展位,这样既可节省费用,参展效果还可能好于单独参加那些不知名的小展。

有的展会是该行业的"新面孔"。对一个新举办的展会,参展企业要了解主办者是谁,承办单位、支持单位是哪些,要确认其办展资格、信誉,在行业中的号召力和影响力如何,再决定是否参展。

展会有优质名牌和假冒伪劣之分,为使企业的合法权益免受侵害,企业须认真甄别主办单位的资格、信誉、知名度,了解过去的业绩如何,组展者是怎样推广展会的,组展者能否提供过去参展商的联系方法,组展者对参展商提供哪些服务?看其是否工商证照齐全、是否有批文、经济实力如何、办公设施如何等;再次,还要通过调查展览会的档次、专业、规模和广告宣传投入力度等,来评估展览会的质量。

4. 目标受众

参展主要是为了拓展销路和开拓市场,如果观众少、质量不高,参展商就不会取得预期的效果。因此参展成功与否,在很大程度上取决于观众的数量和质量。展会上可能人头攒动,展台前可能是熙熙攘攘,但如果很多是来领小礼品或仅仅是来看看凑凑热闹,这些人并不是参展商的目标观众。参展商需要的是现实和潜在的目标客户,只有这样的观众才能给展会带来"票房"价值。

知名度较高的展会,在组织目标观众上运作得比较成功。组展者根据展会的主题,邀请相应参展商和目标观众。例如,香港贸发局建立了世界一流厂商资料库,根据行业将厂商分类,举办展览前,给相关厂商发出邀请,给应邀厂商寄送磁卡,应邀厂商凭卡入场,这样就将无关人员挡在了展会门外。

5. 展馆的情况

展馆由组展者选定,组展者应为参展商选择一个交通便捷、舒适安全、能提供高效服务的展馆。有些参展商对展馆有特殊要求,因此有必要了解展馆情况,如位置、空间、设备等。

(1) 展馆所在的城市及具体位置。参展目的之一是为了向展会所在地推销产品,因此要研究展会主办地及周边是否是自己的目标市场。必要时,可先进行市场调查。展馆的具体位置事关交通是否便捷和对观众的吸引力。人气旺的展馆,吸引的参展商多;人气不旺的展馆,吸引的参展商少。目标观众距展览场地越近、参观越方便,观众就愈多,参展效果也就越好。

(2) 展馆设备、设施。对一些有特殊要求的参展商而言,需要了解展馆结构。例如,展馆是否有柱子和其他障碍物,楼梯间、出入口、天花板高度、光线强度、地面承重等各方面的参数,煤气、空调、冷热水、蒸汽、排水、供电也必须了解清楚。大部分会展中心都有详细的资料供参考。

6. 展会举办的时间

展会举办时间的不同,参展效果也有所不同。首先要考虑是否在订货季节举办。一些产品有特定的订货季节,也就是订货高峰,参加在订货季节举办的展会成交的可能性就大些。例如在冬季到来前,参加羽绒制品的展销会就比较合适。此外,企业还要考虑自己的时间安排是否方便。

7. 展费

企业需要了解参展的费用。参展费用包括:展位费、展位装饰装修费、展品运输费、交通费、食宿费、设备租赁费、广告宣传费、资料印刷费、礼品制作费、会议室租赁费等。做参展费用预算时,还要加上预算的 10%,作为不可预见费用的支出。

通过对以上因素的综合考虑,企业就可以得出是否参加某具体展览的决策。如果作出参加某展会的决策后,下面就要进行参展前的准备工作了。

第二节 参展前的准备

企业一旦决定要参加某个展览,就要开始积极准备。参展的准备时间较长,工作内容也较多。因此,制定一个周密的参展计划对备展工作有序开展十分必要。

一、参展目标的确定和参展准备的原则

1. 参展目标

企业主要有以下参展目标：树立、维护、改善和提高企业的形象；进行市场调研,开发新市场,寻找新代理商、批零商或合资伙伴,了解客户对新产品或服务的反应和意见；贸易成交等。

德国展览协会将参展目标归纳为：基本目标,产品目标,价格目标,交流目标和销售目标五类。

（1）基本目标：了解新市场,寻找进出口机会,了解竞争情况,了解行业的状况和发展趋势,寻求合作机会,向市场介绍本企业和产品。

（2）交流目标：建立个人关系,提升企业形象,了解客户需要,收集市场信息,加强与新闻媒体的关系,接触新客户,了解客户情况,扩大现有客户的业务量,训练职员调研及推销的技术。

（3）价格目标：试探新产品定价是否合适。

（4）销售目标：扩大销售网,寻找新代理,增加销售量。

（5）产品目标：推出新产品,介绍新发明,了解新产品推销的成果,了解市场对系列产品的反应。

制定和明确参展目标是参展准备工作的核心,展中及展后工作也应紧紧围绕参展目标开展。企业可能有几种参展目的,在参展之前需要明确主要目标,以便有重点地开展工作。参展的最终目标是实现销售企业产品的目的,主要目标是建立与新客户联系,这一点是备展人员须臾不能忘记的。

2. 备展的原则

参展目标是安排备展工作的出发点,备展必须为实现参展目标服务。备展工作应首先考虑参展的营销、宣传等主要目的。一些企业在备展时,首先想到的是展台设计、展品选择或道具准备,这是不适当的。

备展安排要全面周到。备展工作较多,遗漏、疏忽某一事项、某一环节都可能会影响参展效果,甚至可能会导致负面影响。为使备展工作全面、有条理地进行,需要对备展工作进行全面、深入、细致的讨论,将所有工作和事项分门别类地列明。

根据轻重缓急安排备展工作。备展包括许多工作,但每项工作的重要程度和紧急程度是有所不同的,企业应根据每次工作的轻重缓急来合理分配和使用人财物等资源。

制定周密具体的备展工作计划。为此，应根据实际情况将准备工作分为若干具体工作，每项工作再制定具体的细项工作内容和实施办法，明确每个细项工作的责任人和完成日期；在落实过程中，备展负责人（项目经理）要定期检查工作进度和质量，及时发现并解决问题，以保证整个备展工作有序进行。

二、参展时间计划和参展预算

1. 参展时间计划

备展工作提前期较长。一些专家认为，备展开始时间最好在展览会开幕前一年以上，至少在半年前。如果距展览会开幕不到半年，匆忙准备，容易出现差错导致参展效果不佳，还不如放弃参展；此外备展及参展人员要保持连续性，中途不要随意更换备展人员，备展人员最好就是参展人员。备展工作环节多、头绪复杂，即使有完整的记录可以用于工作交接，但是与有关人员建立的人际关系却是无法办理交接的，因此在备展中一般不要轻易换人。

2. 费用预算

参展者应制定详细的费用预算。参展费用包括展位费、展台设计搭建费、展品运输费、差旅费（飞机票、火车票、长途汽车费、市内交通费、食宿费）、设备物品租赁费、广告宣传费、资料印制费、礼品制作费、会议室租赁费等。编制参展预算时，一般还要加上总费用的10%，作为不可预见费用的支出。制定出参展预算后，备展人员要严格执行预算，防止突破。

三、报展

选择参加某展会后，与组展者取得联系，对方会传真或邮寄有关参展文件（也可以直接登录主办单位网站，下载有关参展文件），这些文件通常包括：展览会介绍、参展申请表格、参展费用及相关服务、展馆展位图、参展商手册等。其中，参展商手册包括：展会日程安排、登记程序、参展商资料、展览说明、运输服务、住房信息、广告促销信息等内容。企业填好参展申请表格，寄到（或传真给）组展者处，经组展者确认后，再将全部或部分展位费作为订金汇给组展者，企业的展位便得到确定。

1. 参展申请

填写申请表时，要注意准确、完整，如需要的展台面积、联系人、电话、传真、电子邮箱、单位全称，申请表还需要单位盖章确认。如第六届中国国际高新技术成果交易会成果交易展区展位申请表表样，如表5-1所示。

表 5-1 第六届中国国际高新技术成果交易会成果交易展区展位申请表表样

中国国际高新技术成果交易会组委会办公室：
我省(自治区/市/高校)将组团参加第六届中国国际高新技术成果交易会。现预订展位面积　　平方米,或标准展位　　个(3×3平方米/个)。 　　牵头单位名称： 　　联　系　人： 　　电　　　话： 　　传　　　真： 　　电 子 邮 箱： 　　　　　　　　　　　　　　　　　　　(单位盖章) 　　　　　　　　　　　　　　　　　　　　年　月　日

2. 展台位置的确定

展台位置由主办者规划,可以按照展品所属的行业,或者参展商所属的国别或地区来安排展台的位置。位置的不同展位费可能有所区别。组展者提供的展位图上标出了哪些位置可供选择。越早将参展申请表格递交给组展者,就越容易得到好的位置。

3. 标准展台和特装展台

当前,国内除某些大型商品订货会的展位面积比较小外,标准展位面积大多为 9 平方米(3×3 平方米),也有一些是 6 平方米(2×3 平方米)。组展者负责标准展台的搭建,并提供展示所需的基本设施,包括：三面展墙、展架、两支固定在展墙上的射灯、一张展桌、两把椅子、地毯、220 V 5 A三相电源插座一个,以及楣板(用于刻写参展单位的名称)。展位中有一个特殊的位置——位于每行展位的顶端,是最多只有两面展墙的展位,它有两个边,甚至 3 个边可以面对观众行走的通道,能接触到更多观众。企业越早申请参展,就越有可能获得该展位。

展览净地是供特装用的,不同的展会其展览净地的起租面积有所不同,有的 9 平方米起租,有的 36 平方米起租。租用净地企业可以根据自己的产品特色、CIS(企业识别系统)、展中的活动安排,进行别出心裁的特装。

4. 明确所需服务

明确是否需要给排水、供电、供气(煤气/天然气)、供汽(蒸汽)、电话、电脑、传真、打印机、视听器材、家具、盆景、展位清洁服务等。组展者提供的简单家具有时不够用,组展者、展览场馆,以及其他展览服务公司,可以提供桌椅、柜子、沙发等家具的临时租用服务。如需租用,最好提前申请,以避免额外的加急费用。

四、展品、参展资料的准备及展品运输

1. 展品的选择

展品很大程度上决定参展者能否给观众留下深刻印象。一份有关观众回忆某参展商原因的调查显示，39%的被调查者是因为展品有吸引力而记住该参展商的。

选择展品有三条原则，即针对性、代表性和独特性。针对性是指展品要符合企业参展目的，与展会的性质和内容相一致；代表性是指展品要能体现参展商的技术水平、生产能力；独特性是指展品要有独到之处，以与其他参展产品相区别。

2. 宣传资料的准备

宣传资料主要用于在展会前向目标观众和新闻媒体寄发，以及展会期间在展台上散发。展会期间，观众对企业产生比较粗的感性认识，一般不在展会现场达成交易，许多交易都是在展会后达成的，宣传资料是展后采购商进一步加深对企业印象的重要载体。如果有可能，准备一些设计精美的纪念品，这更能加深印象，保持更长时间的宣传效果。

参展前要准备好足够的宣传资料，包括名片、产品介绍、企业介绍、产品价格清单等。要根据不同的参展主题、参展目的编写不同的宣传资料，宣传资料力求文字简练、图案新颖、设计精美、印制美观。

（1）充分利用组展者的资料。准备编印宣传材料前，参展商可先了解组展者将编印哪些资料，以避免重复，并充分利用组展者的宣传资料为自己服务。

对参展商而言，展览会资料中最重要的可能是展览会会刊。不少专业观众都会购买会刊，可以作为参观指南，很多观众习惯先查阅目录再决定参观路线和参观的展台；会刊可作为备查资料，展会后可长期保存。如果有足够宣传经费，在会刊上刊登广告，则效果更好。当然，面向广大消费者的消费展会刊价值并不大，如果免费刊登，参展商可以利用，否则没有必要刊登。

参展者可以利用的展会资料还有展览会海报、观众手册、航邮手册、张贴、展览会明信片、不干胶标志、展场地图、入场券等。航邮手册与观众手册内容、尺寸相同，使用轻、薄纸印刷，适宜邮寄。这些资料很多有空白处，参展者可以在这些宣传资料上印上企业的商标、名称、展馆号、展台号、电话号码等，寄给自己的客户。

（2）参展商自己编印资料。参展商需要编印一些自己的宣传资料，包括企业介绍、产品目录、产品介绍、价格单等。企业介绍、产品目录、价格单等可利用企业现有的资料，也可专门编印。

参展商可以编制内容包括本企业情况的小册子，介绍展会当地的交通、旅游、

食宿、风俗等资料,免费派发给观众。由于相当一部分观众远道而来,参观之余可能想到展会当地和周边四处走走,这本小册子正好能帮上大忙,这将使观众对印制和派发这本小册子的参展者产生好感。

资料编印环节多、周期长,因此要制定资料编印计划。首先要确定资料种类、内容、数量、纸张质量、色彩、尺寸;其次统一风格;最后是确定工作日程,包括:收集材料、编写、修改、审核、文字图片定稿、翻译、编排、制版、校对、印刷、装订。计划时间要留有余地,计划日程要严格执行。

3. 展品运输

组展者会在"参展细则"里提供展品运输负责人的姓名和收货地址,参展商可以按此将展品提前运到展览所在地。也可以委托运输代理,运输代理可提供门到门的运输服务。

展品运输可分为国内展运输和国外展运输,国内展运输包括本地运输、短途运输和长途运输。长途参展有两种情况:异地参加一次性展览和巡回展。本地和短途参展运输比较简单,长途参展运输比较复杂。

参加异地一次性展览涉及长途运输,可采用铁路、公路、空运和联运。铁路货运一般采用集装箱运输,根据展品不同,一般采用1吨、6吨、10吨、20吨箱。1吨、6吨箱适合运送单体重的展品;10吨、20吨箱适合整体展位的分解运输,这一类运输所占的比重最大。铁路运输的好处是一般都可以将集装箱运到展馆指定的存放地,省掉了转运的麻烦;缺点是费用较高、周期较长,前期准备工作要充分。一般地,由于参展商参展次数有限,对整体流程的把握不是很到位,容易造成运输不能按时到达情况。随着高速公路的普及,公路运输显示出越来越强劲的良好势头,运输时间大大缩短,灵活性大大增强,但也有以下问题:一是路况的好坏与展品的损坏有直接关系;二是意外情况发生的几率大大高于铁路运输。公路货运对包装的要求大大高于铁路。

巡回展由于要转战各地,能否按时保质地运到是最关键的,运费倒成为次要的问题了。一般为保险起见,可能要通过不同的途径向同一地点发送两套展品。

五、展台设计

展台设计要美观,以吸引观众的眼球。不仅特装展位可以进行展台设计,标准展位也可以做精心布置和装饰。展台要突出参展商的鲜明形象,吸引观众的注意力,为工作人员提供良好的工作环境。展台设计在注重视觉冲击力的同时,还要注意以下五点。

(1)展台设计要与整体的贸易氛围相协调。在展台设计时,要考虑展示产品、洽谈、咨询、休息等基本功能。展台设计既要强调个性，又要创造一个便于沟通交流的氛围；既能让人有"别有洞天"之感，又能让人有宾至如归之感。展台设计还应有助于增强工作人员谈话的说服力，使观众的瞬间好感在有限的时空内能够得到证实和加强，为展会后的联系打下基础。特装修的展位，还不要忽略了贮藏室的设计和搭建，贮藏室可以放置礼品、文件和工作人员的衣物等。

(2) 展台设计是为了衬托展品，不可喧宾夺主，让绿叶淹没了红花。

(3) 展台设计要考虑参展商的公众形象。这要求展位布置要新颖别致、富有创意，但不可过于标新立异。

(4) 展台设计还要与参展者计划举办的其他活动配套。越来越多的大企业把展台作为开展公关活动的舞台，如举办表演等。这对展台设计提出了新的要求。

(5) 展台设计要经济。在保证效果的同时，展台设计还要算好经济账，尽可能使用新型的、可重复使用的材料。少花钱、多办事，这需要展台设计和搭建人员的想象力、创造性和灵活性。

六、观众邀请

参展者总是希望自己的展台前观众多一点，但有时事与愿违，出现门庭冷落的情况。为此，参展者不能被动地等客户来参观，可采取寄发邀请函、登门拜访、通过媒体做广告、直邮广告、电话邀请、现场宣传、派发资料等手段，在展前和展中有意识地请一些目标观众来。以前，很多观众是到了现场才临时决定参观哪些展位，因此布置新颖的展位确实能吸引他们注意。现在，越来越多的观众在参观前就确定打算要参观的展位，如不事先做工作，观众也许就不会参观其他展位。据调查，观众参观那些曾经在展前寄给他邀请函的参展商比参观其他未寄邀请书的展位可能性大4倍，可见展前宣传是十分有效地吸引人参观的手段。

除预定会刊、展会目录广告、机场广告/户外广告外，参展者还可预定组展者和展馆提供的室内、室外的场地广告(如条幅、横幅、旗帜、气球)进行宣传。

七、参展人员

人是备展工作的第一要素，是参展能否成功的关键性因素。只有选择适当的备展人员和参展人员，才有可能把展览的各项工作做好，参展才有可能成功。与参展人员有关的工作，包括确定人员组成和分工、参展人员的选择、培训和管理。

1. 人员组成和分工

参展活动与企业的营销、技术等部门有关，为保证备展工作有序进行，需要建立一个协调相关部门人员的组织机构,通常成立一个项目小组,负责人为项目经理。

根据参与的工作不同,与展览工作有关的人员可以分为两类:一类是备展人员,负责报展、参展合同签订、展台设计和施工、展品和资料准备、客户邀请、展品运输等工作;另一类是展中工作人员(或称为参展人员、前台人员),负责在展中接待观众、介绍产品、记录情况、洽谈贸易、签订销售合同等工作,人员可包括:高级管理人员、营销经理、技术部经理、推销员、产品开发人员、翻译、讲解员等。较大规模的参展商,尤其是组团参展商可以配备两班人马:一是筹备组,二是展出组。对于规模不大的参展商,为便于协调工作,备展人员和参展人员最好一致或基本一致,负责人最好是企业的高级管理人员或是某部门的经理。

项目经理和备展人员需要保持与有关各方联系,以便共同努力,协调完成备展工作。特别是要与主管领导保持联系,重大事项要经领导同意。

2. 参展人员的选择

选用合适的参展人员,可获得较好的参展效果。参展人员应具备以下基本条件:自信、适应能力强,性格外向、乐于与人交往,身体健康、愿意出差,最好有参展经历。此外,参展人员应做到:

(1) 精通业务知识。展台人员要掌握企业概况(历史、现状及未来发展趋势)、产品、客户需求、市场、竞争等知识。最好对企业的产品和技术有较深入的了解。特别需要强调的是,展台人员要熟知展品知识,能够回答有关展品的任何问题。万一对某些问题答案不清楚,应知道从何处可获得答案。如果要进行展品演示,参展人员还应熟练掌握如何演示,防止出现差错。

(2) 工作积极。展台工作的特点是在小空间和短时间内接待大量观众,工作量大。展台人员应坚守岗位,在展中展台不能无人照管,也不能让他人代看展台。无人看守可能丧失商机,而由他人接待可能把潜在客户推给竞争对手。观众少时,展台人员也不要松懈,要保持良好的精神状态,因为一些重要客户可能会在这个时候参观。

(3) 优雅的举止言行。参展企业的良好形象,很大程度上是通过展台人员恰当的行为举止来表现。展台人员必须保持良好的精神状态,随时准备接待观众。展台人员不随意聊天,展台上禁止饮食、抽烟,禁止阅读报刊。

3. 参展人员的培训

参展人员的言行,代表和反映着企业形象和企业文化。为了保证良好的展出效果,在选出参展人员后,根据需要对他们进行必要的培训,使之成为高素质、高效率、重服务的一流参展团队。对参展人员培训的内容可包括仪容仪态、礼貌用语、专业知识等,通过培训使展台人员了解展出目的、掌握展台工作技巧、树立和培养团队意识。

展台人员的培训应当列入参展工作计划。如果条件允许,可安排比较正规的培训。培训应尽可能规范,越规范越显示组织者的重视,培训效果也就越好。培训工作可以在选定展台人员后即着手进行。比较正规的培训形式包括筹备会或培训班,时间可以是半天至两天。培训要尽量使用教学辅助工具,如投影仪、讲义等,也可以模拟展台背景进行培训。若有主要负责人参加展览,最好也参加培训。培训内容要系统,培训材料要编印成册。

(1) 情况介绍。包括人员、备展、参展情况的介绍。情况介绍的目的是使展台人员了解参展背景、参展目的、展览会和展位情况。展览会情况包括:名称、地点、展出日期、开馆时间、场地平面、展馆位置、出入口、办公室、餐厅、厕所位置等;展台情况包括:展台位置和序号、活动介绍,如记者招待会、开幕式、馆日活动、贵宾接待等活动。

(2) 产品知识和市场情况。展台人员必须熟悉所有展品的知识,包括规格、功能、性能、使用方法等。

展台人员掌握产品知识是为了促进销售。如果对产品不熟悉,展台人员不仅不能全面介绍产品,还可能会给观众留下展出公司档次不高的感觉。如果必要,还应掌握操作示范技巧。有些产品复杂,展台人员必须熟悉说明资料,能迅速找到答案。

市场情况,包括渠道、营销制度和价格、竞争者情况等。

(3) 人员分工。展台工作包括:观众接待、贸易洽谈、资料散发等,要进行合理的分工,提出要求和标准;要明确工作时间、轮班安排、每日展台会议时间、记录管理等。

(4) 接待技巧和工作态度。展台工作与其他环境下的工作有所不同,即使是有经验的推销人员也应接受展台接待技巧和礼仪的培训。另外,还要对展台人员就工作态度、协作精神和团队意识进行教育。

4. 人员的管理

人员管理既要讲究科学性,也要注意艺术性。科学管理方法包括:明确分工、监督、协调、事后评价。分工要落实到人,要明确每个人的责权利。在工作中要监控工作人员的态度、工作质量和进度等,促使当事人努力工作。协调是处理人员工作关系的重要手段,会议是协调工作的一种重要方式,要定期召开检查、监督会。评价是在工作告一段落时,对人员及其工作进行总结和评价。

管理的艺术性主要指综合运用鼓励、表扬、奖赏、批评和处罚等方式,注意做思想工作。由于参展工作的临时性,管理人员多倾向运用奖励,而尽可能少地使用处罚的方式,通过鼓励、表扬激励参展人员的积极性和主动性。

5. 参展礼仪

20世纪40年代,在法国巴黎举办的一次展览会上,参展礼仪开始受到重视。20世纪70年代,参展礼仪逐步走向专业化、正规化。特别是近年随着我国展览业的发展,参展企业对展览礼仪越来越重视。

1996年,国际汽车展在北京中国国际展览中心举办,世界名车云集,盛况空前,展会取得了极大的成功。在成功的背后,参展商的礼仪企划功不可没。奔驰、宝马、本田、三菱等名车不仅在展台设计上下了工夫,在礼仪策划方面也下了工夫。当观众走进展馆,本田小姐嗓音清澈的解说,让人赞叹不已;福特小姐的现场表演,让人流连忘返,这些礼仪小姐与汽车的品牌、车型、风格、特点巧妙融合、相得益彰。伴随汽车展的轰动效应,展览礼仪更加受到人们的重视。

2003年,在中国国际展览中心的一次国际制冷展上,美国"TRAE"公司取得了极大成功,观众为"TRAE"独特的展示设计所吸引。在亮丽的背景幕布上,悬挂着一张巨幅风景画,象征着"TRAE"公司为改善人们的生存环境而奋斗的目标。在展台上,两位美丽动人的小姐带着微笑和来宾合影,一位专业摄影师用一次成像的相机把这一幕变成永恒。短短几天,大约4 000人得到了自己与"TRAE"小姐合影的照片。"TRAE"公司成功的展览礼仪企划,一时被传为佳话。

礼仪可以请专业的礼仪公司策划,它们可以为参展商提供完美的参展活动设计方案,包括硬件的展位、展台布置,以及与之配合的各种声、光、电效果;软件的宣传促销活动、展览礼仪模特的培训及包装等。作为参展人员,需要有一个好的个人包装,因为除了产品外,参展人员也在被展览。参展人员的一举手一投足、衣着打扮、风度仪态都会在短短3至5秒钟之内给观众留下好的,或者坏的第一印象。

参展人员须注意以下一些礼仪。

(1) 着装。参展人员是企业形象的代言人,其着装事关参展企业的品位和形象,也体现了对观众的尊重。适当的着装可将参展人员与观众、其他参展人员区别开来。通常情况下,除日用品、食品的展销活动,娱乐性展示活动和产品促销活动外,参展人员要穿正式服装。当然,现在越来越多的企业为其员工订制统一风格和色调的制服,以塑造企业的形象。正式服装如果能配合展台和企业标识颜色,其效果会不同凡响。

(2) 平易近人,热情好客。参展人员的体态语言,会给观众留下"欢迎光临",还是"滚开"的第一印象。微笑及外向型的体态语言,可传达友好和易于接近的信息。微笑要真诚,勉强的笑容会弄巧成拙;双手抱胸或插着衣袋,则是不尊重他人的姿势。参展人员要随时准备邀请来往观众来参观自己的展位。

观众都希望自己是受欢迎的。简单的一句"请进来看看我们的新产品吧"足以让观众感受到足够的重视,走进展位参观。但一些参展人员却喜欢在展位里与其他同事闲聊,或坐在展位里看小说、吃东西,甚至打瞌睡,这无异于对来往的观众说:"走开!我忙着呢!"

(3)专业。参展人员的举止应表现出足够的专业性,这决定其能否在片言只语之间就能取得来访者的尊重和敬佩。能够获得观众对参展人员的敬佩,会为以后的交往打下基础。此外,参展人员在展会里对观众的态度,很大程度上预示着参展人员日后在生意往来中对顾客的态度,因此应真诚表示关心来访客商的需要,这会让他们对日后的合作充满信心。对竞争对手不要蓄意贬低,对每一个走进展位的人都要同样地尊重,不能以貌取人。

八、报到和布展

参展人员报到时,组展者会提供参展工作证,一般一个标准展位提供2—3个工作证。工作证也是通行证,在整个布展、展中和撤展期间有效。组展者视展位面积的多少分配给每个参展者一定数量的入场券和/或开幕式请柬,参展者可以列出名单,将入场券和名片一起寄给嘉宾,邀请他们前来参观。

如果参展人员对展览所在城市不熟悉,可以在组展者推荐的饭店住宿。组展者推荐的住所通常距离展馆较近,来往展馆交通方便,并且价格适中。

组展者通常会给布展留出足够的时间,并且可以在正常工作时间之外申请加班施工。

第三节 展中工作

一、接待观众

接待观众是展中要做的第一项工作。如图5-1所示,根据观众的性质,可将观众分为目标客户和普通观众;根据目标客户的新老,可将目标客户分为现有客户和潜在客户。另外,根据客户的重要程度,可将客户分为重要客户和普通客户;根据是否预约,可将客户分为预约客户和非预约客户。显然,不同的观众接待的方式也有所区别。

普通观众一般没有商业价值，与实现参展目标没有直接的关系，因此不要耗费太多时间和精力接待他们，但注意要有礼貌，对其询问可以简略地解答，并尽快结束交谈。

图 5-1 参观观众分类图

要接待好老客户，以保持、巩固良好的业务和人际关系。如果老客户无业务洽谈，注意不要因为他们而耽误接触新客户。

接待潜在客户是展览会的优势和价值所在，也是展台最重要工作之一。展台人员要能从观众中发现新客户，并努力与之建立起联系。

重要客户，不论是现有的还是潜在的，事先可以列出名单，并告知展台人员。如果发现重要客户前来参观，要予以特别的接待，如展台经理亲自接待。

在展前，参展人员可以与目标客户预约会见时间，并尽可能将预约时间安排在观众少的时候，这样一方面会谈时干扰少，另一方面也避免由于接待该目标客户而影响接待其他非预约客户。

参展人员禁宜

在展中，参展人员不要坐着。坐在展位上，给观众的感觉是你不想被人打扰，这样一些观众可能不会过来参观。

不要看书。如果参展人员在看报纸或杂志，观众也可能不进入展位"打扰"他。

不要在展位上吃东西。

不要怠慢观众。谁都不愿意被怠慢。如果有人过来时参展人员正忙，不妨先打个招呼或让他加入你们的交谈。如果参展人员之间在谈话，应马上停下来。

不要随便打电话。每多用一分钟打电话，就可能会与观众少谈一分钟。即使展会上业务进展缓慢，哪怕找到一个好的潜在观众也是成功。在参展人员打电话时，可能会和潜在观众失之交臂。

不要挡在展位前。有时参展人员可能想站在过道旁向路过的观众打招呼,但不要站在挡路或遮挡观众视线的地方,要靠边站在过道旁。

不要聚群。如果参展人员与两个或更多参展人员或其他非潜在观众一起谈论,观众会避开他们。

不要与其他展位的人交谈。

不要以貌取人。展览会上唯一要注重仪表的是参展人员,观众都会按自己的意愿尽量穿着随便些,牛仔裤、运动衫,什么都有。所以,不要因为观众穿着随意就低眼看人。

要满腔热情。要热情地宣传自己的企业和产品。在观众眼里,参展人员代表着他的企业,参展人员的言行举止会对观众认识其企业产生影响。

记住潜在观众的名字。人们都喜欢别人喊自己的名字。努力记住潜在观众的名字,在谈话中不时提到,会让他感到自己很重要。

佩戴好名牌。参展人员宜把名牌戴在身体的右侧,靠近脸的地方。因为用右手与人握手时,参展人员的右肩会前倾,而左臂就会移向一侧,这时戴在右边的名牌靠对方近些。

吸引观众的小技巧

(1) 准备一些可以一分为二的礼品,把其中之一在展前先随邀请函寄给想邀请的买家,他们必须到展位上才能凑成完整的一份礼品。事实证明,这种办法确能有效提高参展商对某个展位的访问率。在美国,有家企业在展览前制作了一大批印有自己企业名字的用于装爆米花的纸袋,随邀请函一起提前寄给该企业的新、老客户,说明凭此邀请函可以免费进入该展会参观,而凭纸袋可以在该企业展位上获赠免费的爆米花。这一方法使该企业成为那次展会中观众最多的展位,有效地提高了该企业的知名度。

(2) 现在有很多展览的入场证是用挂绳挂在使用者的脖子上,一些参展商十分巧妙地在这方面做文章,制作印有自己企业标志和名称的挂绳于现场免费派发给观众,由于这些挂绳通常都制作精美,所以大部分观众得到这些挂绳后都很乐意挂在自己的入场证上。观众佩带着这些醒目的挂绳在场内走动,等于许多流动的广告牌在免费为该企业做宣传。

二、资料的散发

展台资料包括：企业介绍、产品目录、产品和服务说明、价格单、展台人员名片等。展台资料要散发得当，才能有效地发挥宣传、推销作用。

资料的散发要注意控制数量、区别对象。要有针对性、分层次地向观众散发资料，不要见人就发资料。资料可分为两类：一类成本较低，可以散发给每个观众，如单页和折页资料；一类是提供给目标客户的成套的、成本高的资料，这类资料一般不宜随便给普通观众。

供散发的资料应放在观众便于拿取的位置，不要摆放太整齐（如对称放置或摆放成几何图案），以免观众误认为是展示品而不拿取。可以使用资料架(台)，但要注意摆放位置，不要影响正常的展台工作，也不要影响观众行走。

资料不宜大量堆放在展台上，可以由展台人员直接均匀散发或少量放置在展台上，及时添加，以免滥发造成浪费，特别是成本较高的资料。美国有个统计，50％的观众无明确目的或目的不明却到处拿资料，这些资料最终扔在饭桌上、汽车坐椅中和废纸篓里。

资料要保证在整个展览期间供应正常。有两种情况需要避免：一种情况是展览结束时，还剩余许多专门印制的、无法在其他场合使用的资料；另一种情况是展览还未结束，资料已散发完。

三、展品演示

很多情况下，展品本身并不能说明全部情况、显示全部特征，需要利用图表、资料、照片、模型、道具、模特或人员讲解，借助装饰、布景、照明、视听设备等手段，加以说明、强调和渲染。事实证明，鲜艳的包装、精巧的布置、声光电结合运用，加上现场展品演示等活动，将使企业的知名度迅速扩大，实现理想的展示效果。

展品如果是机械或仪器，要考虑安排现场示范，甚至让观众亲自动手操作；如果是食品饮料，要考虑让观众现场品尝，并准备小包装免费派发；如果是服装或背包，可安排模特展示，或安排专场表演。这些都能引起观众的兴趣，增加他们的购买欲望。

展会为企业提供了展示新产品和新技术的"舞台"，参展人员可以当场教客户试用产品。展览会是参展商为潜在客户测试产品的好地方，但要注意，事先应对演示的展品作认真的试验，以防止出现差错。

四、洽谈交流

如果接待的是目标客户，接下来就要进行业务洽谈。

洽谈工作的重要内容应是向目标客户介绍企业的产品，特别是新产品，在目标客户头脑中建立和保持企业良好的形象。有效的说服会使潜在客户对参展企业产生信任，对展出的产品产生兴趣，会使现有客户对新产品产生兴趣和购买意向。然后，就要积极争取与目标客户签订合同。

在展会中，对新客户的大宗买卖或合作项目，即使报价条件再好也要慎重，不宜当场签订正式合同，或者仅仅签订草约。在展览会上不可有"趁热打铁"的想法，展览会中与新客户主要是建立关系，会后还需要做细致的调研工作。

五、展台记录

1. 记录的重要性

展台记录是展台日常工作之一，主要记录的是接待和洽谈情况。完整、准确的记录事关参展效果评估和后续工作。不少参展商无法评估参展效果或无法取得理想的参展效果，往往是因为完全没有，或者没有完善的接待洽谈记录。有很多评估数据要靠日常记录提供，如参观展台的观众数量、询问的观众数量、样品索取数量、建立新客户关系的数量、意向成交数量和金额、成交笔数和金额等，因此对展台记录要予以充分的重视。

2. 记录方式

记录方式有多种，常见的有收集名片、使用登记簿、记录表格、电子记录设备等。

收集名片和观众登记簿是两种简便和比较传统的记录方式，缺点是内容少，一般只包括观众的姓名、地址、联系方式及职务，因此不是理想的记录方式。

记录表格是一种常用记录方式，有多种形式。使用最多的是展台人员在接待后填写的表格；另一种表格是对有兴趣，但是来不及或不愿意等候接待的观众填写，这种表格可以装在印有参展企业地址和邮资已付的信封，供观众带走，填好后寄回。记录表格最好是复写式的，一式多份：一份留给当地机构和代理，一份尽快发给总部，一份留在展台用于存档和后续工作。复写式表格的每份要说明去向和用途。如果是单页式表格，可以在一天结束或指定时间将表格中的内容摘要发回总部以便迅速处理。记录表格内容比较丰富，除了观众的姓名、地址、联系方式及职务之外，还有观众的背景、兴趣、要求，展台人员的评判及后续工作的建议，对参展效果评估、参展后续工作有比较大的参考价值。

电子记录是一种先进的记录方式。发达国家和地区的展览会已普遍使用这种方式。在展会前，组展者向目标观众邮寄展会邀请时附一份入场卡（磁卡）申请表，观众填好表格（内容主要是观众名称、地址、行业、规模、参观兴趣等）寄给组展者,组展者便寄一张入场卡给观众,观众也可以在入场前填写表格换取入场卡,观众在展馆入口刷卡入场。在这种展会上,参展商可以免费或交费使用和安装相应的磁卡记录器,观众参观展台时,在仪器上刷卡就可以留下观众的基本情况。

3. 记录要求

展台人员在做记录时,要尽可能准确,尤其是有关潜在客户的情况。准确的记录有助于展后的正确决策和提高展后工作效率。接待、洽谈结束后,要及时完整记录交流洽谈的情况。展台接待和洽谈记录要适时统计。统计结果通报是每天展出会议的内容之一。

六、市场调研

展览会不仅是交流洽谈的场所,也是理想的调研场所。了解行业的发展趋势,收集各种有价值的客户信息是参展的一个重要目的。在展览会上开展调研既节省费用,又节省时间。

在决定参加某个展会后,参展商应明确企业期望得到哪些信息。参展商在展会中应主动搜集所需要的信息,密切与组展者及其他信息提供者的联系,扩大获取信息量,使参展"不虚此行"。

调研工作可委托专业调研公司做。专业调研公司的调研水平高,但产品专业知识可能不是太精,而且,专业调研须花费一些开支。

展会中调研的途径和方式有多种多样。

(1) 以自己的展台为阵地,面向观众做调研,了解观众对产品和服务的意见和建议,询问观众对市场和产品发展走势的看法等。

(2) 参展商可以参观其他展台,尤其是主要竞争对手的展台。收集竞争对手资料,提一些问题,了解竞争对手的展示手段、销售方式、广告方式、新产品、新技术、产品质量、价格、包装、性能等方面的情况。参展前,尽可能搜集有关竞争对手的资料,确保参展人员熟悉这些资料。给参展人员安排任务,让每人去摸清一两个参展竞争对手的情况。要像侦探一样,带个相机和记事本,走遍展会的每个角落,尽可能多地收集信息。

(3) 参加展会期间召开的研讨会。研讨会是一个了解市场和行业发展趋势的好机会,一方面发言人可能会作出推论、预测,另一方面参加者所表现出的兴趣(如人数的多少、提的问题等)也可以作为预测的标准之一。

(4) 阅读有关展会的新闻报道、官方报告等。在展会期间作市场调研,方式、方法要巧妙,并在法律允许的范围内进行。

七、活动的举办

在展会期间，组展者可能还同期举办学术讲座和研讨会，参展者应积极参与组展者安排的各项行业交流活动，通过参与演讲、办专题讲座等形式，大力宣传企业文化，树立企业（产品）品牌形象。

除大会特别邀请的专题讲座外，参展商也可申办讲座，在展会现场举办展品演示说明会，向目标客户赠送纪念品，这是向观众推荐新产品的一种很好的形式。通常，在交纳相应的费用后，组展者提供会议室和基本的会议设施，特殊的会议设施可以租用。

为了吸引观众，参展商还可在展位内举办小型活动，如小型产品讲座、技术讲座、有奖活动、派送小纪念品，甚至轻快的文艺演出。

八、现场销售

向普通观众开放的消费展允许零售，但应遵守相应的管理规定。贸易展通常禁止现场零售，如果参展商违反规定强行零售，组展者可以采取强制措施，甚至封展台。贸易展是做贸易（进出口、批发）的场所，参展商应集中精力捕捉潜在客户和贸易机会。有的情况下，在贸易展的最后一天允许零售。

九、媒体接待

媒体可能会到展位寻找新闻素材。为此，参展商可指定专人负责接待媒体人员，这样可确保企业对外宣传口径保持一致。如果每个参展人员都可以与新闻界交谈，对员工的训练无论如何有素，都不可能统一口径。

十、展台环境和安全

1. 展台环境

对观众而言，展台环境是形象；对展台人员而言，展台是工作场所。展台是参展企业的门面，应当保持展台的整齐、清洁。组展者负责观众通道和其他公共场所的清洁卫生，展位内的清洁通常由参展单位自己负责。

展品、模型、资料图片、声像设备等要放在适当的位置。如果临时被移位应及时挪回原位，如果被弄脏应及时擦干净。展出期间有些观众喜欢摸展品，要及时擦去展品、展架上的污迹。若有空箱等杂物须及时搬走。

展台地面和墙面要保持干净，要随时拣走地上纸片、空杯或其他物品，擦去墙上的脏手印或其他痕迹。展台内不要随便放东西，尤其是可能妨碍人走动的物品。

参展商可以雇佣清扫工或指定展台人员负责展台清洁工作。

2. 展台安全

展会中失窃现象比较普遍,因此安全和保卫也应列为展台工作的一项内容。展台保卫主要有两方面:一是防止展品等被盗;二是防止展台记录及其他秘密资料或情报被非法地窃取或合法地套取。如2004年5月13日,在第四届上海国际珠宝展闭馆时,发生一起钻石失窃案,一枚价值一百多万美元的钻石不翼而飞,同时还丢失四五万元人民币和一部手机。当时正在撤展,工作人员正在整理展览品,现场较为混乱,这时,有四五个人过来谈生意,要看一下珠宝,然后钻石就不见了。

使用封闭式展台是对付小偷的办法之一。如果是体积不大的贵重展品,可使用保险箱或在每天闭馆后及时撤走。展馆多设有晚间保险设施,参展商可以联系使用。非常贵重的展品可考虑雇佣专业警卫,且投保。

展览会是合法和非法地收集情报的地方。竞争对手或工业间谍(往往以用户或信息咨询机构的名义出现)可能会采用各种手段收集信息,尤其是企业秘密。对此,展台人员应保持必要的警惕性,不能只有热情没有头脑,不能为吸引客户而泄漏企业秘密。

由于许多情报是在交谈中被"套"出来的,要明确哪些资料不允许泄露,如正在研制的新产品、市场战略等。可以在培训展台人员时介绍一些必要的技巧,如控制交谈思路、了解对手的意图,以对付套取机密。

十一、撤展

在展览最后一天,观众清场后就可以开始撤展。关于撤展可参看第三章有关内容。

第四节 参展后续工作

参展的后续工作主要包括:展后总结、兑现承诺、对客户的有关情况进行调研、发展和巩固客户关系争取达成交易等。后续工作是展中工作的延续,也是整个参展工作的有机组成部分,参展效果的好坏不仅取决于周密的展前筹备、有序的展中管理,还取决于展览的后续工作。只有参展的各项工作都做好了,才有可能获得很好的参展效果。展后要将新建立联系的客户发展成为实际的客户,参展收效的多少很大程度上取决于后续工作的质量。据美国的两项调查表明,如果在展览会闭幕后继续与新建立关系的客户联系,参展商的销售额可以增加2/3。美国著名展览专家艾伦·可诺派奇博士建议,参展商应考虑将预算的15％到20％用于后续工作,并在备展时就计划后续工作,而不是在展览会闭幕后才考虑这一工作。

后续工作全部落实,并取得成效,可能需要一年时间。为保证后续工作的顺利开展,要明确负责后续工作的部门和人员。一般地,参展人员不负责所有的后续工作,也有可能所有的后续工作都由他人负责。由于后续工作时间比较长,因此可以安排在展后的半年进行抽查,防止后续工作不能全面及时完成。

一、展后总结

有相当的参展人员,在撤展后便"胜利大逃亡",回到单位后把收集到的名片上缴或安排录入电脑,就算完成参展任务了。其实,参展人员还应该就本次参展的各项工作执行情况,进行一次全面总结。参展总结的写法可参照组展总结的一些要求。

二、承诺的处理

很多后续工作是参展人员带回办公室后做,或者将后续工作交有关部门和人员。如果在展台上向客户承诺邮寄资料、样品、报价、回答问题等,要认真履约,及时邮寄有关资料、样品和回答有关问题。

三、展后联系

1. 定期邮寄资料

展会结束后,要考虑定期地向有可能成交的客户邮寄资料,以进一步加深其对企业的印象,促成交易。寄发资料的频率要适当,不能太频繁。也可以利用电话、电子邮件、传真等方式与客户保持联系。

2. 邮寄感谢信

邮寄感谢信有助于加深客户印象,发展与客户关系。如有可能,应向所有参观展台的客户邮寄感谢信。如果客户实在太多,就给重要客户邮寄感谢信。在潜在客户参观展台后,就安排展台人员在当晚邮寄事先准备好的明信片或信函,对其参观展台表示谢意。如果答应提供资料、样品、报价单等,要尽快办理邮寄。如果感谢信或资料在客户回到办公室时已寄到其办公桌上,客户肯定会对参展商的工作效率感到惊奇,并留下深刻印象,这将有助于建立实质性的贸易关系。

3. 拜访

从展览会闭幕到参展人员离开展出地期间,若有条件参展人员可以适当多停留几天,拜访重要的客户。通过参观客户的办公室、生产车间、仓库等,进一步与客户进行交流,对客户进行评价,如果客户值得建立和发展关系,就加强联系。参展人员也可以抓紧时间继续就可能谈成的买卖进行洽谈,争取在离开展出地之前签约,但是对新客户的大买卖宜慎重。

如果客户是潜在的大买主,参展商可以派遣高层专访客户,以体现重视加深关系。

4. 邀请来访

如果潜在客户十分重要,参展商也可以邀请其来访,并考虑提供往返费用。

四、对企业经营战略调整

根据展中所掌握的行业发展趋势,企业应致力于寻找自身存在的差距和不足,尽快重新调整和优化产品结构,必要时调整企业发展战略、目标和任务。

五、参展效果评估

(一) 参展效果评估的意义

参展商经过选展、备展、展中接待和后续等一系列工作,最后要反思,参展的效果到底如何?有没有实现预期的参展目标?今后是不是还要参加类似的展览?这些问题的答案需要通过参展效果评估后才能给出。具体地讲,参展效果评估的意义包括以下三个方面:

首先参展效果评估实际是参展的一次总结。通过评估可以总结归纳宝贵的经验,深入发掘选展、备展、展中接待和后续工作中的各种问题,如展览会的选择是否恰当?展览准备是否充分?展台人员表现是否令人满意?展中工作是否做到位?展览投入是否不足?展览费用是否控制不严?展台设计是否大方别致?通过总结对未来进一步做好参展工作提供有益的指导,进而提高下次参展的效率和效果。

其次参展效果评估主要是评估参展目标的实现程度。在参展前,企业通常都会指定一个参展目标,如签订意向合同额××万美元、与××家新客户建立业务联系等。企业参展主要包括四大目标:其一是市场调研目标;其二是宣传企业目标;其三是实现销售目标;其四是建立与新客户联系、巩固与老客户关系的目标。如果通过参展效果评估,参展商实现了预期的参展目标,则可以说取得比较好的参展效果;否则,参展效果比较差。

再次通过参展效果评估,可以分析企业营销组合策略是否适当。展览是企业开展营销的一种方式。而对有些产品,参展不是一种有效的营销手段,如日用品采用广告方式可能更好。

通过对参展效果进行深入、系统的评估,总结经验和教训,从而提高下次参展的效率和效果。不少参展商对参展效果评估工作重视不够,参展后都不对参展效果进行评估,或者只进行简单的评估,这都是不适当的。

(二) 参展效果评估指标分类

根据考核的内容包括的范围进行分类,参展效果指标可以分为单项工作指标和综合指标。

1. 单项工作指标

单项工作指标是反映参展整个过程中一项工作效果的指标,包括:展台设计评估指标、展品评估指标、展台人员评估指标、宣传工作评估指标、后续工作评估指标等。

(1) 展台设计评估指标。定量的评估指标,有展台设计和施工的成本、展台搭建的效率、展台拆卸的效率等。定性的评估内容,有展台能否表现企业形象、展台是否别具一格和易于识别、展台设计是否获奖等。

(2) 展品的评估指标。包括:展品选择和组合是否合适、展品运输是否顺利按时、观众对展品反映是否良好。通过评估,可以知道哪种展品更受目标客户的关注,哪些展品受到顾客的冷落。受目标客户关注的展品有可能意味着该种产品具有较大的市场潜力,应在以后的展览中予以更多的关注。根据展品评估,提出今后参展增加或减少某种展品的建议等。

(3) 展台人员评估指标。包括:展台人员的工作态度、团队意识、精神面貌、工作效率,展台人员组合安排是否合理,言谈、举止是否合适,展台人员总的工作时间多少,观众有无对展台工作人员的投诉或表扬等。展台人员的工作效率可以通过计算平均每小时展台人员接待的观众数来衡量,如果这个平均数过低,说明展台人员效率低。收集的有关市场和产品信息的数量与质量,也是评估展台人员的一个指标。展览会是收集同行有价值信息的重要场所,也是收集观众对本企业产品和营销中的问题的重要机会,许多企业都要求展台人员收集信息。

(4) 宣传工作的评估。这方面的评估比较困难,因为定性内容比较多,评估比较复杂。定量的评估指标包括:散发资料数、参观本企业展台的观众数、展台记忆率等。另外,可收集新闻媒体的反应,包括:刊载(播放)次数、版面大小(时间长短)、新闻媒体对本企业的评价等。

参观本企业展台的观众数。在展览会上,不少观众是有选择地参观展台的,因此参展商个个八仙过海、各显神通,采取各种措施吸引观众。观众参观企业的展台,即使他没有与展台人员交流,但也起到一个宣传企业的作用。当然这个指标可以再进一步细化。例如,可以细化为:经过企业展台的观众;在展台前停留的观众;进入企业展台,并对展品表示兴趣的观众;向展台工作人员询问有关信息的观众;与展台工作人员进行贸易洽谈的观众数、接待的现有客户数和潜在客户数;等等。其中,潜在客户数最为重要。

企业参展的信息在媒体的曝光情况。企业可以通过各种方式争取利用媒体宣传自己,媒体的宣传面比仅仅以展台为阵地宣传自己的宣传效果好、面又广。

展台记忆率,指参观展台8—10周后仍能记住展台的观众人数占观众总数的比例。展台记忆率与展出效率成正比,展台记忆率愈高,反映展出给观众留下了深刻的印象。记忆率高,说明展台工作做得好;反之,则说明展台工作做得不好。记忆率低的原因,有展台人员与观众之间缺乏直接交流、展出者特色不鲜明等。

参观展台的观众质量可以参照展览会组织者的评估内容和标准,分类统计观众的订货决定权、建议权、影响力、行业、区域等,并按自己的实际情况将观众分为"极具价值"、"很有价值"、"一般价值"和"无价值"四类。

(5) 后续工作的评估。包括:后续工作是否及时,是否有计划、有组织地开展,资料、样品、致谢函等是否及时寄发,是否定期给客户特别是潜在客户寄送有关资料等。

(6) 成本评估。参展成本可分为直接成本和间接成本,直接成本是指直接花费在参展项目上的成本,计算比较容易,但间接成本计算比较困难。通常情况下,对展览成本的评估主要是对直接成本进行评估。关于成本的评估包括:预算制定是否合理;预算执行的情况如何;如果超支或预算不够,其原因何在等。

2. 综合指标

综合指标是反映整个参展工作效果,如销售额、单位投入产出比、利润率等指标。

(1) 销售额指标。销售额包括协议销售额和实际成交额,其中协议销售额是还没有实现的销售额。关于协议销售额作为考核指标,一些展览专家有不同的看法。

(2) 单位投入产出比。这里的投入通常指展览直接成本,根据评估的需要产出可以指展览成交额,也可以是建立联系的新客户数。

单位成本成交额是指展览成交额除以参展直接成本。假如参展直接成本4万元,而展览成交额400万元,则单位成本成交额为1∶100。注意,这里的参展直接成本不包括产品成本,而仅仅是参展成本。

平均每个新客户接待成本。参加贸易展览是投资,展览收益是达成的成交。

但是,由于贸易成交影响因素比较多,用展览支出比展览成交不易计算,而与潜在客户建立关系是展览的直接结果,易于计算。与潜在客户建立关系意味着未来成交,因此,与潜在客户建立关系可以作为衡量展览投资收益的基础。如果展览开支为4万元,在展览会期间接待了400名新客户,其中200名被确认为具有潜力和价值,那么与一个有潜力、有价值的新客户建立关系的平均成本为200元;也就是投入200元,可以与一名具有潜力和价值的新客户建立联系。

(3)利润评估。利润评估不仅要计算销售额,还须考虑产品成本和参展成本。利润可分为待实现利润和实际利润,表示为

$$待实现利润=协议销售额-(参展成本+产品成本)$$
$$实际利润=实际销售额-(参展成本+产品成本)$$

很显然,参展企业更看中实际利润。待实现利润可以作为评估的参考内容,但是不能作为评估的主要内容。

(三)参展效果评估指标体系的建立

企业参展效果评估指标比较多,实际评估不可能面面俱到。为避免评估复杂化,在实际工作中,参展企业宜根据实际需要和条件选择最主要的几个指标。一般选择投入最大的方面(人力、财力),以及最主要的成果(成交额、新建立的客户关系数)等作为评估内容,建立一个合理的评估体系对参展效果进行评价。

另外,可确立参展的目标评估标准的主次。如果参展目标是销售,那么就以成交额、建立新客户关系数等作为主要评估标准;如果展出目标是宣传,那么就以接待观众人数、资料发放数、广告覆盖面等作为主要评估指标。

首先应确定评估的主要指标,参展效果评估的指标体系包括以下主要的指标:

(1)调研效果指标。包括收集的有关市场和产品信息的数量与质量。信息的质量,主要通过定性打分法确定其重要性等级。

(2)宣传效果指标。主要是参观本企业展台的观众数、媒体报道次数及媒体的知名度、接触老客户数和建立联系的新客户数等。

(3)销售效果的指标。包括协议销售额和实际成交额、利润率。

然后确定指标的权数。如前所述,要根据参展主要目标的不同确定相应的权数。

 参展的全过程及工作要点是什么?

第五章 国内参展

 **前沿问题**

参展与其他营销方式之间的对比。

案例分析

美国美泰公司以生产芭比娃娃等玩具闻名世界，它在 36 个国家设有办事处和机构，产品行销超过 150 个国家。每年美泰公司都积极参与国内、国际的大型展会，是美国著名的玩具参展商。

分析美泰公司近年来的参展活动，不难发现，无论是参展策略还是展台设计，美泰公司都在不断地变化，探索更有利于展示自己、推销自己的展览路子。以 2002 年和 2003 年美泰公司的展台设计作为对比，美泰公司的参展新招已出现在观众的眼前。

展示侧重点的转变

2002 年的展览，美泰公司侧重展示其生产的产品，并尽可能与潜在客户进行商谈。它的展台分成两个截然不同的区。一是产品陈列区，里面展示了包括芭比娃娃、火柴盒等美泰公司的多种玩具产品，以及其姊妹公司的产品，数目超过 500 件。二是为美泰公司的主要参展目的而布置的一个区，即能跟潜在客户进行商谈。但是商谈活动的安排存在一些问题。在 2002 年，展览只设置了 3 个商谈室，很多商谈是在展览馆外进行的，所以很难对商谈的时间进行安排。

在筹备参加 2003 年展会时，美泰公司不打算再展示如上一年那样的玩具，取而代之的是重点展示个别的产品及其生产线。公司发现展览主要展示的应该是公司的品牌。美泰公司全球贸易展览主管乔纳森说："我们需要一个统一的对外形象。所以设计的展台让你一看就能立即联想到美泰公司，但这不仅仅是指想起商标的名称，而是让观众认可美泰公司的商标和美泰的生活方式。"2003 年的实际参展中，美泰公司就顺着筹备时设立的思路，设计了能展示公司商标和公司形象的新式展台。

没有过多的玩具环绕

2002 年的展台就像圣诞节的清晨，所有礼物被疯狂拆开后，礼物撒一地似的混乱。展台包括 45 个产品展示亭，超过 500 件产品在他们的生产线上摆放着。当你步入这个展台时,你会误认为这是一个大型的玩具卖场。

2003年,当你走进美泰公司的展台里,根本不会再有过多的玩具进入你的视线。事实上,美泰公司减少了76%的玩具进行展示,即从500件降到了120件。展示的玩具分门别类摆放在男孩厅、女孩厅,以及初学走路孩子厅。男孩厅主要集中展示西曼、宇宙大帝及火柴盒等玩具,女孩厅则摆放芭比娃娃等几样主打玩具,这两个厅在展位的两层相对而设;在展位一层的初学走路孩子厅,展示的是渔夫公司的产品。

展台设计简单化

美泰公司2002年的展台,从调色板到展板展示,以及整个设计就像芭比娃娃的衣柜一样纷繁多样、变化多端,给人的感觉复杂而凌乱。这样的展台不但难以集中观众的注意力,而且还容易造成观众眼睛疲劳和厌倦感。

在参加2003年的展览之前,美泰公司有了新的认识,他们认为美泰的展台需要干净、沉稳的视觉效果,不能让观众眼睛分神。有关设计人员开始研究艺术和建筑学,去寻求适合的、严格的、高水准的视觉形象。他们翻阅了从艺术到时尚类杂志的图片,最后的结果是美泰公司将自己的展台设计成为一个简练而别致的地方。

在实际的2003年展览上,美泰公司敞开而整洁的展台吸引了众多的目光:雪白的墙壁,针织物环绕着周边,营造着温馨与和谐的氛围;公司的标语在有品位的灯光照耀下不断变幻色彩,神秘而又有童话色彩;超小的展板设计,精致喜人;整个展台是敞开的,任何方向都是门,展台里放着漂亮的桌子和椅子。这些都让观众眼睛一亮,感觉干净、独特。

解除与客户会谈的困惑

2002年的展位上只设立了3个会谈室。这就意味着那些打算与美泰公司建立联系的大部分买家必须离开展厅,到外面另找地方与美泰负责人进行商洽。这样的缺点在于:一是花费双方过多的时间;二是因为在展厅以外的地方商谈,缺少在展厅现场具有的公司文字介绍、图片介绍、产品陈列等一系列视觉环境,减弱了公司品牌视觉信息的传递。

2003年,美泰公司考虑到上一年该公司参展在这方面的不足,会谈室增加到14个,容纳会谈客户的人数立即从上一年的24人增加到120人。据美泰公司的负责人介绍,2003年在展厅内设立足够的会谈室使得与客户会谈的机会比2002年增加了三成。

对美泰公司稍有了解的人们都知道,美泰公司不以客户签约的结果作为对参展效果的评价,而是从参观者人数多少的角度来评价的。观众人数作为反映品牌注意度如何的晴雨表,大量的观众必然带来客户商洽的增加。

据统计,参观2003年国际展览的观众人数比2002年增加了7.5%,而美泰展台的参观人数几乎增加了260%——2002年的展台每天迎接700位观众,而到了2003年,美泰展台每天接待参观者则激增到1800人。正是这样的结果,美泰公司跟客户的签约协议可以像芭比娃娃的附属品一样成倍地增加。

参加展览为越来越多企业所认可,而像美泰公司这样能在参展时不断汲取经验,寻找参展新招,以提高自己参展效果的企业恐怕还不多。作为一家参展商,看完美泰的参展新招,您是不是也该采取行动了呢?

(资料来源:《中国会展》2004年第3期　编译:马丽玫)

思考题:

1. 美泰公司2003年的展台设计与2002年相比有哪些变化?
2. 从本案例中,你获得哪些启发?

练习与思考

(一) 名词解释

目标受众　报展

(二) 填空

1. 产品有新老之分,通常_____参展的几率要大一些。
2. 选择目标市场要考虑三个因素,即_____、_____和_____。
3. 参展的基本目标有_____、_____、_____和_____。
4. 展品的选择有三个原则,即_____、_____和_____。
5. 专业展览会一般不允许_____销售。

(三) 单项选择

1. 接待_____是展览会的优势和价值所在,也应是展台最重要工作之一。展台人员要能从观众中发现新客户并努力与之建立起联系。

    (1) 潜在客户　　(2) 老客户　　(3) 普通观众　　(4) 目标客户

2. _____是参展后续工作的重要依据。

    (1) 展台记录　　(2) 展台洽谈　　(3) 展台演示　　(4) 展台调研

(四) 简答
1. 产品生命周期与参展决策的关系是什么？
2. 选择参展这种营销方式时，要考虑哪些因素？
3. 备展的原则有哪些？
4. 散发资料要注意哪些问题？

(五) 论述
1. 参展对企业有哪些作用？
2. 选择参展人员应考虑哪些因素？

部分参考答案

(二) 填空
1. 新产品 2. 该市场是否可以进入 该市场是否有一定的容量或发展潜力 该市场是否能为企业赚取利润 3. 树立、维护、改善和提高企业的形象 对参展地市场进行调研，开发新市场，寻找新代理商、批零商或合资伙伴 了解客户对新产品或服务的反应和意见 贸易成交 4. 针对性 代表性 独特性 5. 现场

(三) 单项选择
1. (1) 2. (1)

第六章

海外参展

 **学习目标**

学完本章,你应该能够:
1. 了解海外参展的程序;
2. 了解如何做好海外参展的运输工作;
3. 明确如何办理出入关手续。

 基本概念

临时进口证　TMP 专用许可证　出口许可证　产地证明　货运代理

21世纪,经济全球化和地区一体化已成为世界经济发展不可逆转的潮流。我国不少企业也积极参与全球竞争,开拓海外市场。开拓海外市场可以弥补国内市场的饱和或因季节性波动引起的销售下滑;即使国内市场运行良好,而且增长稳定,扩展国际市场也可以提高企业的国际竞争力。

海外知名展览会普通观众不能随便入内,进入展厅的观众主要是贸易商、制造商、科研教育界学者、政府官员等素质较高,且很多都能参与企业决策或对宏观决策有一定影响的人士,展览的专业化程度非常高;而且,海外知名展览国际化程度较高,辐射面可达全球,无论是参展商还是观众有相当比例来自国外,这是参展商宣传企业形象、试销新产品、发掘潜在客户、增进与现有客户联系、强化企业在业内地位、为产品寻找合适的销售渠道的一个绝好机会。此外,在许多国家,尤其是欧洲国家举办的展览会上,参展商可直接接受订单,签订合同。

当前,随着中国加入 WTO 和对外开放广度的日益扩大,国内各地区、各行业都热衷于同海外的交流,特别是东部沿海发达地区的企业,为扩大同海外的经贸合作,积极参加海外展会,甚至在海外举办独展。显然,海外参展与国内参展相比较,问题要复杂一些。

由于海外参展的复杂性,在海外参展的不少国内参展商常常遇到一些麻烦,花费甚大,但收效甚微。究其原因,除了产品、市场、包装、价格、广告和销售网络等方面的原因外,还有参展方面的问题,如事先对展会情况了解不够,以致选择的展览会不当,或是对展会举办国的文化和商业惯例不甚了解等。一言以蔽之,主要是缺乏对海外参展基本知识的了解。

本章主要就有关海外参展的知识进行扼要的介绍。

第一节 海外参展的程序

从大体上说,海外参展的程序与国内参展的程序相差不多,下面作一扼要介绍。其中海外参展运输、出入关等分别在本章第二、三节作专门介绍。

 海外参展与国内参展在程序和细节方面有哪些不同之处?

一、选择海外展览项目

选择合适的展览项目是海外参展首要的一步。

企业在选择海外展览项目时,需要考虑以下因素:企业的产品或服务与该展会的内容是否相符?企业参展的目的与该展会的主题是否相符?该展览会与企业的营销、出口目标是否相符?企业是否有足够的供货能力?一般地,参加大型有影响的专业展会要比参加综合性博览会的效果要好些。

通常国际知名展会主办方都指定我国有关部门、行业协会,或者展览公司为中方组团者,企业可与展会的中方组团者取得联系、索取资料,对该展会的展品范围、展会主题、上(或历)届参展商和观众的统计调查数字进行全面的了解。展览会中方组织者提供的资料应包括:报展表格、展位费用、人员费用、行程、展览周期和在外天数等。

由于涉及展品出关、外汇兑换等问题,企业出国参展须由经国家批准的有出展权的主办单位来组织。目前,全国有200家这样的主办单位,包括贸促会系统(地方分会与行业分会)、各地经贸委、大型外贸工贸总公司、行业商(协)会等。企业可从这些单位索要其全年组展计划,了解可出国参展的展览会概况。

二、报展

通常,海外展会的展台也按照申请时间的先后等原则分配。在有些情况下,展台安排也受政治、国别、预订展台的大小、参展商实力等因素的影响。个别情况下,甚至由抽签来决定展台位置。实力较小的参展商,很难得到与大参展商同样的待遇。

不同展览,展台租金支付的时间各不相同,主办机构当然都希望越早越好。通常在签订合同时,交纳25%—33%的订金,剩余部分在展览举办前一个月时结清。美国举办的展览会通常要求在展前3个月交纳50%的订金,剩余部分在展前一个月结清。

有些企业没有外贸经营权,这就需要委托一家有外贸经营权的公司或通过中国贸促会,或者各省(市、自治区)分会作为其代理,为其安排产品参展事宜。中国贸促会设有出国展览部,负责组织国内厂家的产品出国或在国外组织中国产品展览。

与参加国内展不同,由于报展的企业多,许多较大规模的展览,在开展半年前就截止了报展工作。因此,企业一旦作出参展决定,应尽早报展。如果要参加那些成熟的、规模大的国际知名展览,最好在这一届展览刚结束就赶紧预订下一届展会的展位。有些大型展览会隔两年或5年才举办一次,这意味着参展商要提前很长时间报展。当然,在一些发展中国家,一些展会在开展前6个月仍有未出租的展位。

参展商在签订参展合同时,要注意以下一些问题:为保证合同能够清楚、详尽地阐述己方的意图,应先拟订合同草稿,因为可能牵涉到多国法律;在合同中,有关支付的货币和税收的问题要表述清楚,不能模棱两可;要明确合同采用的语言;合同条款中,应明确在何种情形下终止协议,并应含有"不可抗力"条款。

三、预订酒店

如果企业已确定要参加下一届展览会,那么最好在这一届展览会一结束就开始预订酒店。在有些国家和地区,经济发展非常快,但酒店建设却跟不上经济发展。在展会开幕前酒店客房一般都比较紧张,在这时与酒店就客房费用问题进行谈判,参展商肯定处于被动的地位。酒店可能会抓住参展商急切的心理,而提高收费标准。

四、准备资料、展示设备

参展商应将展品、资料准备齐全。根据观众的情况要将有关资料翻译成外文,必要时准备多种语言版本。为保证翻译尽可能准确，企业要认真听取组展者的建议，并索取有关参考资料，寻找既熟悉某种语言又熟悉行业专业术语的翻译人员。资料翻译一般要在参展 6—8 个月前就着手准备。

资料还需要考虑审查问题。不少国家对印刷品、影像资料都采取严格的限制措施，需将相关材料提前呈交以获得批准。通过查阅"参展商指南"或咨询国际展品货运代理，参展商可了解有关的规定和限制。因此，资料的准备要考虑可能的修改时间，要提前足够的时间呈送材料供审查。

是自带视听设备，还是现场租用，参展商不仅要考虑租金和运输费的对比情况，还要考虑到兼容性问题。当然，现在不少展馆已提供多制式、多色彩标准的视频播放器，视频生产商也可以帮助参展商解决转换问题。

五、运输展品

参见本章第二节。

六、设计展位，并联系国外施工单位

搭建展台可采用好几种方式，主要考虑时间、费用和质量等问题。参展商可将搭建好的展台运输到展会现场，可以在展会的现场临时搭建，或者直接租用标准展台。如果需要运输展台，一般采用海运的方式，这要充分考虑运输时间和费用。

对于打算进入海外市场的企业来说，一般没有必要进行展台特装，可租用组展者提供的标准展台，标准展台费用比较低。很多展馆要求在展位里搭建略高于地面的地板，即平台，平台下面供走线用。

七、展前宣传

要根据不同国家或地区的情况决定是否进行宣传，以及采用何种宣传方式。在美国，展前宣传是必不可少的环节，直接邮寄是展前宣传的主要方式之一；但许多欧洲国家的隐私法，则禁止搜集有关的数据资料，参展商无法获得邮寄名单；而在亚洲的一些国家，直接邮寄被视为一种不礼貌的行为。在一些国家，邮政不能提供及时可靠的服务。如果参展所在国和地区的邮政服务及时可靠，参展商又有邮寄名单，可以考虑采用直接邮寄，但要权衡费用和时间因素。国际邮资一般都较高，可通过国际邮政服务将邮件批量寄往目的国，然后再进行分发，这可以节约邮资。

广告需要因地制宜。有些国家没有行业杂志，参展商只能在大众媒体上宣传。在莫斯科，商务人士的许多时间在交通工具上度过，参展商可以考虑通过电台进行宣传；而且莫斯科的交通高峰除了早上上班时间外，还有午餐时间，因为很多上班族回家午餐。

参展商应仔细阅读"参展商指南",向组展者或组团者,以及主办国的使馆、领事馆或我国驻外使领馆咨询,了解当地的具体情况,弄清哪些措施和方案是可行的。

八、展台工作人员

国际展览旅行费用高,为减少开支不少企业常仅派一人参展。

除了安排销售和技术人员参展外,必要时选派高层管理人员在展位工作。特别是一些国际知名展览会,经常有首席执行官和高层决策者来参观,他们希望与级别相当的人进行交流。如果没有高层管理人员参展,他们会认为参展商对展览和与其开展业务不够重视。

除本企业的参展人员外,必要时还要安排接待人员和翻译。在美国,只有一些大型展位才设有接待人员。即使观众可以说一口流利的中文,参展商也需要安排翻译,翻译可帮助参展商解决许多事宜。

九、办理护照和签证

目前,我国政府对出入境管理还比较严格,展览行业的行政审批制度依然存在,参展人员需要依据其所持护照类型来决定如何办理出国手续。

1. 私人护照和签证

私人护照外观颜色为紫红色,正面写有"中华人民共和国护照"字样,由公安部出入境管理局及其在各地的派驻机构签发,通常有效期为5年。我国公民申请此类护照比较方便,由申请人在其户口所在地的出入境管理部门申请(目前,已有231个城市的居民仅凭借身份证、户口本就可以按需申领护照,有些地区的公民需要提供其所在单位开具的同意函或国外邀请人出具的邀请函,作为打算出国参展的人员,可以请国外客户帮助出具邀请函以办理私人护照),申请人在提交材料后通常会在两周后得到护照。

私人护照持有者申请签证手续较为简便,大致程序如下:拿到展览会正式邀请函→拨打使馆签证预约电话,预约时间→在签证当天带齐材料按时到达使馆面试→取签证。

在此过程中,参展人员需要了解以下几点:

(1)展览会正式邀请函由中国组团方统一向展览会索要,并在参展人员向组团方交齐费用后下发,参展人员也可要求国外客户帮助其出具邀请函,但签证风险相对较大。

(2) 有些国家使领馆需要预约签证时间，如美国、德国等；有些国家则不需要，如英国等，参展人员可以自行安排时间前去面试。但预约签证时，通常需要提供申请人护照号、姓名、出生日期，签证预约电话不需要申请人亲自拨打。需要注意的是，有些国家在签证高峰时段很难拨通电话，需要连续拨打。德国、美国等热点国家，在每年年底及七八月份为签证高峰期，申请人预约的签证时间可能为其预约时间后30天，故需提前预约，以免延误展览会。

(3) 通常持私人护照的签证申请者，应在其所在领区的使领馆接受签证官面试，许多国家在中国的使领馆通常设在北京、上海、广州三地。也有些国家不接受本人预约，如日本，要求申请人必须将材料送至指定签证代办机构，由其统一办理。

(4) 有些国家对在一段时间内去过该国的申请人提供免面谈服务，由申请人将其申请材料送交中信实业银行等代办机构。

(5) 有些国家要求申请人在面试当天以现金形式交纳签证费，也有些国家需提前交纳到指定代收银行，如美国需提前交纳到中信实业银行。

(6) 有些国家在申请人面试结束后一小时内即可颁发签证，如美国；也有些国家需要一周后颁发签证，如德国、意大利，申请人可以委托他人代取签证。

(7) 申请人面试时，通常需要携带以下材料(特指如参展之类的商务签证)：填写完整的签证表、护照，展览会主办方出具的正本邀请函、展览会参展摊位证明、展览会参展摊位费发票，申请人所在单位出具的经济担保函，申请人名片、身份证及户口本原件、复印件、结婚证书、在职证明等，申请人所在单位营业执照复印件、信用证明及所从事的商务活动的证明文件，申请人曾去过其他国家并回国的签证页的复印件，申请人所拥有的财产照片(如住房、汽车等)、银行存款证明及国际信用卡，等等。

2. 因公普通护照和签证

因公普通护照外观颜色为棕色，正面写有"中华人民共和国因公普通护照"字样，由外交部及其在各地人民政府外办签发，通常有效期为2年或3年。因我国政府目前对因公出国管理较严，许多民营企业的参展人员尚未具备申领因公普通护照的资格，故参展人员应先向其单位所在地的人民政府外事办公室咨询该企业是否具备申领因公普通护照的资格，若具有该资格，则可以按照因公护照的手续申请签证。

因公护照持有者申请签证相对手续较为繁琐，大致程序如下：组团单位下发出国任务通知书及出国任务批件→参展单位在当地政府及相关部门办理出国任务确认件及政审手续→办好后将材料交至当地政府外办或组团方→由当地政府外办或组团方统一送签→由当地政府外办或组团方统一取签证。

需要注意的是，因为主要出展国家都是分领区受理签证，各领区的签证需要由申请人委托当地人民政府外办送签。

护照要妥善保存，最好将护照前两页复印两份，一份交同事或组团负责人，或者在紧急情况下可以联系上的人；另一份随身携带，与护照分开放存，以防丢失和被盗。在国际商务旅途中，为方便过境，护照应随身携带，而不是将其放在行李箱内，否则在办理过境手续时会产生不便，影响行程。此外，为便于团组工作，可将护照交团组领队统一保管，以免因个人疏忽或不慎造成遗失与损坏给自己带来麻烦，甚至影响整个团组的行程。同时，为所有随身携带的信用卡也准备好复印件，用不上的信用卡无须随身携带。要记住信用卡卡号以便挂失和重办。

有些国家入境需要办理签证，签证指由入境国官员在护照上背书或盖上印章，表示允许入境。签证申请书应附有一张或多张（取决于各国的具体规定）护照用照片，办理签证须交纳一定费用，具体费用数额因国家不同而不同，有时也随停留时间的长短而不同。

十、外币兑换

人民币及港币在国外一般不通用，因此应准备一些当地货币和美金，以备不时之需。一般情况下，不宜随身携带太多现金，最好随用随换。在机场、银行和饭店，可将国际通用货币兑换为当地货币。各国银行作息时间有所不同，一般工作时间为上午9点到下午4点。机场和港口等交通枢纽的工作时间通常会较长。

十一、旅行、安全和保险

海外参展机票的开支比较大。为节省购买机票的开支，可团购。对于经常出国参展的商务人士，可以参加航空公司俱乐部，成为其会员。要成为其会员，需要填写有关表格，交给航空公司，得到确认后，就可以得到会员卡，成为其会员。以后在办理登机手续时，只要出示会员卡，航空公司的工作人员就会为其累计分数，并记录在会员的档案里。目前许多航空公司组成网络，如美国航空公司、加拿大航空公司、英国航空公司和澳大利亚、中国香港的航空公司组成联合网络，这种联合网络覆盖全球，可以使会员到达全球每个国家。会员定期收到积分报告，积分一旦达到一定水平，会员就可以享受非常优惠的票价，甚至是免费机票。

寄舱及手提行李。根据航空公司规定，每人可携带重量不超过20公斤的寄舱行李及手提行李一件。如寄舱行李超过规定重量，航空公司要加收高额的行李超重费。

展品安全应贯穿于整个参展活动过程。个人重要物品,如护照、现金、支票、信用卡、机票、相机等小心随身携带,切勿收藏于行李箱内或放在车中,客房或公共场所,以防遗失或被盗。在酒店内,可将贵重物品存放于服务台保管,并取回收据。离开客房时,应将客房及行李紧锁,客房钥匙可交服务台保管,以免遗失。

对珠宝、文物等贵重物品,更应重点加以保护,力求做到万无一失。为防备万一发生安全事故,减少损失,可以对展品投保。我国企业一般在国内投保,投保的险种有火险、水险、盗窃险。万一发生问题,投保可以获得部分补偿,但补偿永远不会同失去的价值相等,特别供展览、销售的展卖品,丢失了就等于失掉了市场时机,其无形损失是难以弥补的。

国外的医疗费用非常高,虽然组展者可能赠送航空旅行人身意外伤害保险,参展商最好另投陆路旅行意外伤害和财产险。

十二、抵达和离开

与参加国内展相比,参加海外展需提前更多的时间到场。

如果参展经费充足、日程不紧张,参展商可提前抵达或推迟回国。利用这个时机去拜访一下当地潜在客户,加强联系、联络感情,这比专门跑一趟可节省费用。此外,如果已经准备参加下一届展览,可以利用这段时间来解决下一届的展位和住宿问题。如果目的国需要签证,那么在出发前要安排好展览结束后是否要停留一些时日,明确抵达和离开日期,以免违反签证的有关规定。另一个需要考虑的问题是时差,如果企业预算允许、工作日程又不紧,那最好考虑提前一天抵达以便有一定的时间来调整自己的生物钟,否则参展人员很难达到最佳工作状态。在生物钟没有调整好的情况下,参展人员做事说话要小心谨慎。

十三、展中

在展中接待观众时,摸清其参观目的至关重要。有的观众可能是同行,进行新产品调研,或是了解整个行业的发展趋势。不要把时间浪费在与一个对企业的产品根本不感兴趣、不相干的观众交谈上。在决定是否与其深入交谈前,要了解其对何种产品感兴趣、何种职业、身份、所属机构、是否有决策权、姓名和地址。

在初步接触、确定某观众为潜在客户后,参展人员就可以详细地介绍企业的情况,宣传企业的产品,在介绍中尽可能与观众的兴趣点结合。

为给潜在客户留下深刻的印象,要能当场给他们提供下述资料和信息:宣传资料、产品说明书、生产和出口能力、样品、FOB 和 CIF 价格、包装尺寸和重量、集装箱装箱量、税收、船期、代理条件等。

赴欧美参展注意事项

1. 不要在摊位的展板上粘贴任何东西,除非能在展会结束时揭下来,否则将被罚款。

2. 展会结束时,不要随便丢弃纸箱、木板等物品在摊位内,否则也将被处罚。

3. 展览期间摊位必须有人,展览的最后一天不得提前撤展。

4. 为避免参展时发生侵犯他人工业产权的现象,同时更好地保护参展企业自身的工业产权,各参展企业须严格遵守下列条款,否则,由此引发的责任由参展单位自负。

A. 避免商标侵权。世界上著名的品牌,如阿迪达斯、耐克等,都在世界范围内进行了商标注册,因此,应注意避免对商标的侵权。

B. 避免外观设计的侵权。

C. 严禁假冒产品参展。通过各种方式假冒和仿冒他人专利产品属专利侵权和不正当竞争行为,《巴黎公约》对此作出严格限制和规定,因此勿携带假冒或仿冒产品参展。

D. 加强自我保护意识。如参展企业在赴展国申请了商标专利及外观设计,应注意自身工业产权的保护。展会期间,若发现他人有侵权产品,应通过法律程序解决,以保护企业利益。

十四、展后总结、考察和观光

以上国际参展的各环节环环相扣,每一步骤对参展能否成功都有影响,参展商都应予以重视。

第二节 海外参展运输

海外参展运输工作是指通过陆运(含公运和铁运)、空运、海运,或者综合这三种方式将展品从参展商所在地运到海外展出目标地参展,再转运到下一个展出地或回运,以及办理有关手续的工作。显然,要把展品和宣传资料,甚至展台运输到海外去参展要比在本国范围内运输复杂得多。海外参展运输环节多、费用大,如何将展品安全、准时、低成本地运抵目的地参展,以及在展后运回是一件比较困难的工作。展品运输需要精心安排,否则可能出现展品不能按时抵达或出现破损等情况。

海外展品运输涉及很多文件,还要考虑语言和政治因素,有时甚至是文化方面的差异也会影响到某些展品的运输。参展商应尽可能选择经验丰富的国际展品承运商合作,并做好充分准备。海外展品运输,一般均全权委托外运公司进行(外运公司通常又与其在展览目标国的运输代理公司合作)。

一、展位工具箱的准备

以下物品是展位"工具箱"中的必备品,预先准备好这些物品要比在展会现场临时购买经济很多,这些物品包括办公用品、业务用具、其他各类工具,以及个人物品和旅行物品。

办公用品包括:钢笔、铅笔、订书机、订书钉、卸钉机、剪刀、纸夹、胶带(透明、密封)、即时贴、计算器、直尺、卷尺、有纸夹的笔记板、橡皮筋,等等。

业务用具包括:索引卡片、订单、合同书、价目表、新闻稿、新闻资料袋,印有企业抬头的信笺、印有企业名称的信封,赠品、奖品、促销商品,工作人员名单、展位日程安排(附联系电话),为回运展品和物品准备的地址标签,各种表格,预订单的复印件,产品资料和目录,预约本,名片,展位工作人员手册,等等。

其他各类工具包括:搭建展位用的各种工具,多功能刀,便携式真空吸尘器,地毯带、延长绳、三孔电源插座、一次性相机(供拍摄展位用)、打印机、电缆、软件,手电筒、清洁用品、尼龙搭扣,等等。

个人物品和旅行物品包括:急救箱、带有安全别针的针线包、润喉片、展会徽章、备用鞋、S型挂钩(便于在管状物上悬挂物品)等。

二、海外参展运输注意事项

下面列举一些海外参展运输要注意的事项。

(1)尽可能使用新纸板箱或板条箱。新纸板箱或板条箱不仅可以有效地保护展品,而且还能防止在申请运输破损赔偿时,因粗劣的包装被拒绝赔付的可能。

(2)装载货物时,要根据后入先出的准则,考虑卸货和装配方便。地毯、衬垫、电缆和卷轴要在最后装运,这样在搭建展位时它们可以最先取出来。不要忘记给板条箱编号,并随身携带一份装运清单,这样就非常清楚每一个箱子里装的是哪些物品。

(3)确保装运物品的安全。货物装好后,摇晃纸板箱,不应该听到有东西晃动的声音。为使纸板箱包装紧密,可以在箱中添加一些衬垫物,如泡沫塑料,但不要使用泡沫碎块,这不仅会导致凌乱,而且不易清理。如果使用收缩包装膜,可选用深色的,不要使用透明的,否则内装物品看得一清二楚。外面可用牢固透明的打包胶带。在箱子顶部和底部的接缝处可贴上大而清晰的地址标签,这样万一箱子被打开,可马上发觉。

(4) 确保地址标签准确完整。要写明企业名称、展览会名称、展位号码和投递地点名称和地址,展会结束后要把原来的旧标签清除,以免下次使用同样箱子运输产生混淆。

(5) 在搭建展位时,随手给空箱子贴上回邮地址标签,这样在撤展时可节约时间。在空箱上要标上"空箱"字样,并交展会综合服务承包商妥善保存。在所有参展商还想要回的物品上贴上标签,这样服务承包商就清楚哪些东西是不能扔掉的。

(6) 给承运商留下多个联系电话,这样在发生延误或其他一些需参展商处理的事件时,承运商能及时与参展商取得联系。这些联系方式包括:参展商的电子邮件地址、手机号、办公电话号码、传真,以及其他联系人的联系方式。参展商也要留有承运商的紧急联系方式。

(7) 尽可能选择一家以展品运输为主营业务的承运商。

(8) 不要在展会现场与勤杂人员发生纠纷,甚至争吵。

(9) 运输包装箱的标识。运输包装箱要按规定标识,标识内容包括运输标记和特别标记。运输标记一般包括:箱号、尺寸或体积、重量、参展商名称、展馆号、展台号,以及其他标识等;有的包装箱需要加注特别标记,如若是易碎品,要打上国际通用的易碎标志——"玻璃杯"。运输标识一般在包装箱的顶部和两侧打印,每个箱子都要有清晰的标志,如在纸板箱上设计一个独特的标记或图标。一种方法是把箱子的所有边角都涂上某种特定颜色,如反映参展商企业形象的颜色。更好的办法是把整个箱子都涂上颜色,或者直接预订彩色箱子。这不但能帮助参展商在展厅里识别自己的箱子,而且有助于承运商在一旦发生丢失时,可以非常容易地找回参展商的箱子。

唛头、箱号、装卸运输标志要力求清晰,通常为唛头、箱号、体积、重量、吊钩批示符号和防雨、易碎等安全标志。展览道具箱外唛头的拟定,一般取出展国大写第一个字母,加上展出年份。

(10) 海运还是空运?运输方式的选择在一定程度上取决于时间和运费。一般地,海运的速度慢,但比较便宜。一个40英尺的集装箱海运费用仅是空运费用的20%—30%。如果时间允许,还是采用海运为好。有时时间和运费不是运输方式的决定因素,有些货物须采用特殊的运输方式。例如,灵敏度高的仪器仪表就不可用海运,因为船常常会左右晃动、上下颠簸,会导致仪器损坏。此外,海运还可能造成某些货物因受潮而产生腐蚀,当然如果包装严密可以减少这类问题的发生。空运速度快,但费用较高,而且运量受到限制。如果货物的尺寸超过20英尺×8

英尺×8英尺时,空运就非常麻烦。

(11) 抵港时间,要留有余地,以防港口至展馆途中的意外延误。但抵港时间亦不宜过早,太早一会增加仓储费用,二会增加展品受损的可能。

三、有关运输证件

参展商指南可能会列出展览会举办国所需的各种货运单据。组展者指定的承运商也清楚需要哪些单据,他们会帮助参展商申请或准备有关表格。一般都要准备以下一些单据。

1. 商业发票

所有的货物都需要商业发票,上面写有参展商托运的每件物品的价格。在写物品价格时,要注意以下几点:

(1) 托运的展位也要在商业发票上写明。如果展位不是新的,那就注明折旧后的价格。

(2) 每件物品的价格写的应是出厂价,而不是销售价。这是因为参展商要根据这个价格支付临时进口保证金(如果参展商没有临时进口证的话),保证金是物品价格的1%。

(3) 不要为了少支付临时进口保证金,而把物品的价格写低。如果报关代理认为价格过低,将会提出疑问。此外,如果在运输过程中发生损坏或丢失,那么参展商在申请赔偿时也会遭遇麻烦。还有,一定要在商业发票上注明物品的价格不是销售价格。这样,当参展商想出售商业发票上列出的某件物品时,他可以拿出商业发票来证明发票上所标的价格是出厂价,从而可以合理地给物品加价。

2. 临时进口保证金

如果货物目的地国家不承认临时进口证(ATA证),或者由于某种原因参展商没有使用临时进口证,那么参展商就需要交纳临时进口保证金。临时进口保证金数额较大,办理起来也很麻烦。临时进口保证金在货物运到目的国时才能交纳,不可以提前交纳。如果参展商到多个国家,那么就多次交纳保证金。进口保证金的费用包括关税和保险费,在欧洲国家还要交纳增值税。

3. 临时进口(ATA)证

临时进口证是一份国际海关文件,这个文件被认为是"商品护照"。ATA是法语和英语单词"admission temporaire/temporary admission"的首字母缩写。

即使展览会对参展商的货物不要求临时进口证,参展商也应该办理一个,它将给参展商带来很大的便利,特别是当参展商运输贵重物品,或者在一年里要把货物运送到多个国家参展时。有了临时进口证,参展商就可以免交增值税、关税和临时进口保证金。办理临时进口证的费用比办理临时进口保证金便宜很多,而且货物通关的手续简化很多,参展商持有这个证件就可以使自己的货物不用交纳税款而通行多个国家。临时进口证的有效期比较长,可以长达一年之久。除了食品、农产品等消费性产品和像文学作品等可自由支配的产品外,临时进口证几乎适用所有的物资。

4. TMP 专用许可证

有一种普通的许可证叫做 TMP 专用许可证(以前被称为 G-TEMP)。这种许可证允许某些特定物品(如计算机软件)出口到国外暂时使用,但要在出口日期后一年之内运回国内。

TMP 专用许可证允许参展商品临时出口,可以把空白录像带拿到国外去录制,并允许录像材料在国外放映。TMP 专用许可证还允许参展商、参展商的代理商工作人员,把工作中常用的一定数量的物品作为临时出口物品带出国境。需要注意的是,使用 TMP 专用许可证出口的商品只能在国外暂时使用一段时间,商品一定要保留。准备销售的商品、再次登记的商品,或者其他在国外使用的商品不能使用 TMP 专用许可证。

5. 出口许可证

一些不能使用 TMP 专用许可证,或者其他一般许可证临时出口的货物可使用出口许可证。申请出口许可证并不需要提供所有的常规文件,但必须要写上下面一段话:"本申请书中提到的商品只是为了××目的(如展览)而暂时出口,实现权限仅限于被批准的范围,并将在离出口之日的××(多长时间)时间内运回中国,除非出口许可证办公室另有特殊要求并进行书面授权。"

6. 产地证明

原产地证书(CERTIFICATE OF ORIGIN)是出口商应进口商要求而提供的、由公证机构或政府,或者出口商出具的证明货物原产地或制造地的一种证明文件。原产地证书是贸易关系人交接货物、结算货款、索赔理赔、进口国通关验收、征收关税的有效凭证,它还是出口国享受配额待遇、进口国对不同出口国实行不同贸易政策(如差别关税、实施进口税率)的凭证。

根据签发者不同,原产地证书一般可分为以下三类:① 商检机构出具的原产地证书,如中华人民共和国检验检疫局(CIQ)出具的普惠制产地证格式 A(GSP FORM A)、一般原产地证书(CERTIFICATE OF ORIGIN);② 商会出具的产地证书,如中国国际贸易促进委员会(CCPIT)出具的一般原产地证书,简称贸促会产地证书(CCPIT CEERTIFICATE OF ORIGIN);③ 制造商或出口商出具的产地证书。

在我国,原产地证书由国家质检总局或中国国际贸易促进委员会签发。如信用证或合同对签证机构未作具体规定,一般由检验检疫部门出具。

有些国家,尤其是中东一些国家,要求参展商必须准备一份原产地证明,证明该物产于中国。该表格必须由参展商所在地的当地商会开具,并公证。展商指南一般会告知展会举办国是否需要产地证明,承运商也能提供有关的信息。

四、选择合适的国际展品承运商

在国内,展品承运商负责把货物从装货地点运输到卸货地点。一般地,国际展品承运商的工作程序与此类似。由于展品和资料被认为是展会举办国的临时进口物资,因此如果这些展品和物资在展后没有再出口到中国的话,那么承运商将支付各种税款和罚金。因此,许多国际货运商都不愿意承运展会物资。

国际展品承运商可能会承担展会现场运输事宜,在这种情况下就不存在另外寻找搬运承包商的问题。但在加拿大和美国,这些工作通常由搬运承包商承担。展会现场运输工作主要包括:卸货、清理、储存空箱子、把展品运送到展位,以及展会结束后的撤展和装箱回运。

通常,组展者会指定一家本国的运输商作为本次展会的展品承运代理商,然后再由它指定各参展商所在国家或地区的海外代理商,参展商可以考虑选择组展者指定的货运承运商。如果参展商不使用组展者指定的货运承运商,而选择其他代理机构,应考虑以下问题:

该机构从事货运代理业务有多长时间?
国际展品运送业务在该机构的总业务中所占的比重是多少?
该机构与展会主办机构指定的代理之间的关系如何?
该机构与展会主办机构指定的现场代理商关系如何?
该机构擅长运输什么物资(展品与展品之间差异很大,如化妆品和发电设备在装箱等方面差别很大)?
该机构能否提供以前服务过的客户名单?
该机构工作人员能否熟练使用展会举办国的官方语言?
该机构能否提供展会举办国要求的临时进口物资所必需的全部文件和银行业务往来所要求的各种文件,并提供复印件?
该机构工作人员在展前、展中、展后能否都在现场?

该机构是否隶属于某个行业协会？

对国际展品运输，参展商要求快捷高效的物流服务，为此参展商倾向于选择实力较强、提供完备高效的"一站式"服务的代理。货运代理的趋势是从参展到展览完毕，都由一个货运代理来操作。综观国际会展货运代理行业，知名的会展货运代理，大都有以下一些共同的特点：规模较大、提供一站式的服务、有着良好的信誉和品牌、技术人力资源雄厚、在某些国家和地区处于垄断地位。

IELA是国际展览物流协会的英文缩写，它包括七十多家展品物流货运代理。国际上在展品物流方面较为成功的货运代理公司，基本上都是IELA的会员。它们可以将世界上展览物流纳入一个体系中，货运代理之间制定合作协议，这样可以充分利用各自优势，以最小的费用，实现双赢或多赢。对于一个货运代理来说，它必须处理的一个问题是当展品运达展地后，一系列的物流活动须符合当地习惯，他需要熟悉当地交通、法律等，而解决这些问题的最好的办法就是利用当地IELA的会员，与他们合作。

五、现场运输代理业务标准

在很大程度上，现场运输代理（site agents）业务取决于能否在联络、通关、搬运操作等三个方面做到有效管理。为此，国际展览运输协会在这三方面规定了如下标准。

1. 联络

联络的第一要求是语言。国际展览运输协会现场代理必须配备会说流利英语，以及展览会举办国家或地区主要语言的员工。

掌握这些语言的员工几乎可以应付任何可能发生的事情。虽然参展商参加国外展览会时会安排翻译，但是，协会要求现场运输代理能够与客户进行直接交流。

现场运输代理必须在展会现场设立办公场所，这样参展商能够在现场随时找到运输代理，而不需要走出会场。如果会场不具备条件，代理应在合理的距离（最好是步行距离）内设立办公场所，并配备全套的办公设施。为了协助客户与协会现场运输代理的联络，协会要求现场代理配备以下通讯设施：国际电话、国际传真。

现场代理必须提供详细的、有效的邮政地址，这一点对临时在现场工作的代理非常重要，参展者在展览会前后将运输单证文件（提单、海关文件等）直接寄给现场代理。

2. 海关手续

现场运输代理最重要的工作可能是办理海关手续。

现场代理与组展者共同为展览会设立临时免税进口手续，现场代理可能还需要担保或交保证金。现场代理要与海关官员商妥在现场工作的期限和时间,包括正常工作之外的时间、节假日。有些国家海关规定不得在正常时间之外工作,但是大部分国家的海关只要提前通知,并提供适当的补贴可以日夜工作。

代理每天开始工作时间不得晚于 8:00,结束工作时间不得早于 16:30,如有需要,其他时间仍可以找到相关人员。

根据该标准,要有足够的时间安排海关手续。

(1)进口手续。整车放行卸货:在预先通知的情况下,货车抵达后 6 小时;在未预先通知的情况下,货车抵达后 24 小时。

空运货物放行:在预先完全通知的情况下,货车抵达后 8 小时;在未预先通知的情况下,货车抵达后 48 小时。

(2)出口手续。包装检查:在预先通知情况下,开始后两小时;在未预先通知的情况下,申请后 8 小时;

装车检查、铅封货车放行:在预先通知的情况下,提交文件后 4 小时;在未预先通知的情况下,提交文件后 8 小时。

办理出口或转口文件:在预先通知的情况下,提交文件后 4 小时;在未预先通知的情况下,申请提交文件后 8 小时。

还需要指出的是,除进口手续未预先通知情况之外,所有手续都应由同一海关官员在一个班次内完成。货车装货完毕等待文件和铅封不应过夜。同样,参展商要求海关检查掏箱和装箱也应在同一天办理。但是如果货车在海关下班前抵达或装完,又未事先通知,则可能过夜等待。同样,临下班前,参展商要求海关检查,也可能无法安排。

3. 搬运操作

现场代理必须熟悉现场,并在展台搭建和拆除期间使用合适的设备和有经验的搬运工。现场代理有责任事先预计到非常规、大尺寸物品的运输装卸问题,并准备好相应的特殊设备。

代理在现场应安排仓储地,如果不行的话,则应在尽可能近的地方(不超过 30 分钟的路程)安排仓库,以存放物品。

空箱应存放在现场或离会场尽可能近的地方,以防参展商将物品遗留在箱内需要寻找。另外也为了展览会结束后,能迅速运回空箱。如果有条件,空箱应存在室内;如果没有条件,应采取措施保证空箱回运时与运出时状况一样。

若空箱能及时回运、参展商能尽早装箱和装车,这有助于尽早清场。

如果展览会面积达到 10 万平方米,空箱全部回运时间最晚也不得超过正式拆除第一天的 12:00,如果参展商或组展者同意,而且有利于拆除,空箱可适当晚一些运回。

如果展览会面积超过 10 万平方米,则视情况安排空箱回运时间。但是,一般地,空箱回运工作必须在正式拆除第三天开始的时候全部完成。尽管如此,代理仍须合理安排,保证凡要求空箱回运的参展商都可以在正式拆除的第一天中午便开始收到部分空箱,其他空箱在以后陆续回运。

在任何情况下,不允许发生有参展商一直等到拆除的第三天才收到空箱的情况。

卸车和装车须按商定的时间进行。以下时间适用于 10 万平方米及以下的展览会:卸车或装车必须在同一天内尽快完成,条件是车辆在施工/拆除计划时间内抵达,或在工作日有足够的时间抵达。如果晚到,在不影响其他按时抵达的车辆装卸的情况下,必须在第二个工作日一开始就装卸。另外,现场代理在收到使用吊车的要求后,应能在第二个工作日提供吊车服务。在此期间,代理可以安排设备和工人。

如果参展商要求当天使用吊车,代理应尽量安排,最晚在第二个工作日开始时应安排好,但是不要影响周围展台、走道、运货门的正常工作。

现场搬运操作的成功完全在于现场代理。现场代理必须事先了解所有参展商的搬运要求,并提前将相应的安排通知组织者和所有参展商,这样就能够避免参展商临时提出工作计划之外的搬运要求。

但是不事先通知现场代理,却突然提出立即要解决某问题的情况确实存在,这可能会严重影响正常的撤展工作。现场代理应使这种情况减少到最低限度,直至不发生。

第三节 展品出入关

参加海外展的大多数展品,都将运回参展商所在的国家,因此有出口和进口,以及再出口和再进口的问题,这是展品与其他普通的出口物资相区别的地方。而且,展品出口和进口的时间要求比较高,进出口办理的速度将直接影响能否如期参展。

参加海外展会的展品,一般在参展后原封不动地运回国内,如果按正常的进出口程序办理手续,不仅非常烦琐,而且也无必要。因此,有必要简化和统一各国(地区)海关对这类特别商品的进出口手续。海关可对展品实行临时进出口许可的政策。这里的所谓临时许可(temporary admission)是一种海关业务制度,按照该项制度,某些物品在运入关境时可以有条件地免缴各种进口税,并不受经济性质的进口限制,但这些货物必须为特定的目的进口,并且必须在特定的期限内(除在使用中正常损耗外)按原装再出口。

展览会、交易会和其他类似活动中,供陈列或使用的货物即属于此类,可以按照1990年在伊斯坦布尔签订的《货物公约》来处理。在这里,展品包括下列货物和资料:在展会中展示或示范用的实物和物品,为示范展出的机器或器具所需用的物品,展览者设置临时展台的建筑材料及装饰材料,供展品做示范宣传用的电影片、幻灯片、录像带、说明书、广告等。

一、参展物品进出口流程

参展物品进出口主要包括以下流程:
(1) 参展商将展品等清单交货运代理人;
(2) 受托人将清单一式数份,准备报关,租船、订舱;
(3) 制定运输单据,出口展品报关单一式三份;
(4) 报关;
(5) 商检及保险;
(6) 装运;
(7) 装运通知;
(8) 开具运输提单,将提单交运输代理;
(9) 运输代理持提单运输;
(10) 参展商或其代理应及时通知展会地的组织者及当地代理人;
(11) 展品在展地海关办理进口手续(当地代理或组织者提前将参展商及其展品的有关信息及时通报当地海关,以便备案手续;展品到达展地后,进入海关监管仓库,准备报关;参展商代理或主办单位办理进口申报手续;参展商及其代理人向当地海关提供担保;提交展品清单;除了免关税的展品外,缴纳关税;海关商检、查验;据提单提货);
(12) 展会结束后,根据有关原则,大部分的展品及其附属品都是要全部复运出境,对于转为正式进口的展品,到海关根据有关规定办理进口手续,缴纳各项税费;
(13) 组织者或其代理人向海关交验展品核销清单一份,代理人持核销单及出境许可证,自己运返,或者由专业运输机构托运,并通知参展商或其国内代理;
(14) 展品最后运抵参展商所在国,由代理人核销开始时运出展品的记录,若销售部分展品或其附属品的,缴纳出口税后放行。

我国海关参展物品进出口流程是怎样的?

二、展品进出境报关

1. 出关申报

为举办出国展览(销)会而筹集的展品出口时,组织出国展览(销)的单位持以下单证向出境地海关申报:

(1) 归口审批部门的批件;

(2) 展品清单一式两份;

(3) 如为外贸公司主办又属实行许可证管理的商品,须提交出口货物许可证,非外贸单位主办的,不论是否属实行许可证管理的商品,则一律须提交该证;

(4) 出口货物报关单一式三份;

(5) 运输单据。

2. 入关申报

展品从境外复运入境时,组织出国展览(销)的单位持下列单证向入境地海关申报:

(1) 展品清单一式两份,注明原出境日期、地点、运输工具名称、展出国家或地区,以及在国外展出期间对展品的出售、赠送、放弃、消耗或留给我驻外机构使用等处理情况;

(2) 运输单据;

(3) 进口货物报关单一式三份。

3. 海关查验放行

上述出口展品和复运回国展品清单,经出入境地海关检查,并予以注明后,一份寄给组织出国展览单位所在地的海关,以便办理核销工作。

展品如明确为国外销售的,又属于应征出口税的,由海关征税放行出关。如未明确,而在国外发生销售,则在展品复运回国时,予以补征。

组织出国展览(销)的单位,进口在国外展出期间购买、接受的物品、样品及其他资料,则须按海关规定,另行包装并开列清单,向入境地海关申报进口。对购买的物品,除供工作人员在国外集体使用的食宿用具外,还须校验外经贸部门的批准文件,由海关征税或免税后放行。

三、出入关应注意的问题

对于到国外的参展商而言,面临着出口—进口—再出口—再进口环节,为做好出入关工作,应该注意以下一些问题。

在展品进出口过程中,参展商、货运代理、运输部门、海关、商检、保险、银行、仓储等许多机构参与其中。其中,货运代理扮演着非常重要的角色,那些经验丰富、管理和技术手段先进、信用和服务良好的国际展览货运代理,越来越受到参展商的青睐。货运代理可以拥有自己的运输车辆,但当前的发展趋势是运输由专业的运输商来完成,而代理则负责仓储、小范围运输、装卸、报关、订舱等工作。

展品属海关监管的临时进口货物,进口时免领进口许可证,免交进口关税和其他税费。即使在展出的时候,也是处于海关监管下,未经海关许可,展品不得移出展品监管场所。

展品自进境之日起一定时间后必须复运出境。各国对展品滞留期限的规定不尽相同。英国规定自进境之日起两年内复运出境,无延长期限;日本为一年;美国为一年,延长期限一年,可以有两次延长机会;德国则为3个月,延长期是3个月。

由于展会在特定的时间举行,所以海关处理的效率十分重要。而不同国家对不同的展品运达手段单据处理、清关的时间是不相同的,如表6-1所示。

表6-1 若干国家对不同的展品运达手段单据处理、清关的时间

国 别		中 国	英 国	美 国	日 本	德 国
海关清关时间	海运零担	3—4天	24—48小时	7个工作日	6天	1—2天
	海运集装	3—4天	24—48小时	7个工作日	5天	1—2天
	空 运	2—3天	2—24小时	5个工作日	两天	1—2天
单据期限	海 运	5天	两个工作日	7天	10天	14天
	空 运	一天	视每张运单定	5天	7天	6天
装船期限	海运零担	15天	10天	7天	14天	12天
	海运集装	10天	5天	7天	14天	8天
	空运货物	7天	两天	5天	7—10天	4天

海外参展运输应注意哪些事项?

第六章 海外参展

小结和学习重点

- 海外参展的程序
- 海外参展运输
- 出入关手续办理

显然,海外参展比国内参展更复杂。本章对海外参展的程序,特别是与国内参展程序不同的要点进行了较为详细的介绍,并对海外参展运输和出入关进行了重点介绍。

案例分析

案例　　　　　　　海外展览为什么限制我们?

中国企业在参加国外知名展览会,特别是欧美一些展会时经常遭遇展位限制,为什么?

虽然我们加入了WTO了,但国际上还有很多非贸易性质的东西在制约着我们走出去。

悉尼有个礼品展是开拓澳洲市场的一个好机会,从20世纪90年代中期中国企业就想去参加,但每次报上去都没有被批准,主办方提出一堆的要求,但其实是他们不愿意中国企业去。因为中国是一个礼品生产大国,产品的价格又有非常大的竞争力,会损害了人家行业协会会员的利益,因此人家不希望中国企业去参展。

每年9月份法国巴黎有一个桌上饰品展览会,这个展览会面积是13万多平方米,参展商和观众都很专业,中国企业也经过七八年的努力,就是没能参展。人家不是像国内有些展会那样,只要你交了钱就能来了。而这个展览会组委会要对参展品进行遴选,组委会人员都是由西方人组成的,他们会认为中国的展品不够格,因此你不能参加。一方面他们不希望中国的企业去到他们国家争夺市场;另一方面就是我们在知识产权保护方面做得还有差距,很多企业没有这种诚信,因为艺术品本身的技术含量并不高,而艺术创意很高,我们去了以后看到人家艺术品就会模仿,所以我们在工艺类展会上受到排挤。

出国参展受阻是因为国际上存在着一个潜在的贸易保护,当然我们本身的行业协会的力量也不是很大,在国际上的声音也很弱,大家都是在零敲碎打,一个企业、两个企业出去碰壁回来了,另外几个企业又出去碰壁,没有形成拳头。这是我们在出展工作中遇到的一个问题。

还有一种情况是国外的名牌展会允许中国企业参加,不过不希望参加的企业多、参展面积大。典型的是法兰克福的消费品展览会,它给中国企业划定2 000平方米,你就没有发展空间了。

国外某些知名展览会对中国企业参展的限制,主要是对本国企业进行保护。比如德国的某个展览会,我们国家包括港澳台在内的参展企业几乎占到了这个展览会参展商50%的比例,可是它们却在逐渐限制,甚至不允许中国企业参展。我们还应看到,在像德国这样的展览大国里,它们能够舍弃某些展览会上中国企业参展的展览这一大块利益,是为了保护它们自己的制造业的利益,所以说它们更看重整个行业,或者是国家整体的利益。

面对这样的情况,我们也不应仅仅局限在展览业本身,要协调好展览业和制造业的关系。而我们现在的办展人有了"只要外国展商来了就好"的概念,他们关心的是只要展览会办得好就可以,而对于我们国家这个行业本身的保护或促进作用,好像没有一个全面的思考或是考虑。为什么在展览会面积紧张时,会首先保国外展商的面积,而压缩国内展商的面积?所以说国内的展商会有一些抱怨。或者我们往往对国外展商招展时会说:"你来吧,我确保你产品的进口。"以中国巨大的市场来吸引国外展商,当然这是对的。但展览本身是一个贸易的平台,应该是进出结合、促进全面的技术交流,结果有时人家外商拿的产品目的就是针对中国市场销售的,真正代表它们企业水平的产品要去德国参加更大型的国际知名展览会,或到美国展览会上去展示,因为那些展会代表国际最先进水平的。压缩面积也是为了选精品,对于国外知名展会限制中国企业参展的问题,也有中国参展企业实力弱、参展的展品质量一般的原因,但它们随时欢迎中国有实力的企业参加法兰克福的知名展览会。因为法兰克福的展览会对参展商的品质要求较高,更希望生产产品的厂家参展,而不太喜欢贸易公司来参展。这样,其实也有利于提高中国产品在法兰克福展览会上的形象。

思考题:

1. 我国企业参加海外知名展会受阻的原因是什么?
2. 海外知名展会限制中国企业参展,对我国组展者有哪些启发?

练习与思考

(一) 名词解释

TMT TMP

(二) 填空

1. 装载货物时,要考虑卸货和装配的方便,遵守_____准则。
2. 展品运输方式的选择主要考虑以下两个因素,即_____和_____。

(三) 单项选择

1. 在我国,原产地证明是由_____办理。

   (1) 会展行业协会　　　　　(2) 中国国际商会

   (3) 中国贸促会　　　　　　(4) 商务部

2. 由于涉及展品出关、外汇兑换等问题,企业出国参展须由经国家批准的有_____的主办单位来组织。

   (1) 外贸自主权　(2) 出展权　　(3) 进出口业务

(四) 多项选择

1. 很大程度上,现场运输代理(site agents)业务取决于能否在_____等方面做到有效管理。

   (1) 联络　　　(2) 海关手续　　(3) 海运　　　(4) 搬运操作

2. 展览会、交易会和其他类似活动中,供陈列或使用的货物可以按照1990年在伊斯坦布尔签订的《货物公约》来处理。在这里,展品包括下列货物和资料_____。

   (1) 在展会中展示或示范用的实物和物品

   (2) 为示范展品使用的道具

   (3) 搭建展台用的建筑材料

   (4) 供展品做示范宣传用的电影片

(五) 简答

1. 我国展品出关需要提交哪些材料?
2. 海外展品运输应注意哪些要点?

(六) 论述

试述海外参展与国内参展有哪些不同。

部分参考答案

(二) 填空
1. 后入先出 2. 运费 时间

(三) 单项选择
1. (3) 2. (2)

(四) 多项选择
1. (1)(2)(4) 2. (1)(2)(3)(4)

第七章

参观展览

 学习目标

学完本章,你应该能够:
1. 了解观众参观决策的内容;
2. 明确如何实现最大的参观效果。

 基本概念

参观决策　准中间商

展览界人士都有一个切身的体会,一个展览会如果观众非常少,那么这个展览就不是一个成功的展览。不论是组展商还是参展商,都希望有适当数量和质量的观众,观众的数量和质量决定了参展商的投资是否能得到回报。一般地,大约85%的观众拥有采购决策权或对采购决策有影响,大约90%的观众会在未来两个月内作出购买决定,因此观众对展览会能否成功举办极其重要。而要吸引观众来参观一个展览,组展商必须使观众认为这是一个值得参观的展览,通过参观,他们能获得一些有用的信息。

不少专业展观众是从外地赶来。在绝大多数情况下,专业展观众的花费(住宿费、餐饮费、交通费)是由其所在的企业承担,他们根据企业的安排,收集有关资料,参加有关会议,了解行业的竞争或产品状况;他们在入场前需要预先注册,有时需要支付一定的费用。消费展观众大多是希望以比较优惠的价格购买自己喜爱的消费品,在展览会上他们通常会边比较边采购;有些观众把参加消费展当作一种了解信息的手段,或者是与逛商场差不多的一种休闲购物方式,事先并没有明确的购买目的,如果看到中意的消费品就购买。显然,普通大众也可以选择看电影、健身运动、商场购物等娱乐休闲方式。这里我们主要讨论专业展观众。

网络时代,观众(采购商)获取供应方面的信息有多种方式。通过电话黄页可以找到一些有关供应商信息;通过行业协会可以了解供应商信息;通过广告也可以得到有关供应方面的信息。而因特网的盛行,整个地球变成了一个地球村,通过因特网的搜索功能,人们足不出户就可查到成千上万关于某一产品的网址、网页。显然,参观展览会只是观众获得信息的一种手段。既然观众有多种手段可以获得有关供应商及其产品的信息,因此是否通过参观展览以获得信息,采购商需对此进行决策。

通过参观展览获取信息与其他方式相比,有其鲜明的特点。没有一种方式能让采购商只花一次差旅费,在短短的几天内可以走访成百上千家供应商,了解到数百个,乃至上万个产品的信息,与如此多的供应商进行面对面的交流、洽谈;没有一种方式能让采购商在一个如此短的时间内,与欲采购的如此多的实物产品进行零距离的接触,而参观展览却可以做到。作为采购商,参加国内外举办的展览还有以下好处:可以扩大商务接触面,开阔视野启发思路;可以货比三家,通过比较筛选,从中找到理想的供货厂商与合作对象;可以直接面对供应商,实现直接订货,尽可能减少或免去中间环节,以最少的成本获得最大的收益;通过参观可能会订购到性能更好、质量更优、价格更低、使用成本更低的新设备、新材料、新产品,从而降低生产成本,为其顾客提供更好的服务,增强其市场竞争力。参观展览会获取信息的最大好处是用时短、效率高,因此许多采购商把参观展览会作为获取信息的一种重要手段。

 参观展览与其他获得信息的方式相比有哪些缺点?

第一节 参观决策

作为观众,首先要认识到展览是参展商宣传产品和服务的一种强有力的手段;其次要清楚自己在展览会中的角色和作用,以及如何充分利用有限的时间以实现自己的目标。

参观展览会的观众主要是已经从事某一行业的中间商、将要从事某一行业的准中间商(以下简称准中间商)和使用某一行业产品(如机器设备)的最终顾客。在参观前他们要明确作出以下决策:参观的目的是什么?需要搜集哪些资料?参何展览会？谁去参观？

一、明确参观目的

中间商、准中间商和最终顾客的参观目的是有所不同的。对于中间商而言，他参观展览会的主要目的是寻找新的提供更优惠条件的供应商，寻找新的适应市场需求的价廉物美产品。对于准中间商而言，到展览会参观的主要目的是寻找商机，通过直接接触，了解该行业市场的发展趋势，在大量的供应商中进行选择比较，找到合适的供应商。对于最终顾客而言，他参观的主要目的可能是绕过中间商直接与制造商订货，或者是寻找新的提供更优惠条件的供应商、寻找新的价廉物美产品。对于中间商、准中间商及最终顾客而言，展览会为他们提供了一个实现参观目的的绝好平台。

二、明确需搜集的资料

对于中间商、准中间商和最终顾客而言，他们一般要搜集以下资料：生产某产品的供应商有多少，是哪些，每个供应商的联系方式（包括名称、地址、邮编、电话、传真、网址、电子邮箱、企业法人、营销部门负责人，以及具体联系人的姓名等）、企业的概况（如发展历史、注册资金、资质等级、信用等级、生产设备、原材料产地、销售额、销售网点等）、产品的情况（种类、规格、功能、质量、价格、商标、运输、包装等，特别是新产品的情况）、营销政策（数量折扣、季节折扣、促销政策、营销渠道等）。由于参展商比较多，观众应着重收集行业重点企业的有关资料。

观众在参观前，列出参观要点可以提高参观的效果。要拜访哪些老供应商，要了解哪些方面的信息；要拜访多少新供应商，是全部了解还是重点了解，了解哪些信息（诸如产品、价格、销售渠道、促销、网址、联系方式等）。对于中间商和最终顾客而言，参观的一个重要内容是了解代用品、新产品的信息，要仔细了解代用品、新产品与老产品相比在哪些方面具备优势；不足在哪里。有针对性地收集信息可以提高信息收集的效率。

三、参观何展览会

观众要了解展览会举办的信息，如国内有哪些这类展览会，国外又有哪些，然后再决定参观何展览会。

观众获得展会信息主要有以下几个来源：

（1）通过媒体（如报纸、杂志、广播、电视、网站）可以获得有关展会信息。一般地，展会多通过这些媒体发布通知和广告，告知展会的时间、地点、内容、组展者也可能通过企业网站进行展览宣传。全国性展会多通过全国性的媒体发布消息,地方性的展会多在地方性媒体发布消息和广告。观众要特别留意专业报刊,专业报刊通常会刊登有关某行业展览会的信息。潜在的观众将根据收集到的有关信息,来评估是否要参观该展览。展览的促销宣传也会给观众带来较大的影响。

(2) 通过主办单位、承办单位和合作单位可以获得有关展会信息。展览会的主办或承办机构大多都建有自己的观众数据库。如果观众知道主办单位的地址,可以将自己的信息发给它们,说明你对展会感兴趣,它们会将你的信息放入数据库。观众也可以在参加展会时,将自己的信息填在主办单位提供的信息表中,这样其信息也就进入了主办单位数据库。以后一旦主办单位要举办展会,它们可能会将有关展会的信息提前发给观众。

(3) 参展商可能将展览会的信息告知观众,并告知自己展台的位置,以吸引观众参观其展位。

要想获得一个比较理想的参观效果,最好参观档次比较高、参展商云集、展览服务水准高的展览会。当前在我国,展览会存在泥沙俱下的情况,一些同类的展览会在同一个城市举办多次。针对自己的参观目的,观众需要细心分析这些展览会的组展者是谁、展览的地点、宣传报道的广度、参展商的数量,以及重要的企业是否参展等,然后确定到底参观何种展览会。

具体参观何种展览会,潜在的观众还要考虑自己企业实力的大小。通常实力大的企业可以参观档次比较高的国际展,实力小的企业可以考虑参观档次比较低的地方展。

如果企业的规模比较大,有很强的实力,想选购国外产品、设备或技术,从经济上考虑,首选参观在国内举办的国际性展览会,当然也可以参观国外的展览会。相对而言,国外产品的技术含量高、使用可靠、售后服务也较好,但价格可能较高。

如果企业有一定实力,打算从国内生产商采购产品、设备,或希望与国内企业进行资金、项目的合作,则可以选择全国性展览会。这种展览会的规模较大,产品种类相对齐全,既有大、中等规模的企业,也有较小的企业参与,而且产品种类较多、价格不等,可选择的范围较宽,但要注意可能有水货、低质量产品,另外售后服务可能稍差。

如果企业实力不强,可以参观当地或附近举办的展览会,虽然参展企业数量不多,展会规模可能比较小,产品数量有限,但可节省差旅费,为参观人员节约时间。参加在国外举办的展览会,手续比较麻烦,还要花费大量的差旅费。

四、谁去参观

参观专业展览会,中间商一般是谁采购谁去参观,作为专业的采购人员他们对产品和市场的行情比较熟悉。使用某设备的生产企业(最终顾客)根据需要可以安排采购人员去,但有时也会安排技术人员、生产管理人员,甚至营销人员去参观。安排其他人员去参观也是有必要的,如技术人员通过参观,可以了解一些最新的原材料,在设计的时候可以考虑进去。准中间商可以安排采购部门的负责人、企业高层管理人员,甚至是企业拥有决策权力的人员去参加。

参观人员要清楚企业目前正在使用的产品、需要订购的数量,以及企业需要解决的问题,同时要认清自己在企业中的角色。例如是决策人,还是给企业决策层提供参考意见的?这一点也很重要。

第二节 参观指南

一、充分了解组展者制定的参观须知

为便于参观,组展者通常都印制参观指南,事先从网上可以获得相关的参观指南。一个完整的参观指南应包括:展览会的举办时间、详细地址(包括展馆名称、租用的展馆号)、组展者、展览会的名称、展览的具体内容、交通(包括免费班车的提供)、展览会的每天开放和闭馆时间、餐饮服务、会刊等资料的购买、入场券的办理流程、参展商的展台分布、紧急事件处理的应急电话、卫生服务等。要充分利用展会主办机构提供的资料,仔细阅读参展企业名录,列出打算要拜访的企业名单。

2004 年深圳高交会观众参观须知内容

1. 参观门票办理

高交会门票分为展会门票与专题活动门票两类,均有售票与赠票之分,售票主要是向专业人士销售,赠票主要是向参展商、省市代表团的客户免费配送。

展会门票中赠、售票按票面均分为10月12日—17日六种，即每日一种，票价为50元/张，当日使用，一次有效。各参展代表团及参展商的参观赠票，由交易中心相关部门在9月份发放。专业观众还可于9月15日前通过登录高交会网站上的"票证办理"，在其"专业观众赠票申请"栏目中申请赠票（也可直接与交易中心各业务室具体联系）。售票采用四种方式进行，即深圳本地销售、网上预售、外地代售及现场售票。深圳本地销售由银行代理，时间为9月22日—10月17日。观众可通过登录高交会网站"网上订购"进行门票预订，预订门票予以保留3天，预定时间为9月1日—10月11日。外地代售：各组团单位可作为外地代售机构，负责本辖区的预订及发售工作，代售佣金为所售门票金额的25%。外地代售具体流程如下：① 9月15日前，各组团单位与交易中心成果交易室联系申请代售门票，并签订《第六届高交会门票代售协议》。② 9月1日—26日，已签代售协议的各组团单位与交易中心发展策划室联系申报门票预订数量，并按预订门票全额汇款。9月26日后不再进行各组团单位团体门票预订工作。③ 9月1日—30日，交易中心发展策划室确认门票款收到后，以特快专递形式向要求邮寄的各代售单位邮寄门票（及票据）。④ 10月7日—10日，各代售单位将剩余门票及相应定额收据退还给交易中心发展策划室。⑤ 10月17日前，各代售单位至交易中心发展策划室结算门票款及代售费。现场售票原则上仅发售给外地来深人员。为方便观众购票，现场售票点将设三类窗口（团体、境外、国内）。其中，团体窗口凭单位介绍信购票，境外窗口凭护照购票，国内窗口需凭个人身份证或抵深车、船、机票购票。

专题活动门票分为"世界科技与经济论坛"门票、super-SUPER专题活动门票及"联合国采购大会"门票。有以上活动门票需求者，可通过以下途径获取："世界科技与经济论坛"门票需要者可填写观众报名表申请"世界科技与经济"论坛赠票，或者点击www.chtf.com进行申请；super-SUPER专题活动分为"中外CEO互动对话"、"中国科技参赞与企业家圆桌会议"、"SUPER互动活动"、"中国企业资本国际化论坛"、"全球证券交易所峰会"，其中"中国企业资本国际化论坛"填写SUPER活动回执申请赠票，其余各场凭专场邀请函入场。本届论坛门票可免费获取。有意聆听论坛演讲的听众需预先填写申请表，经高交会交易中心确认后领取门票，也可直接在高交会网站www.chtf.com上申请或来电索取。

第七章 参观展览

2. 观众参观流程图

参观者获得展览会信息→了解展览会具体信息(登录网站 www.china-av.net 查询展览会具体信息或通过组展企业了解)→参观者确定参观展览会(登录网站 www.china-av.net 进行网上注册或联系组展者索取门票或邀请函)→到展览会入口处注册台领取观众登记表→认真填写邀请函或观众登记表中参观者信息部分,以便在下次展览前能及时收到展览会通知→填写邀请函或观众登记表,到注册台换取参观证→在展览会入口处或发放的展览会指南上查看展位图,了解企业技术讲座日程→咨询问题或购买会刊→参观展览会,参加技术讲座→参观结束,离开展览会。

二、何时参观

专业展通常举办 3—5 天,一般的规律是第一天人最多,上午的人相对下午的人多。因此可以考虑在第二天后参观,最后一天参观效果相对较差,因为可能一些参展商准备撤展。如果计划拜访的展台不多,可以在下午人较少的时候参观。如果参观综合性的展览会,展期包括假日,最好避开假日参观,因为假日里会有许多消费者参观购物。

三、收集信息的方式

1. 收集资料

观众可从展会的主办方索取或购买一本会刊或展会指南,从中可以找到展会的各项主要活动、所有参展商的名录、展位、产品、联系人及联系方式等。会刊提供的有关参展商的信息比较粗,观众还可以参观展台,从展台处搜集某参展商更为详细的资料,如参展商人员的名片、企业宣传画册、样品等。

2. 展台交流

在收集参展商资料的同时,可以与参展商进行较为细致的交流,请参展商将展品的性能、特点、优势、价位、营销网点、优惠政策等作进一步的详细介绍,观众在听介绍的同时最好记录要点。有些参展商的展台设有洽谈室,观众可到洽谈室与参展商进行细致的、不受干扰的交流。

有些观众与参展商交换名片,并收集到有关资料后仅进行简单的交流,将许多参展商资料带回后再进行分析,确认重点交流的参展商;当然,也可以在收集参展商有关资料的同时与参展商进行深入交流。

在参观中,要认真比较各家的产品,与参展商进行充分的交流,最终决定购买哪家参展商的产品。如果是引进技术,或者需要寻找投资的合作伙伴,观众也可以充分利用这几天的时间,广泛接触、从容比较,将对方的情况了解清楚,待回去再定也来得及。

3. 参加讲座及学术会议

一些大企业,或者有特色产品的企业将会举办产品讲座,如 2000 年 11 月在上海国际展览中心举办的第五届中国国际质量控制技术与测试仪器展览会中,共有 8 家企业及研究所举办了 8 场技术交流会。观众可事先了解会议的主题,然后有选择地参加,从中可能获得有用的信息。

4. 留意展会期间的媒体报道

媒体记者的敏锐度高,他们会及时将展会上的热点和亮点予以报道,这些报道也可能是有用的信息。

四、参观前准备

(1)周密地制订日程计划。根据参观目的和需要搜集的资料,确定参观期间要做哪些具体工作,如参加展会期间举办的研讨会,以及是否打算会见当地的供应商等。在安排时间时,最好把参观与其他商务活动统筹考虑,这样可以节省费用。观众可按照展位号码来排列参展顺序,这可以让观众连续参观那些位置较为临近的展位,不必把宝贵的时间浪费在东奔西走上。此外,如果对展览会期间举行的某个会议感兴趣,观众最好能提前登记以免错失良机。

(2)如果是异地参观,需要提前买好机票、车票,预订好住宿的饭店。组展者一般会推荐一些指定的饭店供观众选择。

购买车票、机票时,要选择好到达展览地的时间,一般在参观的前一天到达,也可以提前两天到达。提前到达休息一晚后,可保证精力充沛地参观展会,因为参观展会不是逛街,而是一件需要花费大量体力、脑力的复杂商务活动。这与纯粹的休闲性质的旅游观光,或者欣赏性质的参观书画展之类的参观区别较大。

(3)费用预算要充分。预算要考虑到吃、住、行的费用,还要准备应付突发事件的费用。可随身带一些现金,带上资金足够的银行卡,银行卡到展览会所在地可以随用随取,非常方便,也不必担心资金短缺的问题。但要事先了解所住的饭店或展馆附近有哪些银行,这样可以有针对性地办银行卡,避免出现取款不便的情况。

(4)名片的准备要充足。参展商与观众进行交流前首先做的一件事是互换名片,通过互换名片,参展商对该观众是否为专业观众进行判断。只有专业观众,参展商才认为值得花费时间去接待。

(5) 航班。出行要尽量防止晚点,万一航班晚点或取消,可先打电话给旅行社或代理,他们会告知应换乘哪个航班。事先要了解展会所在城市的机场是否有网址,出发前可登录网址看一下,以了解航空公司对行李的限制事项,了解机场关于安全措施方面的最新信息,以做好应付各种问题的准备。如有可能,可申请电子邮件信息更新服务。

(6) 作为专业观众,需要带好笔、记事簿、事先获取的参观券、交通卡、通讯工具(含充电器)。最好能带点企业的简要介绍,因为名片反映的内容太少。

(7) 要弄清楚展览会的举办地点、交通线路和展览的开放时间。观众还需提前了解一下天气状况,保证衣着合适。同时还应该注意着装,有些展览会对着装有要求,有些则比较随便。不过,无论是否有要求,观众都应该注意服装的干净和整洁,因为观众的形象代表了自己所在的企业。

五、正式参观

观众到达展会现场,在登记处登记(当前一般的做法是留一张名片以简化登记)获得入场券,凭入场券入场。现在随着组展者安全意识的提高,不少展览会都配备了安检设备,观众随身携带的比较大的物品需要通过安检。在入口处,观众将入场券交工作人员,工作人员将发给专业观众证,观众要将该证件挂在脖子上,然后就可以按事先拟好的顺序参观。午餐前,记下上午参观到的展台所在的展馆号及展台号,以便下午继续参观。

参观应有的放矢,一些与自己企业业务无关的展台可以迅速扫描过滤,大企业、重点企业的展台,有新产品的展台应花较多时间参观交流。要明确提哪些问题,如参展商的产品能给用户带来什么好处?产品的竞争优势在哪里?要明确交流的目的,不要偏离话题。交流要注意言简意赅,抓住主要问题。最好随身携带备忘本,并随时检查核实。在和参展商交谈时,要做笔记。

总之,要牢记日程计划,清楚自己要达到的目标,只有这样,才能收获较多的信息。

一名成功的观众应注意的一些细节

参观时,避免与大的团队同行;
举止着装要职业化;
目标要明确;

要果断自信；
简明扼要地自我介绍，并告诉他你在展位停留的目的；
拿赠品时，要慎重；
穿舒适的鞋，注意休息，带充足的饮用水；
制定合理的参观顺序；
让参展商把有关资料邮寄给你，减少随身携带；
对交谈中的要点，要做记录。

经常参观展会的人应注意的一些事项

选择与众不同的旅行箱（或者其绳带或手柄颜色鲜艳）；
列出行李单；
衣物要提前准备，并考虑到修补或干洗的时间；
将体积较小的私人日常用品放入旅行袋里，随身带些方便食品；
给手机、笔记本电脑准备好充足电的备用电池；
随身携带一些零钱以备打车和付小费之用；
记住酒店的客房号；
把贵重物品放在保险箱中，并上好锁；
确认酒店的机场往返巴士时间表。

六、参观后的总结

参观后，观众应进行书面、系统的参观效果评价。对这次参观的过程、收获、问题进行总结评价，并写出报告交有关领导。但是，也有一些专业观众在参观后只进行简单的分析。

参观的投入很容易量化，但是收获有时很难量化。观众的直接投入包括：差旅费、门票费、观众的工资、餐饮费等，收获主要看搜集的信息的价值。由于信息的价值不宜量化，因此参观效果的评价不太容易。

 如何做一名成功的观众？

小结和学习重点

- 参观展览是观众获取信息的一种方式
- 参观决策的内容
- 参观时的注意事项

观众的多少和质量是展会成功的又一个要素。本章首先论证了参观展览是观众获取信息的一种方式，然后介绍在参观前观众所做的参观决策、参观前的准备和正式参观中应注意的问题等内容。

前沿问题

参观展览与其他获取信息方式的对比。

案 例 分 析

2003年2月26日至29日，由中国汽车保修设备行业协会和中国汽车维修行业协会共同主办、雅森国际展览有限公司承办的"第四十一届全国汽车保修检测诊断及汽车工具、服务用品展览会"在北京全国农业展览馆开展；3月3日至6日，由中国对外经济贸易咨询公司主办的"第十一届中国国际汽车维修技术、工具及设备展览会"，"中国国际汽车清洗、油品、加油机及保养用品展览会"同样在北京全国农展馆开幕；3月9日至12日，由北京华港展览有限公司主办的"中国国际汽车维修技术及设备、汽车零配件、汽车用品展览会"在北京中国国际展览中心举办。

短短的15天的时间内，就有同种类型的3个展会相继举行，参展商和观众可谓挑花了眼。究竟该去哪个展会，不该去哪个展会，真的让人举棋不定。参展商和观众总不能每展必到，那样既浪费人力、物力，又浪费时间和金钱，效果也不会好。那么为什么在短短的半个月内就有同种类型的3个展会相继举行呢？

思考题：

1. 根据本案例，说明观众选择参观的展览时须考虑的因素。
2. 如何解决"半月之内同一主题展京城比拼"的问题？

练习与思考

(一) 名词解释

参观决策　准中间商

(二) 简答

1. 中间商、准中间商和最终顾客的参观目的有什么不同？
2. 观众在展会中搜集资料的方式有哪些？

(三) 论述

如何做好参观展览前的准备工作？

实 训 题

确认自己需要寻找的信息,到可能得到这类信息的展览会上去参观,看能否获得这类信息。

第八章

展览的宏观管理

 **学习目标**

学完本章,你应该能够:
1. 了解我国展览组织的情况;
2. 了解我国与展览有关的政策;
3. 了解发达国家和地区展览管理体制;
4. 了解国际主要会展组织。

 **基本概念**

主办单位　承办单位　进口展览品　BIE　IAEM　UFI

第一节　中国展览组织及相关政策

一、中国展览组织

在我国,重要的综合展由政府主办,政府下属部门或国有展览公司承办,如中国国际工业博览会、广交会、华交会等就是这样运作的。专业展大多由半官方的行业协会主办,专业展览公司参与承办。一些专业展由市场化运作的专业展览公司主办,但很多情况下也要借力,即借政府主管部门、行业协会的影响来办展。

目前,全国性的会展行业协会还未成立,正处于酝酿之中。会展业发达的北京、上海、广州、重庆、福州、厦门、深圳、温州、大连、宁波、西安、沈阳和杭州等大中城市,已成立地区性的会展行业协会。这里简要介绍一下上海市会展行业协会的有关情况。上海市会展行业协会成立于2002年4月25日,是由上海市从事会议、展览及相关业务的企事业单位组成的具有法人资格的行业性、非营利性社会团体，是在上海市委、市政府领导的关心下，上海市外经贸委、市科委、市外办、市经委、市商委、市农委、市旅委等委办联合推动下，上海市各会展公司自愿发起组建的，是上海会展业应对入世、携手合作，顺应上海市会展行业发展的成果。按照新型行业协会的标准，该会在行业界定上，实现内展与外展的融合，会议与展览的融合，体现了"大会展"理念；在组织结构上，打破系统和所有制的局限，体现行业协会的广泛性和代表性；在运作模式上，实行政府、协会、公司三分开，体现自主办会的原则。上海市会展行业协会的主要职能包括：行业协调、项目申报代理、制定行规行约、制定中长期发展规划、行业统计、为会员提供咨询、培训、认证、评估、招商、年审等服务。到2008年12月，上海市会展行业协会现有会员单位477家，会员单位的业务范围基本涵盖了会展，以及与此有关的各个方面。年营业额占全市会展业营业总额的60%以上。协会的常设机构是秘书处，下设项目部、办公室、联络部、信息部和服务中心。

当前，许多展览由各行业协会举办。其中一个非常重要的行业协会是半官方性质的中国国际贸易促进委员会，简称中国贸促会，英文名称为 China Council for the Promotion of International Trade，英文缩写为 CCPIT。中国贸促会成立于1952年5月，是由中国经济贸易界代表性的人士、公司和团体组成的全国性民间对外经贸组织。中国贸促会的宗旨是：遵循中华人民共和国的法律、法规和政策，开展促进对外贸易、利用外资、引进外国先进技术及各种形式的中外经济技术合作等活动，促进中国同世界各国、各地区之间的贸易和经济关系的发展，增进中国与世界各国人民，以及中外经贸界之间的了解与友谊。1988年6月，中国贸促会组建了中国国际商会(China Chamber of International Commerce，英文缩写为 CCOIC)。目前，中国贸促会、中国国际商会已同世界上两百多个国家和地区的工商企业界建立了广泛的经贸联系，与三百多个对口组织签订了合作协议，并与一些国家的商会建立了联合商会；同时，中国贸促会还在16个国家和地区设有驻外代表处。在国内，中国贸促会、中国国际商会在各省、自治区和直辖市建立了50个地方分会、六百多个支会和县级国际商会，还在机械、电子、轻工、纺织、农业、汽车、石化、商业、冶金、航空、航天、化工、建材、通用产业、供销合作、建设、粮食、矿业等部门建立了20个行业分会，全国会员企业近7万家。

中国贸促会、中国国际商会及其所属业务部门已经加入了许多国际组织，如世界知识产权组织、国际保护工业产权协会、国际许可证贸易工作者协会、国际海事委员会、国际博览会联盟、国际商事仲裁机构联合会。

中国贸促会代表中国政府参加国际展览会等活动，申办、参加世界博览会，赴国外主办中国贸易展览会和参加国际贸易博览会；负责中国赴国外举办经济贸易展览会或参加国际博览会的归口协调及相关管理、监督工作。中国贸促会安排和

第八章 展览的宏观管理

接待国外来华举办的经济贸易或技术展览会,主办国际专业性或综合性展览会,组织并主办国际博览会;协调国内有关方面接待外国来华经济贸易与技术展览会。中国贸促会办理国际经济贸易和海事仲裁事务;出具中国出口商品原产地证明书;受理共同海损和单独海损理算案件;出具人力不可抗拒证明,签发和认证对外贸易和海上货运业务的文件和单证;为到国外从事临时出口活动的公司、企业或个人出具有关单证册,并对其提供担保。

二、中国有关展览的政策

在我国,为保证展览业的有序发展,国务院和一些地方政府制定了一些相关的政策、法规。有关部门、会展公司必须按照这些政策和法规开展工作。这些政策、法规包括:国务院办公厅、商务部(由原外经贸部、原国内贸易部等部门合并)①、国家工商行政管理总局、海关总署、国家外汇管理局、文化部、建设部等下发的一系列有关展览的法规、政策。

我国近年来发布的有关会展政策与法规

2006年3月开始实施的由商务部、国家工商总局、国家版权局、国家知识产权局发布的《展会知识产权保护办法》;

2004年1月开始实施的由商务部、海关总署制定的《敏感物项和技术出口许可证暂行管理办法》;

2004年1月商务部发布的《设立外商投资会议展览公司暂行规定》;

2004年1月开始实施的由财政部、海关总署、国家税务总局制定的《关于进口货物进口环节海关代征税税收政策问题的规定》;

2004年1月实施的《中华人民共和国海关关于执行〈中华人民共和国与东南亚国家联盟全面经济合作框架协议〉》;

2003年国务院下发的《国务院关于取消第二批行政审批项目和改变一批行政审批项目管理方式的决定》和《国务院办公厅关于在我国境内举办对外经济技术展览会审批程序有关事项的复函》;

① 2003年,原外经贸部、原国内贸易部等部门合并组建商务部,原外经贸部、原国内贸易部发布的一些有关展览的政策仍有效,现在由商务部执行。在后面介绍有关展览政策时,仍按当初发文的部门加以说明。

2003年中国贸促会联合外交部、商务部、公安部、海关总署四部门下发的《关于进一步加强出国举办经济贸易展览会管理工作有关问题的通知》；

2002年1月实施的《出口许可证管理规定》；

2001年12月，外经贸部发布《关于重新核定出国(境)举办经济贸易展览会组办单位资格的通知》；

2001年7月，外经贸部发布《关于审核出国(境)举办经济贸易展览会组办单位资格的通知》；

2001年2月，中国贸促会、外经贸部印发《出国举办经济贸易展览会审批管理办法》；

2000年11月，国务院办公厅下发《国务院办公厅关于出国举办经济贸易展览会审批管理工作有关问题的函》；

1998年12月，开始实施由外经贸部制定的《在祖国大陆举办对台湾经济技术展览会暂行管理办法》；

1998年9月，外经贸部发布《在境内举办对外经济技术展览会管理暂行办法》的通知；

1998年8月，文化部发布《关于加强美术展览活动广告管理的通知》；

1998年1月，实施由国家工商行政管理局制定的《商品展销会管理办法》；

1997年7月，国务院办公厅下发《国务院办公厅关于对在我国境内举办对外经济技术展览会加强管理的通知》；

1997年6月，文化部发布《涉外文化艺术表演及展览管理规定》；

1997年6月，建设部发布《关于印发〈建设部展览管理〉的通知》；

1997年2月，海关总署重新修订发布了《中华人民共和国海关对进口展览品监管办法》；

1996年1月，国内贸易局发布《各类商品和技术交流活动的管理办法》；

1995年9月，外经贸部下发《关于出国(境)举办招商和办展等经贸活动的管理办法》；

1995年，国务院办公厅发布《国务院办公厅关于对出国(境)招商活动加强管理的通知》；

1993年12月，机械部发布《关于来华国际展览的管理办法》、《关于国内展览的管理办法》、《关于出国(境)展的管理办法》；

> 1993年10月发布实施的《关于赴港澳地区举办经贸活动的审批管理办法》；
> 1993年10月，文化部发布《关于印发〈文化艺术品出国和来华展览管理细则〉的通知》；
> 1992年6月，文化部发布《关于加强引进外国艺术表演和艺术展览管理细则的意见》；
> 1992年1月，外经贸部发布《关于批转〈关于出国举办经济贸易展览会归口协调审批管理办法〉的通知》；
> 1991年8月，国务院办公厅发布《关于加强出国举办经济贸易展览会统一协调管理的通知》；
> 1991年7月，外经贸部发布《在国外经济贸易展览会的审批管理办法》；
> 1989年5月，国家外汇管理局发布《关于国内单位出国举办或参加展览会（博览会）外汇收支的管理通知》。

此外，一些地方政府也制定了一些有关展览的地方性政策、法规。例如，1997年天津市人民政府发布的《天津市展览展销治安保卫工作暂行规定》；深圳市人民政府1995年发布的《深圳市人民政府关于加强我市涉外展览管理的通知》；2005年3月上海市人民政府发布的《上海市展览业管理办法》等，组展者在某地区举办展览时需要认真研究所在地的地方性法规。

下面将我国有关展览的政策、法规的主要内容作些介绍：

（一）商品展销会的管理

为加强对商品展销会的监督管理，保护生产者、经营者和消费者的合法权益，国家工商行政管理总局制定了《商品展销会管理办法》。该办法所指的商品展销会，是指由一个或若干个单位举办，具有相应资格的若干经营者参加，在固定场所和一定期限内，用展销的形式，以现货或订货的方式销售商品的集中交易活动。

该办法要求展销会组展者应具备下列条件：拥有法人资格，能够独立承担民事责任；拥有与展销规模相适应的资金、场地和设施；有相应的管理机构、人员、措施和制度。还规定参展者须具有合法的经营资格，其经营活动应符合国家法律、法规、规章要求。

在举办商品展销会前，组展者应向举办地工商行政管理机关申请办理登记；如展销会由若干个单位联合举办，则由其中一个具体承担商品展销会组织活动的单位向举办地工商行政管理机关申请办理登记。县级人民政府举办的商品展销会，应向举办地地级工商行政管理机关申请办理登记;地、省级人民政府举办的商品展销会,应向举办地省级工商行政管理机关申请办理登记。组展者在申请办理商品展销会登记手续时,应提交下列文件:① 证明举办单位具备法人资格的有效证件;② 举办商品展销会的申请书,内容包括:商品展销会名称(未经国务院有关行政主管部门批准,商品展销会名称不得使用"中国","全国"等字词)、起止日期、地点、参展商品类别、组展者银行账号、组展者负责人员名单、商品展销会筹备办公室地址、联系电话等;③ 商品展销会场地使用证明;④ 商品展销会组织实施方案;⑤ 其他需要提交的文件。依照国家有关规定,需要经政府或有关部门批准方可举办的商品展销会,应提交相应的批准文件。两个以上单位联合举办商品展销会的,还应提交联合举办的协议书。

工商行政管理机关核发《商品展销会登记证》后,组展者方可发布广告,进行招商。《商品展销会登记证》应载明商品展销会名称、举办单位名称、商品展销会负责人、参展商品类别、商品展销会地点及起止日期等内容。

举办单位负责商品展销会的内部组织管理工作,对参展经营者的参展资格,按规定进行审查,并将审查情况报告该商品展销会的登记机关备案。举办单位应与参展者签订书面合同,明确双方的权利和义务。

工商行政管理机关负责对商品展销会进行监督管理。上一级工商行政管理机关,可以委托举办地工商行政管理机关对商品展销会进行监督管理。参展商的经营行为损害消费者合法权益的,消费者可以依照《消费者权益保护法》,向参展商或组展者要求赔偿。组展者为两个以上的,消费者可以向具体承担商品展销会组织活动的承办单位要求赔偿,其他举办单位承担连带责任。

(二) 有关商品和技术交流活动的管理规定

为了规范各类商品和技术交流活动,提高举办展销活动的水平,国内贸易部于1996年1月制定了各类商品和技术交流活动的管理办法。该办法所指的各类商品和技术交流活动,是指国内贸易部及其直属企事业单位举办的各类商品、饮食服务和科学技术展销会、展览会、博览会、交易会、洽谈会、购物节等活动(以下简称展销交流活动);不包括指令性计划商品的分配、衔接和订货会。该办法还规定了,以国内贸易部各直属企事业单位名义举办的或与其他单位联合举办的国际性来华展销交流活动,按此办法进行管理。

1. 申报程序

申办单位应于每年11月底前提出下年度举办展销交流活动的计划,说明办展理由、条件、名称、内容、规模、时间、地点等。属专业性的展销交流活动报专业主管司局,由专业主管司局初审,汇总后于12月底前送综合计划司;属综合性的展销交流活动,直接报综合计划司审批。综合计划司对各单位的申报计划,进行汇总和复审,并适时组织有关专业司召开协调会议,统筹安排全年的展销交流活动计划,报经部领导批准后,向申办单位发出批准通知。申办单位接到审批通知后方可进行备展工作,并于办展前3个月将整个展销交流活动的具体实施方案连同《各类商品技术展销交流活动审批表》报有关司局审核后,送综合计划司统一办理批复文件。主办单位凭批复文件,办理工商、税务等有关手续。对于确因需要临时举办的各类展销交流活动,申办单位须在实施前6个月正式提出申请报告和实施方案。申报实施方案包括以下内容:主办单位、承办单位、展销交流活动宗旨、名称、地点、规模、时间、内容、效益分析、是否评比或举行研讨学术会、经费预算、经费来源、收费项目、收费标准、联系人和电话等,还须说明承办单位的基本概况、办展能力、服务功能等有关情况。

举办全国综合性的技术展销交流活动,需于筹展前半年向国家科委提出申请。申办单位的展销交流活动方案报国内贸易部科技质量局审核后,由综合计划司统一向国家科委办理申报文件。举办行业性技术展销交流活动,按本办法的审批程序办理后,审批文件报国家科委备案。

赴国(境)外举办各类商品、技术展销交流活动,由申办单位提出方案报综合计划司,经部领导批准后,按外经贸部《关于出国(境)举办招商和办展等经贸活动的管理办法》办理。

已经国内贸易部批准每年定期举办的"上交会"、"天交会"和"全国畅销商品展销月"活动的实施方案,由专业司局审核并报部领导批准后,送综合计划司备案。

其他部门或地方举办的有关展销交流活动,凡邀请国内贸易部以国内贸易部名义协办、名誉赞助的,主办单位应提出书面申请,并提供有关的交流活动资料,由综合计划司向有关司局提出审核意见,报部领导批准后正式函复邀请单位。

展销交流活动的主办单位应具有独立法人资格,其主要职责是根据国内商品市场发展的需要,结合本行业、本单位业务实际,制定并负责向国内贸易部申报展销交流活动计划,审核承办单位活动方案,监督检查活动效果。

承办单位必须是信誉好、有招商能力的部属企事业单位、社会团体。承办单位的主要职责是:根据主办单位的要求和有关规定,负责具体组织办理招商、设计布展、运送展品、展览管理、广告宣传、安全保卫、食宿安排、收取费用等工作。

2. 组织实施

各类商品和技术展销交流活动,由综合计划司负责统一协调,并会同专业司局具体组织实施和监督指导。以国内贸易部名义主办或与其他单位联合举办的大型展销交流活动,应成立组委会,刻制组委会印章。有关招展或招商工作,以组委会名义办理,其他类型的展销交流活动,应以主办单位或组委会名义进行招展、招商、广告宣传等工作。

展销交流活动结束后,主办单位或承办单位要在一个月内将展销活动的工作总结以书面形式报综合计划司及有关专业司局。全国行业性科技展销交流活动的总结报告,同时报送国家科委备案。

(三) 在中国内地举办的面向境外展览会的有关政策

改革开放以来,在中国内地举办的对外经济技术展览会(包括国际展览会、对外经济贸易洽谈会、出口商品交易会和境外民用经济技术来华展览会等)发展迅速,这对实现信息资源共享,降低交易成本,加强对外交流和合作,引进先进技术和设备,推动国内生产、工艺、技术进步,加快出口产品升级换代,促进对外贸易发挥了积极的作用,但也出现了多头审批、重复办展等问题。为加强对境内举办的对外经济技术展览会的管理,1997年7月国务院办公厅曾下发《国务院办公厅关于对在我国境内举办对外经济技术展览会加强管理的通知》,该通知明确规定:境内举办对外经济技术展览会,由外经贸部负责协调和管理。1998年9月,外经贸部发布《在境内举办对外经济技术展览会管理暂行办法》的通知。2003年,国务院下发《国务院关于取消第二批行政审批项目和改变一批行政审批项目管理方式的决定》和《国务院办公厅关于在我国境内举办对外经济技术展览会审批程序有关事项的复函》,对1997年颁布的《国务院办公厅关于对在我国境内举办对外经济技术展览会加强管理的通知》的相关内容作了部分调整。

现将有关政策简要介绍如下。

1. 对外经济技术展览会的审批

申报单位根据需审查的内容和要求,向审批部门申报,并提交有关文件和资料。申报时间原则上应提前12个月。

(1) 对展览面积在1 000平方米以上的对外经济技术展览会,实行分级审批管理。

① 以国务院部门或省级人民政府名义主办的国际展览会、博览会等,须报国务院批准。对国务院已批准的以国务院部门或省级人民政府名义主办的对外经济技术展览会,如需再次举办,由外经贸部受理申请;对符合国家产业政策及当地产业特点,达到一定办展规模和办展水平,企业反映良好,且取得较好社会经济效益的,由外经贸部直接审批,报国务院备案;经审核不宜或不宜再次举办的,由外经贸部提出处理意见,报国务院审批后函复主办单位。

② 国务院部门所属单位主办的,以及境外机构主办的对外经济技术展览会,报外经贸部审批。对在北京以外地区举办的,主办单位须事先征得举办地外经贸

主管部门同意。

③ 省级外经贸主管部门主办的和多省（区、市）联合主办的对外经济贸易洽谈会和出口商品交易会，由外经贸部审批。地方其他单位主办的对外经济技术展览会，由所在省（或区、市）外经贸主管部门审批，并报外经贸部备案。

④ 凡以科研、技术交流、研讨为内容的展览会，由科技部负责审批。

⑤ 中国国际贸促会系统举办的对外经济技术展览会，由中国国际贸促会审批，并报外经贸部备案。对其中在北京以外地区举办的，主办单位应事先征得举办地外经贸主管部门同意。

⑥ 对外经济技术展览会凡涉及中国台湾地区厂商或机构参展的，应报外经贸部审批，报国务院台湾事务办公室备案。海峡两岸的经济技术展览会，由外经贸部会同国务院台湾事务办公室审批。

对外经济技术展览会批准文件的主要内容有：展览会名称、主办单位（主办单位如有境外机构应注明国别或地区）、展览会的主要业务内容、规模、举办地点、时间、其他需要批准或备注的事项。批准文件抄送办展地外经贸主管部门和海关。

（2）面积在1 000平方米以下的对外经济技术展览会，各单位可自行举办，但须报上述有关主管单位备案。

（3）加强协调，严格审批，避免重复办展。

为严格控制办展数量，避免重复浪费，鼓励和推动联合办展，鼓励举办专业性展览会。对同类展览，原则上在同一省（或区、市及副省级市）的每年不超过两个。优先批准规模大、影响大、定期举办的展览。优先批准具有行业优势和办展经验的单位举办的展览。以国际展为名称的对外经济技术展览会，境外参展商必须达20%以上。组织招商、招展必须以企业自愿为原则，不得进行行政干预；有关广告、宣传材料必须真实可靠。

主办单位应在办展结束后一个月之内，按照外经贸部规定的内容和要求，向审批单位提交展览情况的总结报告。审批部门要加强对主办单位、承办单位办展活动的管理，维护正常的办展秩序。对国务院部门（含中国国际贸促会）所属单位在外地主办的展览，由当地外经贸主管部门进行管理。

2. 取消对主办和承办单位的资格审批

展览主办单位主要负责制定和实施举办对外经济技术展览会的方案和计划，组织招商、招展，负责财务管理，并承担举办展览的民事责任。承办单位主要负责布展、展览施工、安全保卫及会务事项。主办单位之间（即有两个或两个以上的单位联合主办），以及主办单位与承办单位之间，必须签订规范的办展协议，明确职责分工及承担办展民事责任等事项。除以国务院部门和省级人民政府名义主办的国际展览会,其他均不得以组委会或筹委会名义招展。

1997年颁布的《国务院办公厅关于对在我国境内举办对外经济技术展览会加强管理的通知》中规定,对外经济技术展览会的主办和承办单位,必须具有外经贸主管部门批准的主办和承办资格;境外机构在华举办经济技术展览会,必须联合或委托我国境内有主办资格的单位进行。根据2003年国务院下发的《国务院关于取消第二批行政审批项目和改变一批行政审批项目管理方式的决定》和《国务院办公厅关于在我国境内举办对外经济技术展览会审批程序有关事项的复函》,2003年3月海关总署和外经贸部发布《海关总署、外经贸部关于在我国境内举办对外经济技术展览会有关管理事宜的通知》,明确取消在境内举办对外经济技术展览会的主办和承办单位的资格审批。

3. 办展区域限制

国务院部门及其所属部门可在境内办展。地方办展机构只能在所在省(直辖市、自治区)内办展,不得跨省区办展。

4. 展览会名称

除非经规定的审批部门批准,各类展览会均不得冠以"国际"字样。地方主办单位举办的对外经济技术展览会,原则上不得冠以"中国"字样,可以使用地方性展览名称,如"(地区名)国际××展览会";地方主办单位举办的对外经济技术展览会同时符合下列4个条件,由省级外经贸主管部门报外经贸部核准后,可冠以"中国"字样:连续举办两届以上;上届展览会展出面积超过10 000平方米;境外参展商(不包括境内外商投资公司)比例达到20%以上;国内参展公司来自除举办所在省(市、区)以外的3个以上省(市、区),且其比例达到20%以上。未经外经贸部批准,任何对外经济技术展览会不得使用"中国出口商品交易会"或"广交会"名称及其相接近的名称(包括英文名称 The Chinese Export Commodities Fair,简称CANTON FAIR,缩写CECF)。

5. 展览会的广告宣传

对外经济技术展览会的招商、招展及其他宣传材料必须真实可信,与审批部门出具的批文内容严格一致。对外经济技术展览会的会刊等宣传材料中,必须详细列明主办单位,不得任意增减。未经有关部门书面许可,不得将其列为对外经济技术展览会的支持或协办单位。

6. 参展商

对外经济技术展览会的参展商,应为依法设立的具有民事责任能力的公司或机构。参展商不得展出假冒伪劣或侵犯知识产权的产品,未经批准,不得在展览期间零售展品。

7. 对进口展览品的管理

为了规范国外和港澳台地区的企业、民间组织及政府机构参加在我国境内举办的展览会,1975年11月海关总署发布了《中华人民共和国海关对进口展览品监管办法》,1997年2月海关总署对此办法进行修订后,重新颁布实施。

(1) 进口展览品的界定。进口展览品包括:在展览会中展示或示范的货物、物品,为示范展出的机器或器具所需用的物品,展览者设置临时展台的建筑材料及装饰材料,供展览品做示范宣传用的电影片、幻灯片、录像带、录音带、说明书、广告等。这里进口展览品的范围比较广,不仅仅是展品,还包括各种与展品有关的道具、资料、建筑及装饰材料。

(2) 进口展览品入关。接待来华举办展览会的单位,应将有关批文事先抄送展出地海关,并向展出地海关办理备案手续。举办为期半年以上的展览会,应由主办单位或其代理人事先报海关总署审核。

海关按照《中华人民共和国海关对进口展览品监管办法》,以及有关审批部门的批准文件,办理进口展品验放及相关手续。对1 000平方米以上展览的境外展品进境,由海关凭规定的审批单位出具的正式批准文件,按规定办理;对1 000平方米以下的,海关凭主办单位申请,按有关规定办理。

进口展览品属暂时进口货物,进口时免领进口许可证,免交进口关税和其他税费,但是必须接受海关监管。海关派员进驻展览场所执行监管任务时,展览会的主办或承办单位应提供办公场所和必需的办公设备,并向海关支付规费。除属海关同意的暂时进口货物,展览品中如有根据我国有关法律、法规受进口限制的物品,主办单位或其代理人应按照有关规定办理检验或批准手续。展览会期间出售的小卖品,主办单位或其代理人应向海关交验我国对外贸易管理部门的批准文件,并向海关缴纳进口关税和其他税费。

海关根据展览会的性质、参展商的规模、观众人数等情况,在数量和总值合理的范围内,对下列进口后不复运出境的货物免征进口关税和进口环节税:① 在展出活动中能够代表国外货物的小件样品,包括原装进口的或在参展期间用进口的散装原料制成的食品或饮料(不含酒精)的样品,但应符合以下条件:由参展商免费提供,并在展出期间专供免费分送给观众个人使用或消费的;明显系单价很小做广告样品用的;不适用于商业用途,且单位容量明显小于最小的零售包装容量的;食品及饮料的样品确系在活动中消耗掉的。② 在展览会中专为展出的机器或器件进行操作示范所进口的,并在示范过程中被消耗或损坏的物料。③ 展出者为修建、布置或装饰展台而进口的一次性廉价物品,如油漆、涂料及壁纸。④ 参展商免费提供,并在展出期间专门用于向观众免费散发的与活动有关的宣传性印刷品、商业目录、说明书、价目单、广告招贴、广告日历及未装框照片等。⑤进口供各种国际会议使用，或与其有关的档案、记录、表格及其他文件(不适用于含酒精饮料、烟叶制品及燃料)。其中，①项所述货物，需超出限量进口的，超出部分应照章纳税；②、③项所述物料，其未使用或尚未被消耗的部分，如不复运出境，应按规定办理进口手续，并照章纳税；④项所述物品如未在展览会期间分送完，展览会结束后需留在国内的，主办单位或其代理人应按照我国对有关印刷品进口的管理规定办理进口手续，并照章纳税。为举办展览会而进口的除上述以外的货物、物品，一律照章征税。

主办单位或其代理人申报进口展览品时，应向海关提交展览品清单，清单内容填写应完整、准确，并译成中文。展览会主办单位或其代理人应于展览品开箱前通知海关，以备海关到场查验。海关对展览品进行查验时，展览品所有人或其代理人应在场，并负责搬移、开拆、重新封货包装等协助查验的工作。

展览品入境时，展览会主办单位、参展商或其代理人，应向海关提供担保。担保形式可为相当于税款金额的保证金、银行或其他金融机构的担保书，以及经海关认可的其他方式的担保。在海关指定场所或海关派专人监管的场所举办展览会，可免于向海关提供担保。

展览会期间展出或使用的印刷品、音像制品及其他海关认为需要审查的物品，应经过海关审查同意后，方能展出或使用。对我国政治、经济、文化、道德有害的，以及侵犯知识产权的印刷品和音像制品，不得展出或使用，并由海关根据情况予以没收、退运出境或责令展出单位更改后使用。展览会的主办单位或其代理人，应在展出地海关办理展览品进口申报手续。从非展出地海关进口的展览品，应在进境地海关办理转关手续。

展览会闭幕后，展览会主办单位或其代理人应及时向展出地主管海关交验展览品核销清单一份。对于未及时退运出境的展览品，应存放在海关指定的监管场所或监管仓库，并接受海关监管。

对于经海关认可、展览品所有人予以放弃和赠送的货物，由海关按照有关规定处理。展览品因毁坏、丢失或被窃而不能复运出境的，展览会主办单位或其代理人应及时向海关报告，并办理有关手续。对于毁坏的展览品，海关根据毁坏程度估价征税；对于丢失或被窃的展览品，按照进口同类产品照章征税。展览品因不可抗力遭受损坏或灭失的，海关根据其受损状况，减征或免征关税和进口环节税。

对批准在我国境内两个或两个以上设关地点举办展览会的展览品，展览会的主办单位或其代理人应按海关要求，转至下一设关地点继续展览，并接受展出地海关监管。

展览会结束后,部分展览品需运至另外一设关地点参加其他相关展览会的,经海关同意后,按照海关对转关运输的有关规定办理转关手续。

对在原批准展出计划外,临时增加展出地点或参加另一展览会的展览品,展览会的主办单位或其代理人应持原批准单位同意增加展出地点或参加另一展览会的批准文件,向海关书面申请,经海关同意后,按海关对转关运输的有关规定办理转关手续。展览会结束后,应向展出地海关办理海关核销手续。展览品实际复运出境时,展览会的主办单位或其代理人应向海关递交有关的核销清单和运输单据,办理展览品出境手续。

对需要运至其他设关地点复运出境的展览品,经海关同意后,按照海关对转关运输的有关规定办理转关手续。

展览品自进境之日起6个月内复运出境。如需延长复运出境期限应报经主管海关批准,延长期限最长不超过6个月;如在规定的期限内未复运出境的,海关依法征收进口环节增值税和消费税。

展览品不得移出展览品监管场所,如需要移出的,应报经海关核准。对于转为正式进口的展览品,海关按照有关规定办理进口手续。展览会主办单位应及时向海关办理转为正式进口的展览品进口结关手续,负责向海关缴纳参展商或其代理人拖欠未缴的各项税费。

8. 在大陆举办对中国台湾经济技术展览会的管理规定

为使举办对中国台湾经济技术展览会规范、有序地进行,促进海峡两岸经贸关系的发展,外经贸部根据《国务院办公厅关于对在我国境内举办对外经济技术展览会加强管理的通知》和《在境内举办对外经济技术展览会管理暂行办法》,制定了《在祖国大陆举办对中国台湾经济技术展览会暂行管理办法》,该办法适用于在祖国大陆举办的对中国台湾经济技术展览会,包括海峡两岸的经济技术展览会、对中国台湾出口商品交易会、中国台湾商品展览会、中国台湾厂商参展的国际性展览会和博览会、中国台湾厂商参展的全国性展览会。大陆台资企业参加在大陆举办的对中国台湾经济技术展览会,应以大陆台资企业名义参展。以中国台湾厂商名义参展,展出从中国台湾地区进口商品的,适用本办法。下面简要介绍该办法的主要内容。

(1) 举办单位。对中国台湾经济技术展览会的举办单位(含主、承办单位)的责任、展览行为,按照外经贸部《在境内举办对外经济技术展览会管理暂行办法》的规定执行。中国台湾民间机构在大陆举办对中国台湾经济技术展览会,须联合或委托大陆具有主办资格的单位举办(现主办单位资格审批已取消),在大陆的招商、招展由大陆主办单位负责。中国台湾的主办单位,应是具有相当规模和办展实力、信誉良好的展览机构、大型公司、经济团体或组织(包括经济贸易促进机构、同业公会、行业协会等)。

（2）审批和管理。举办海峡两岸的经济技术展览会，由外经贸部会同国务院中国台湾事务办公室审批；举办其他对中国台湾经济技术展览会，由外经贸部负责审批，报国务院中国台湾事务办公室备案。

举办对中国台湾经济技术展览会需审查的主要内容：① 政治方面，不得出现"台湾独立"、"两个中国"、"一中一台"等政治问题。中国台湾厂商参展的宣传品、杂志、电子出版物等资料中，不得有代表"中华民国"的字样、图片、音乐等。② 展览会的名称：祖国大陆与中国台湾联合举办的经济技术展览会，应冠以"海峡两岸"的名称；各省（市、区）与中国台湾省联合举办的经济技术展览会，则应分别冠以该省（市、区）与中国台湾省之名（如"闽台××展览会"、"沪台××展览会"等）。

邀请中国台湾厂商参展的国际性及全国性展览会、博览会，应提交有关主管单位的批件、参展中国台湾厂商的名单（中文）、展品内容、展出面积等详细清单，并提前一个月申报；举办海峡两岸的经济技术展览会，对中国台湾出口商品交易会、中国台湾商品展览会，应提交展览会的筹组计划和方案、可行性研究报告、参展企业及其展品的有关情况等，并提前6个月申报。

（四）出国举办经济贸易展览会管理规定

根据《国务院办公厅关于出国举办经济贸易展览会审批管理工作有关问题的函》，2001年2月中国贸促会、外经贸部印发《出国举办经济贸易展览会审批管理办法》。此办法所称出国举办经济贸易展览会（以下简称出国办展）包括：在国外单独举办经贸展览会、友好省市经贸展览会和以商品展览形式举办的经贸洽谈会（以下统称举办单独展）、组织公司参加国外举办的国际贸易展览会和博览会。

中国贸促会负责出国办展的审批和管理。外经贸部负责出国办展的宏观管理，对组展单位进行资格审查，并对出国办展工作进行监督检查。

1. 组展单位

中国贸促会负责以国家名义组织参加由国际展览局登记或认可的世界博览会，并代表国家出国办展，可邀请国务院各部门、各地方人民政府及组织各地方、各行业公司、经济团体参展。

全国性进出口商会和贸促会行业分会可出国办展，但不得跨行业组展。

需要以地方政府名义出国办展，由各省、自治区、直辖市、计划单列市（含原计划单列市）及经济特区外经贸主管部门组织实施，但不得跨地区组展。

各省、自治区、直辖市、计划单列市（含原计划单列市）及经济特区贸促分会可出国办展，但不得跨地区组展。

经外经贸部批准的外商投资公司协会、专业展览公司和其他有关单位，可按外经贸部核定的组展范围出国办展。

2. 审批的权限

中国贸促会代表国家制订出国办展计划，经外经贸部、外交部和财政部会签后，报国务院审批，其他出国办展计划一律由中国贸促会审批。

3. 审批和备核程序

对到展览会集中举办国和未建交国家（以下简称审批管理国家）办展，实行审批管理；赴其他国家（以下简称备核管理国家）办展，实行备核管理。

出国办展实行审批管理的国家包括：展览会集中举办国，如德国、意大利、法国、英国、西班牙、瑞士、俄罗斯、以色列、阿联酋、日本、韩国、泰国、新加坡、埃及、南非、美国、巴西、澳大利亚；未建交国家。

赴审批管理国家办展，组展单位应在每季度头2个月，且不迟于展览会开幕前6个月向中国贸促会报送办展计划（计划抄送外经贸部），并填写出国办展申请表。

贸促会于每季度最后一个月对组展单位报送的办展计划进行审批（原则上6月份集中审批第二年度上半年计划，9月份集中审批第二年度下半年计划，12月份审批补报的第二年度计划，3月份审批当年补报的计划），并核发出国办展批准件。无特殊情况，不增加审批次数。

贸促会审批出国办展计划前，将拟审批同意的计划送外经贸部会签。外经贸部在收到该计划后10个工作日内予以会签。赴未建交国家办展计划，同时送外交部会签。

赴审批管理国家办展，组展单位还应在展览会开幕前3个月向贸促会报送参展人员复核申请表。贸促会在收到该表后10个工作日内予以复核，并核发参展人员复核件。复核件抄送外经贸部。

赴备核管理国家办展，组展单位应至少于展览会开幕前3个月向贸促会报送办展计划，并填写出国办展申请表。贸促会在收到该表后10个工作日内予以备核，并核发出国办展备核件。备核件抄送外经贸部。

各级外经贸主管部门凭贸促会核发的出国办展批准件或出国办展备核件，核发展品出境有关证件；各地海关、出入境检验检疫机构凭贸促会核发的出国办展批准件或出国办展备核件及展品出境有关证件，对展品实行查验放行；各级外汇管理部门和外汇指定银行凭贸促会核发的出国办展批准件或出国办展备核件办理相关外汇使用及核销手续。

各级外经贸、外事、外汇管理部门和外汇指定银行凭贸促会核发的参展人员复核件或出国办展备核件，办理参展人员出国、外汇使用及核销手续。

4. 审批的依据和要求

审批出国办展的依据是：我国外交、外经贸工作需要；赴展国政治、经济情况；

赴某一国家或地区办展集中与否；展（博）览会展出效果；组展单位办展情况及公司参展情况；我驻赴展国使领馆意见等。

组展单位应制订切实可行的年度出国办展计划，并须征得我驻赴展国使领馆同意。

各省、自治区、直辖市、计划单列市（含原计划单列市）及经济特区外经贸主管部门举办单独展，一年内一般不应超过两个。展团人员原则上按每个标准摊位（3×3平方米）两人计算，在外天数按实际展出天数前后最长各加4天计算。

未经批准，任何单位不得组展和出国办展；办展计划一经批准，不得随意更改或取消；如有变动，组展单位须在展览会开幕前3个月通报审批部门和我国有关驻外使领馆。

5. 对组团单位的管理

组展单位应严格遵守我国的法律、法规，信守承诺、注重服务、合理收费。组展单位应鼓励公司选择高新技术、高附加值和适销对路的商品参加展出，防止假冒伪劣、侵犯知识产权的商品参展。组展单位应注重贸易成交效果，积极组织公司开展市场调研和贸易洽谈。组展单位应加强对出国人员的管理，组织参展人员进行出国前外事纪律、保密制度、涉外礼仪等方面的学习；严禁借出国办展之机公费旅游。组展单位应制定严格的展团管理措施，切实加强对展团的领导；组织参展公司做好布展工作，注重展团对外形象；展出期间，参展人员不得擅离展位。组展单位应接受我驻赴展国使领馆的领导，及时向使领馆汇报办展情况；严格遵守赴展国法律、法规，尊重当地习俗，遵守展（博）览会的各项规定。

对参加同一展（博）览会，且组展单位多、展出规模大的展览团，贸促会视情况协调有关组展单位制定相应规则予以管理。

组展单位须在展览会结束后一个月内将出国办展情况调查表及总结报贸促会和外经贸部。贸促会会同外经贸部于每年3月底前将上年度出国办展情况报送国务院。

赴中国香港、中国澳门特别行政区和中国台湾省的办展计划，仍由外经贸部审批。

6. 出国（境）举办经济贸易展览会组办单位资格

2001年7月，外经贸部发布《关于审核出国（境）举办经济贸易展览会组办单位资格的通知》，主要内容如下：

该办法所指的出国（境）办展的组办单位，是指组织国内公司赴国（境）外举办经济贸易展览会或参加国（境）外举办的国际贸易展览会、博览会的单位。各省、自治区、直辖市和计划单列市外经贸主管部门，各省、自治区、直辖市和计划单列市贸促分会、各行业贸促分会、全国性进出口商会、中国外商投资公司协会均可出国

(境)办展,不需要进行资格审批。其他出国(境)办展单位,必须具有外经贸部审核批准的出国(境)办展组办单位资格。凡具备以下条件的单位均可申请出国(境)办展组办单位资格:

(1) 企业。具有独立的公司法人资格,具备承担举办展览的民事责任能力和组织招商、招展能力;设有专门从事办展的部门或机构,并有相应的展览专业(包括策划、设计、组织、管理及外语)人员,具有完善的办展规章制度;具有境内举办对外经济技术展览会主办单位资格;具有因公临时出国(境)任务审批权(尚未与行政机关脱钩的公司除外);获得流通领域进出口经营权5年以上,且上一年度进出口额达1亿美元以上。

(2) 事业单位和社会团体。成立3年以上,具有独立的事业法人或社团法人资格,具备承担举办展览的民事责任能力和组织招商、招展能力;设有专门从事办展的部门或机构,并有相应的展览专业(包括策划、设计、组织、管理及外语)人员,具有完善的办展规章制度;开办经费或注册资金不少于300万元人民币;具有行业代表性;具有境内举办对外经济技术展览会主办单位资格;事业单位或社会团体本身或其上级主管部门具有因公临时出国(境)任务审批权。

(3) 各省、自治区、直辖市和计划单列市外经贸主管部门可指定或设立一至两家展览机构,专门组织本地区内的公司出国(境)办展。该机构须具有独立的法人资格,具备承担举办展览的民事责任能力和组织招商、招展能力,并有相应的展览专业(包括策划、设计、组织、管理及外语)人员,具有完善的办展规章制度。

中央企工委所属公司直接向外经贸部提出申请,中央企工委所属公司下属单位通过中央企工委所属公司向外经贸部提出申请;国务院各部门、各直属机构所属单位通过国务院各部门或直属机构向外经贸部提出申请;地方各申请单位通过省级外经贸主管部门向外经贸部提出申请出国(境)办展组办单位资格。

(五) 赴港澳举办招商和办展等经贸活动有关规定

为扩大我国对外开放,维护港澳地区过渡时期的经济繁荣和政治稳定,维护大陆在港澳的市场,提高赴港澳地区举办各类经贸活动的社会影响和经济效益,避免重复举办、走形式、多头对外等混乱现象,使其能更好地为对外经济贸易发展服务,规范赴港澳举办招商和办展等经贸活动,根据《国务院办公厅关于对赴港澳地区招商办展等经贸活动加强管理的通知》,1993年10月,外经贸部发布实施《关于赴港澳地区举办经贸活动的审批管理办法》。这里所指的"赴港澳地区举办经贸活动",包括:经济贸易建设成就展览会,商品展览会和展销会,招商引资、投资项目洽谈会、发布会,经济技术合作交流会,以及参加港澳地区举办的国际贸易博览会、展览会等一切具有经济贸易内容的活动。主要内容简介如下。

1. 主办单位

各省(区、市、计划单列市、经济特区)的经贸委(厅)、外贸局负责主办以省(市、区)名义举办的赴港澳经贸活动。以上单位可组织本省(市、区)的进出口公司和企业参加,但不得跨省(市、区)组织。各部委所属进出口总公司、工贸公司、外经贸部所属的各进出口商会、外商投资公司协会,可主办本系统、本行业范围内的专业性的经贸展览会、展销会、洽谈会等经贸活动,组织本系统、本行业的进出口公司和企业参加。外经贸部根据业务需要,可指定有关单位组织或承办赴港澳地区经贸活动。除上述所列单位外,其他单位和地区原则上不得组织赴港澳地区的经贸活动,如确有需要,需由有关省(区、市)的经贸委(厅)、外贸局或国务院有关部委报外经贸部审批。

2. 审批的原则与程序

赴港澳地区举办经济贸易活动由外经贸部归口审批,审批的依据是:是否有利于港澳地区过渡时期的繁荣和稳定、是否有利于扩大出口创汇和拓展经济合作、过去赴港澳举办这类活动的情况及效果、新华社港澳地区分社的意见等。

外经贸部对赴港澳地区举办的经贸活动实行年度总量控制。省、区、市级或国务院有关部委赴港澳地区的经贸活动,一般每2—3年轮流举办一次。省、区、市级以下单位单独举办,视同省、区、市级举办,占用省级赴港澳地区举办经贸活动的指标。

参加活动的总人数一般不超过200人。不得挪用赴港澳地区经贸团组指标,不得以旅游过境等方式安排人员赴港澳地区参加或举办经贸活动,不得以各种名义安排与经贸活动无关的人员随团赴港澳地区。

如确需省部级领导干部参加,只限一个名额,并按国家规定的程序报批。

在时间安排上,赴港澳地区举办经贸活动要尽量与广州出口商品交易会错开。

各主办单位要根据本行业、本地区的实际情况,以及港澳地区的政治、经贸情况和举办活动的条件,制订活动计划。计划内容包括:活动的目的、名称、地点、规模、时间、内容、人数、在外停留时间、经费预算及可行性方案。该计划应与申请报告一并送外经贸部审核。

赴港澳地区举行经贸活动的计划,原则上每年审批两次。各主办单位应分别于每年4月和10月底以前,将下年度上半年和下半年的活动计划报送外经贸部。外经贸部对所有的申报计划进行汇总、审核后,于5月和11月统一征求新华社中国香港分社和中国澳门分社的意见,并于收到新华社中国香港分社和中国澳门分社的回复后分别批复各主办单位。

如确因外交、经贸需要,而临时增补的活动计划,将作为个案处理。个案申报必须有充足理由,并在活动开始的两个月前报送外经贸部,外经贸部将从严控制审批。

主办单位只有在活动计划得到批准后,才能开展相应的工作。未经批准不得对外披露、承诺,或与展览公司签订协议,或变相组团出访。活动计划一经批准,应严格执行,主办单位不得随意更改。如需要提前、推迟、扩大规模或撤销,应报请外经贸部批准。

(六) 设立外商投资会议展览公司的政策

为鼓励外国公司、企业和其他经济组织(以下简称外国投资者)在中国境内设立外商投资会议展览公司,举办具有国际规模和影响的对外经济技术展览会和会议,根据《中华人民共和国中外合资经营公司法》、《中华人民共和国中外合作经营公司法》、《中华人民共和国外资公司法》及其他相关的法律、法规,2004年1月,商务部公布《设立外商投资会议展览公司暂行规定》,对设立外商投资会议展览公司作出政策规定。

该规定鼓励引进国际上先进的组织会议展览和专业交流方面的专有技术设立外商投资会议展览公司,促进我国会展业的发展,创造良好的社会和经济效益。外商投资会议展览公司在中国境内的正当经营活动和合法权益,受中国法律的保护。商务部及其授权商务主管部门是外商投资会议展览公司的审批和管理机关。经批准设立的外商投资会议展览公司,可以按规定经营以下业务:在中国境内主办、承办各类经济技术展览会和会议,在境外举办会议。在境内外举办展览、会议,国家另有规定的,从其规定。

外国投资者可以在中国境内,以外商独资的形式设立外商投资会议展览公司,或者与中国的公司、企业或其他经济组织(以下简称中国投资者)按照平等互利的原则在中国境内以合资、合作的形式设立外商投资会议展览公司。申请设立外商投资会议展览公司的外国投资者,应有主办国际博览会、专业展览会或国际会议的经历和业绩。

外商投资会议展览公司在中国境内招展参加境外举行的国际经济贸易展览会,或者在境外举办国际经济贸易展览会的管理办法另行规定。外商投资会议展览公司中外投资者变更、股权变更或设立分支机构,应按本规定报省级商务主管部门批准后,到工商行政管理机构办理营业执照变更登记手续。外商投资会议展览公司进口展览品,按照海关对进口展览品有关监管办法办理进口手续,并进行监管。中国香港特别行政区、中国澳门特别行政区、中国台湾地区的公司、企业和其他经济组织在大陆设立会议展览公司,参照本规定执行。

(七) 其他

1. 属许可证管理的展品出入关规定

根据《中华人民共和国对外贸易法》和《中华人民共和国货物进出口管理条

例》,2002年1月实施的《出口许可证管理规定》,对赴国(境)外参加或举办展览会运出境外展品、展卖品、小卖品作出规定如下:

(1)赴国(境)外参加或举办展览会所带属许可证管理的非卖展品,免领出口许可证,海关凭审批部门批准办展的文件和出口货物报关单监管验放。参展单位应在展览会结束后6个月内,将非卖展品如数运回,由海关核销。在特殊情况下,经海关同意,可以延期。有关核出口、核两用品及相关技术的出口管制条例管辖商品,不适用本项规定。

(2)赴国(境)外参加或举办展览会带出的展卖品、小卖品,属于出口许可证管理的,参展单位凭批准文件及展览会主办单位签发的参展通知、参展商品证明,向《分级发证目录》规定的发证机构申领出口许可证,不占用出口配额。

2. 中国和东盟有关展览的规定

2004年1月1日,《中华人民共和国海关关于执行〈中华人民共和国与东南亚国家联盟全面经济合作框架协议〉项下〈中国—东盟自由贸易区原产地规则〉的规定》开始实施。

根据该规定,原产于任一东盟国家的产品,运往其他东盟国家或我国境内展览,在展览期间或展览结束后销售至我国境内,并且同时符合下列条件的,可以适用中国—东盟协定税率:

(1)出口人已将产品从东盟出口国运至举办展览会的东盟国家,并且已在该国实际展出;

(2)出口人已将货物转让给我国境内收货人;

(3)在展览期间或展览结束后销售至我国境内的产品,其状态与展出时的状态保持一致。

符合前款规定的展览会产品进口报关时,收货人应向海关提交该东盟出口国的原产地证书,同时还应提供展览举办国有关政府机构签发的注明展览会名称及地址的证明书,以及符合"进口货物运输途中经过非自由贸易区成员国境内(包括转换运输工具,或者作临时储存)运输至我国,产品经过上述国家时未进行贸易或消费"的相关证明文件。

这里所称"展览会"包括为出售外国产品而专门举办的商业、农业、手工业展览会或交易会,以及在商店、商业场所举办的类似展览或展示。

3. 敏感物项和技术出口许可

根据《中华人民共和国对外贸易法》、《中华人民共和国核出口管制条例》、《中华人民共和国核两用品及相关技术出口管制条例》、《中华人民共和国导弹及相关物项和技术出口管制条例》、《中华人民共和国生物两用品及相关设备和技术出口

第八章 展览的宏观管理 199

管制条例》和《有关化学品及相关设备和技术出口管制办法》,2004年1月实施的由商务部、海关总署制定的《敏感物项和技术出口许可证暂行管理办法》,对其中的敏感物项和技术出口许可等运出境外的展品的管理作出规定。

(1) 赴国(境)外参加或举办展览会运出境外的非卖展品,参展单位(出口经营者)应凭批准办展的文件,按规定申请敏感物项和技术出口许可。敏感物项和技术出口许可证备注栏内应注明"展览"字样。海关凭敏感物项和技术出口许可证和出口货物报关单监管验放。参展单位应在展览会结束后6个月内,将非卖展品如数运回,由海关凭有关出境时的单证予以核销。在特殊情况下,可向海关申请延期,但延期最长不得超过6个月。

(2) 赴国(境)外参加或举办展览会运出境外的展卖品,视为正常出口,参展单位(出口经营者)应凭批准办展的文件,按规定申请敏感物项和技术出口许可。

 了解上海、北京、广州,或者读者本地有关会展的地方性法规有哪些,其主要内容是什么?

第二节 会展发达国家和地区对会展的管理

一、会展发达国家和地区的会展管理体制

在德国、法国、新加坡等会展发达国家和地区(以下简称发达国家),都不存在我国这样由于计划经济原因而形成的条块分割管理体制的问题。发达国家一般都设置统一的会展管理体制,设置唯一的国家级的权威性展览管理机构,如德国展览委员会(AUMA),法国海外展览委员会技术、工业和经济合作署(CFMU-ACTIM)和新加坡贸易发展局(STDB)等。

在发达国家,会议一般纳入旅游业的管理体制下。在日本和韩国,国家旅游机构下都设有会议局或会议司。在法国和美国,旅游局的全称干脆就是"会议观光局"(CVB)。新加坡会议局(SCD)隶属新加坡旅游局,虽也参与展览业的部分管理工作,但主要侧重于国际会议,更多的是参与一些重大国际活动的整体策划、包装、宣传,以及为参展商、海外专业观众和代表服务,着眼于通过国际会议和展览会来促进旅游。

在德国、美国、英国等发达国家,任何商业机构和贸易组织都不需要特别的审批程序就可以进入会展业。在这些国家,展览项目基本不需政府审批,而是由会展行业协会或贸易促进机构,通过行业自律的方式对本国会展市场进行协调和规范。个别发达国家,虽然对进入会展业的组织进行审批,但审批的重点与我国不同。例如,新加坡政府对展览会的审批,主要审核是否影响社会安全,对展览会本身基本上没有什么限制;对于本国公司出国参展,还提供税收方面的优惠;对行业协会、商会等组织8家以上会员单位以国家馆名义出国参展,政府还会拨款予以赞助。

发达国家设置的会展管理机构,主要履行以下职能:

(1) 制定有关会展政策和发展规划。新加坡贸易发展局(STDB)以促进国际贸易、提升新加坡区域中心地位为出发点,制定了一系列扶持、规范和发展新加坡会展业的规划。德国展览委员会(AUMA)则对展览会的类别、展出地点、日期、展期、周期等方面加以规范管理,以维护参展商、组织者和观众等各方的合理利益。

(2) 组织会展有关各方力量,开展整体促销。当前,国家和国家之间、城市和城市之间为了取得一个会议或展览的举办权,竞争十分激烈。为获得某个会展的举办权,一个国家和城市首先是将其作为一个整体来推销,而不是单个会议中心、展览场馆、饭店或会展公司分散促销。发达国家和城市一般设有国家会议局和城市会议局,担负起本国或本市形象包装和宣传的工作。

发达国家会展管理部门开展整体促销的主要手段有:① 参加会展业的相关国际专业交易会。例如,参加每年5月在瑞士日内瓦举办的欧洲会议、公务、奖励旅游交易会,参加每年9月在美国芝加哥举办的奖励和会议旅游展销会,参加每年12月在亚洲举办的奖励和会议旅游展销会。② 邀请组展公司来访,进行实地考察。通过实地考察,组展公司将对会展目的地举办会展活动的设施、接待条件和能力等有一个感性认识,从而可以吸引它们的兴趣。③ 建立全球销售网络。例如,德国政府协助本国展览机构在全世界设立办事机构约390个,从而建立起全球会展营销网络;我国香港旅游局任命港内800名各界知名人士为会议大使,有效地将触角延伸至方方面面。④ 组团出访促销。1997年,由于亚洲金融危机的影响,新加坡会展经济一落千丈,到新加坡参展的公司数和观众大幅度减少。为扭转这一不利局面,新加坡贸易发展局(STDB)特地于1998年10月派团前往欧洲,先后访问了罗马、米兰、慕尼黑、汉堡、法兰克福等重要展览城市,以增进与欧洲有关公司和组织的交流和合作,鼓励它们到新加坡参展和组展。结果,部分世界著名的展览公司,如MontgomeryNetwork、Need展览公司及杜塞尔多夫展览公司等,把欧洲一些重要的展览会引进到新加坡。

(3) 参加会展国际专业组织,加强国际联系。会展国际专业组织主要有:国际会议协会(ICCA)、国际专业会议组织者协会(IAPCO)、会议策划者国际联盟(MPI)、国际协会联盟(UIA)、国际展览局(BIE)、国际展览管理协会(IAEM)、贸易展览参展协会(TSEA)、国际展览业协会(UFI)等。发达国家的会展管理机构通过参加这些国际会展组织,可及时获取国际会展业的最新发展动态,也利于更好地指导和推动本国会展业的发展和参与国际会展市场的竞争。

二、发达国家的会展行业协会

会展行业协会是会展企业利益的代言人,也是政府与会展企业进行沟通的最主要渠道。目前,在市场经济发达的欧美国家和市场经济较成熟的一些亚洲国家和地区,政府管理会展行业的职能已经与会展行业协会紧密地结合在一起,会展行业协会既是会展企业的代言人,也是贯彻政府意图、执行政府会展政策的得力助手。会展行业协会以维护行业合法权益、协调会员之间关系、为会员提供服务、维护市场公平竞争、沟通会员与政府间关系、促进同行业的经济发展为宗旨,在国家法律的指导下行使着管理职能,在中央和地方政府制定有关会展的政策中扮演着重要角色。

发达国家的会展行业协会的主要职能如下。

1. 制定会展业行规

发达国家的会展行业协会根据本国法律、法规的规定,结合行业发展的实际情况,制定和组织实施会展行业的行规;通过建立行业自律机制,提高行业整体素质,维护行业整体合理利益和推动行业发展。

例如,成立于1980年的新加坡会议展览协会,其会员有专业展览公司、专业会议公司、场馆设施及其他展览服务机构。其最主要职能就是行业管理和协调,一方面,它与政府密切配合,共同制定一系列的行为规范,一旦有会员违反有关规定,就召开会议讨论加以解决,必要时甚至采取制裁措施,以维持公平竞争的秩序;另一方面,在展览会主题、展出时间安排、摊位价格、展览会质量水准等方面,在会员单位之间进行协调,以维护会员的正当权益。

2. 对展览会进行认证评估

每年,世界上举办上万个展览会,这既造就了展览市场的繁荣,也难免良莠不齐、鱼目混珠。会展行业协会义不容辞地承担着参与行业标准制定和认证评估的工作,对品牌展览授予专利,对某些展览项目产权进行保护。在英国,会展业联合会要求其会员对其举办的展览会进行第三方审计,即聘请一家独立的审计公司对展览会的整体效果进行评估。英国展览组织者协会(AEO)每年举办展览最佳服务评选活动,即由展览组织单位评选出当年的最佳配套服务公司,奖项分八类,包括摊位施工、电力安装、展品运输、保安、展馆管理、家具租赁、工业服务和特殊成就奖。目前,英国展览组织者协会的颁奖大会已成为英国会展业一年一度最重要的活动,"AEO杰出服务奖"某种程度上已成为英国会展行业中的质量认证。

3. 对会展专业人才进行培训

会展业发展前景非常不错,为保证会展业的持续、健康发展,需要大量熟悉业务、经验丰富的专业人才。这些人才除由学历教育机构进行培养外,会展行业协会在职后培训方面担负着重要的使命。例如,美国国际展览管理协会(IAEM)创造了一套系统的展览专业人士职后培训计划,采取课堂教学、工作实践、参与协会活动等方式,为展览专业人士提供继续学习和资格认证的机会,参加培训人员每完成一个专业测定就获得一定的分数,累积到一定分数后,协会将授予展览管理资格证书(CEM—Certified Exhibition Management)。要取得这个证书,一般要花2—4年的时间,而获得了此证书,则表明该从业人员取得了展览管理的资格。又如,新加坡会展协会则通过举办培训班、召开年会和不定期讲座等方式,对会展从业人员进行业务培训。

三、发达国家会展管理经验

发达国家会展业在长期的发展过程中,积累了极其丰富的经验,值得我国会展界借鉴。除了上述管理体制方面的优势外,发达国家会展业还有以下发展经验值得借鉴。

1. 完善的会展管理法规

在会展长期发展过程中,发达国家制定了一套完整的会展法规,并不断完善,从制度上保证其会展业健康、有序的发展。例如,德国展览委员会通过制定相关措施,对品牌展览会名称给予类似商标的保护,防止展览的雷同和撞车,以保护名牌展览。在英国,各类展览服务公司、展馆场地和配套服务企业,都要执行统一的行为规范,这些行为规范由各自的协会制定,对会员有指导和约束作用。例如,英国展览服务协会规定,任何会员施工单位不能因与客户发生纠纷而中途停止服务,影响客户正常展出;英国展览组织者协会规定,会员单位发布的统计数字、展览会介绍必须真实准确。

2. 根据情况对会展采取扶持政策

发达国家会展业的成熟,很大程度上应归功于这些国家在会展业发展初期采取的一系列扶持政策。这些扶持政策主要体现在对展览的资助和投资上,尤其是对大型和特大型展览设施和会展中心建设的支持和资助上。此外,许多欧亚会展

第八章 展览的宏观管理

发达国家的政府为了鼓励本国企业参加国际展,每年都在国家的财政预算中划出一块,向参展企业提供资金支持。例如2000年,德国政府联邦经济部共资助本国企业出国参展达222次。又如,新加坡为了扶持会展业,特制定了以下三项政策:

(1) 特准国际贸易展览会资格计划。新加坡贸发局从质量、规模、参展和参观人数、国际化程度(海外参展商和观众比例)等方面对展览会进行全面评估,对符合标准的展览会授予AIF资格。获得AIF资格的组展商在进行国际市场开拓时,可获得最高2万新币的政府资助。新加坡贸发局也为这些展览会出版有关宣传品,在其海外办事处散发,以吸引更多的外国参展商和观众。此外,新加坡本地企业参加具有AIF资格的展览会,也可像出国参展一样,获得双重减免税收的优惠。

(2) 特准贸易论坛计划。新加坡贸发局推出该计划的主要目的是推动在举办国际展会的同时,举行商务会议和论坛等活动。

(3) 国际展览发展协助计划。此计划目的是对一些有可能发展成为高质量、高档次的展览项目,进行重点政策支持。

3. 建立全球会展营销网络

前有所述,发达国家一般都在世界各地建立全球会展营销网络,这极大地提高了这些国家和地区在国际会展市场的竞争力。例如,香港贸发局,先后在全世界五十多个城市设立了办事机构;法国国际专业促进委员会,对同一专题的展览会,只接受一个质量最好的展会作为其成员,现有65个展会加入到这一组织,该组织将65个成员的营销费用集中到一起,在全球五十多个国家设立办事机构。

4. 先进的办展理念

(1) 专业化。发达国家的专业展是一个单纯的交易谈判场所,几乎没有零售。而且会场主题区域按照展品的种类进行划分,这对促进展览会的专业水平和贸易成交有很大的帮助。

(2) 苛刻的参展商选择。作为国际水准的专业展,参展商的产品和营销手段应具有国际水准。欧美许多展览会在招展时,对参展商的选择十分谨慎,很多展会组织者常常要求参展商在报名时提供详细的公司情况介绍,对参展商资格进行严格的审核,一旦发现其不够格,就绝不会因图小利而让其参展。此外,在参展商的选择过程中,特别注重参展商来源的国际化。德国法兰克福展览公司总裁M. R. Zitzewitz曾说过:"没有国际厂商的参加,法兰克福的展览早就破产了。"

(3) 观众的甄选。在世界级的专业展上,非专业观众几乎是不可能进入展会现场的。在欧美的一些专业展上,观众入场除了购买昂贵的门票外,还须提供展览会的邀请函或名片,经审查通过后才能进入会场。

(4) 先进的展台设计理念。展览公司在设计和搭建展台前,会事先了解展览会的类型、公司品牌和产品特点、展位的周边环境及竞争对手的情况,根据所掌握的资料进行整体创意设计,并根据展示风格选择礼仪小姐,然后进行人员服装的设计制作和专门的人员培训等。

(5) 周密的各项服务。长期以来,发达国家的著名会展公司坚持客户利益至上,与客户共同发展而不是注重短期效益。在这一理念的指导下,发达国家的会展公司都尽可能为参展商提供快捷方便的运输服务、及时高效的会务服务和周到细致的生活服务。

① 快捷、方便的运输服务。主要是指在展品运抵展地的机场、码头、火车站之后,将展品快速、安全地运到展馆;在展后,快速、安全地将展品运走。

② 及时、高效的会务服务。主要是指为洽谈提供良好平台。发达国家的展览机构会及时提供展馆展位图,提供参展商和专业观众的详细信息,如参展商所在的馆号、摊位号、联系电话、参展产品和展后联系方法、专业观众的采购意向、展会期间和展后的联系方法等,以便参展商和专业观众之间相互查找联系;设立洽谈区域,组织配对洽谈,举办拍卖会,将网上商务与场馆展览相结合,召开相关商务会议和论坛等;还组织海关、银行、物流、航空、保险、法律、公证和旅游等机构,提供一站式、一条龙的会务服务。此外,及时发放展会简报,提供展会的有关统计数据及各项信息资料。

③ 周到、细致的生活服务。发达国家的展览业坚持所有活动都在一个屋檐下举行(all under one roof)的理念。为方便参展商和观众,大型会展场馆一般都建在配套设施齐全的区域。如单独建造,则十分注意相关设施的配套,配置餐饮设施、客房、会议室和洽谈室,设立商务中心、大会服务台和网上服务台。办展机构还成立专门机构,负责预订或推荐各种档次的宾馆、旅店,让客户满意。

5. 大型的会展场馆

发达国家一般都建有大型的会展场馆,正是这些大型的会展场馆保证了其会展活动可朝着规模化方向发展,并使一些展会发展成为在世界上具领先地位、有巨大影响和国际竞争力的品牌会展。同时,借助这些大型的会展场馆,一些会展公司在将会展做大做强的同时发展成为跨国会展集团。

6. 专业的会展人才

在德国、美国、英国等会展发达国家,一些大专院校设有会展专业,系统地向学生讲授会展理论知识。例如,德国科隆大学的展览商贸学院和德国瑞文斯堡会展管理系,是德国著名的展览教育培训基地。其中,德国瑞文斯堡会展管理系的学生大多数是展览公司的委培生,委培生在毕业后回到派出公司,为公司服务。这些学生平时可以从公司得到工资,一般在学校里学习3年,一年半时间上理论课,一年半时间实习,通常3个月上课,3个月实习。通过这种理论联系实际的教育体系,德国瑞文斯堡会展管理系培养出许多经验丰富、理论基础扎实的会展专业人才。

在院校培养会展人才的同时,行业组织如美国的国际展览管理协会(IAEM),也负责对会展专业人员的培训和职业资格认证。

不管是院校的学历教育,还是行业组织的培训和职业资格认证,都为培养专业会展人才作出了极大的贡献,满足了发达国家会展业的人才需求,保证了发达国家会展业的快速发展。

会展发达国家有关会展管理的先进理念。

第三节 国际主要会展组织

一、主要国际会议组织

1. 国际会议协会

国际会议协会(ICCA—The International Congress & Convention Association)是世界上最具权威性的会议业协会组织,成立于1963年,是全球唯一将其成员领域涵盖了国际会务活动的操作执行、运输及住宿等各相关方面的会议专业组织。其总部设在荷兰阿姆斯特丹,到2003年8月为止,在全球拥有80个国家的635个机构和企业会员。协会根据成员业务不同的范围分为八类,即会议旅游及目的地管理公司(旅行社)、航空公司、专业会议展览组织者、会议观光局、会议设施的技术支持、饭店、会展中心和名誉会员等。

根据国际会议协会(ICCA)的评定,只有符合下列几个标准的会议才能称为"国际会议":与会人士来自4个以上国家,与会人数在300人以上,国外人士占与会人数40%以上,会期3天以上。

国际会议协会将全世界划分为9个区域,并设立了9个区域分会:非洲分会、法语分会、北美分会、亚太分会、拉美分会、斯堪的那维亚分会、中欧分会、地中海分会、英国/爱尔兰分会。并在17个国家和地方设立了委员会,它们是:澳大利亚委员会、以色列委员会、瑞士委员会、奥地利委员会、日本委员会、泰国委员会、巴西委员会、马来西亚委员会、慕尼黑委员会、中国台北委员会、荷兰委员会、维也纳委员会、德国委员会、葡萄牙委员会、国际会议协会欧洲理事会、印度委员会、斯里兰卡委员会。

2. 国际专业会议组织者协会

国际专业会议组织者协会（IAPCO—The International Association of Professional Congress Organizers）成立于1968年，其前身是英国专业会议组织者协会（ABPCO—The Association of British Professional Congress Organizers）。这是一个由专业的国际国内会议、特殊活动组织者及管理者组成的非营利性组织，服务于全球的专业会议组织者，其总部设在英国伦敦。

凡从事国际会议的筹备和经营工作的个人和企业，都可申请参加IAPCO。IAPCO对专业会议组织者设立了随着服务和经济影响而不断变化的标准。协会成员分五类，即普通会员、邀请会员、荣誉会员、项目经理会员、分支机构会员。

3. 国际协会联盟

1910年，在比利时的布鲁塞尔召开的国际组织第一届世界大会上，国际协会联盟（UIA—The Union of International Associations）正式宣告成立。以后，UIA又根据1919年10月25日比利时法律，正式以一个具有科学宗旨的国际协会登记注册。

1951年，国际协会联盟章程作了修改，成为一个拥有个人正式会员的组织。该组织是一个独立的、非政府的、无政治色彩的、可进行有关4万个国际组织和客户信息交换的非营利场所。

UIA每两年召开一次大会，选举国际协会联盟执行委员会。该执行委员会由15—21个成员组成，每个成员任期最长4年。

作为UIA的正式会员，总数不得超过250个，并要由正式会员构成的全体大会根据候选人的兴趣和他们在国际组织中的活动选举产生。通常，他们都必须在相当长的一段时间内，在一个国际机构中发挥过积极的作用。正式会员包括外交家、国际公务员、协会管理人员、国际关系教授和基金会负责人。正式会员不需要交纳年费，但作为国际协会联盟评议员，他们被要求在各自的领域为维护国际协会联盟的利益、进一步扩大它的影响作出努力。

对UIA的宗旨和活动感兴趣、愿通过交纳年费将自己同国际协会联盟的工作联系在一起的法人团体和个人，都可成为国际协会联盟的非正式成员，包括各种组织、基金会、政府机构和商业企业在内的非正式会员，有权优先使用国际协会联盟的服务。非正式会员资格需经国际协会联盟执行委员会批准。

二、主要国际展览组织

1. 国际展览局

国际展览局（BIE—Bureau of International Expositions）是专门监督和保障

《国际展览公约》的实施、协调和管理各国申办世博会,并保证世博会水平的政府间国际组织。

举办世界博览会不仅扩大了国际交流与合作,促进了主办国的经济发展,也提高了主办国的知名度、声誉,宣传和提升了主办国的形象,因此许多发达国家纷纷争办世界博览会。例如,法国分别于1867年、1878年、1889年和1900年4次主办了同类大规模的世博会;美国分别于1876年、1893年、1904年、1915年、1933年、1939年、1962年、1964年8次主办了不同规模、不同主题的世博会。

20世纪初以来,举办世博会的国家日益增多,竞争日趋激烈。世博会举办过于频繁,加上有些主办国家组织工作较差,导致矛盾迭起,给参展国政府带来财政及其他方面的困难。为了控制世博会举办频率,保证世博会的水平,1928年11月,31个国家的政府代表在巴黎开会,签订了《国际展览公约》。《国际展览公约》规定,加入国际展览局是一个国家的外交行为,国际展览局的成员是缔约国政府。该公约规定了世博会的分类、举办周期、主办者和展出者的权利和义务、国际展览局的权责、机构设置等。该公约明确规定每3—5年才举办一次综合性的世博会,综合性的世博会展出时间不超过6个月,综合性的世博会期间可以适当安排专业性的世博会,专业性的世博会时间不超过3个月。公约的执行机构是国际展览局(BIE)。此后,国际展览局又就《公约》的有关规定作了修订,签订了1948年和1966年的两个协定书。1972年11月30日,国际展览局签署了新的"议定书"。自此,该议定书便一直作为指导世界博览会的组织的规章。

国际展览局总部设在巴黎,成员为各缔约国政府。联合国成员国、不拥有联合国成员身份的国际法院章程成员国、联合国各专业机构或国际原子能机构的成员国可申请加入。各成员国派出1至3名代表组成国际展览局的最高权力机构——国际展览局全体大会,在该机构决定世博会举办国时,各成员国均有一票。

新中国1982年首次参加世博会,并与国际展览局建立联系。1993年5月3日,国际展览局通过决议,接纳中国为其第46个成员国。同年12月5日,在巴黎召开的国际展览局第114次成员国代表大会上,中国被增选为国际展览局信息委员会的成员。1999年12月8日,在法国召开的国际展览局第126次会议上,中国首次当选为执行委员会成员。

展览局下设执行委员会、行政与预算委员会、条法委员会、信息委员会4个专业委员会。国际展览局主席由全体大会选举产生,任期两年。

任何国家都可以参加世博会,但是只有国际展览局的成员国,才能申请举办世界博览会。截至2005年11月,BIE共有98个成员国。

2. 国际展览管理协会

国际展览管理协会(IAEM—The International Association for Exhibition Management)成立于 1928 年,总部设在美国得克萨斯州的达拉斯。IAEM 以促进国际展览业的发展与交流为己任,每年定期举办国际展览界的交流合作会议,举办短期提高课程班和专题会议,出版相关刊物和买家指南,提高展览组织者的管理水平。IAEM 现已成为面向所有展览从业者的非营利的国际协会组织,其宗旨是通过培训、信息传播、调研、出版刊物、举办会议等方式促进展览业的发展。目前中国内地有近 10 家专业展览机构获准成为 IAEM 成员。

注册会展经理(CEM)培训体系是国际展览管理协会推出的会展经理培训课程。培训的对象是具有一定从业经验的(一般为 3 年以上)会展人员,在参加一定数量的必修课和选修课的学习并通过相应的考试后即可获得 CEM 证书。CEM 在美国展览业有较大影响。

3. 国际展览业协会

国际展览业协会(UFI—The International Association of the Exhibition Industry)的前身是国际博览会联盟(UFI—Union des Foires Internationales,或者 UFI—The Union of International Fairs),是博览会/展览会行业唯一的世界性组织,是世界博览和展览业内最具代表性的协会。截至 2005 年,UFI 在五大洲有 256 个正式成员。截至 2002 年,UFI 批准了其成员主办的 640 个博览会/展览会,这些成员在本国(地区)博览会/展览会行业中均处领先地位。

作为非政治性、非营利组织,UFI 的宗旨是通过其成员进一步促进国际贸易,并通过研究 UFI 遇到的问题,发展其成员主办的博览会/展览会。

UFI 在其他国际组织中代表其成员的利益,同时也是 UNO 及 UNIDO 的顾问通讯会员,它与 ITC、UNCTAD、WTO(CATT)、欧盟委员会及其他与博览会/展览会及国际贸易有关的国际性组织都建立了良好的关系,包括 BIE、ICC(国际商会)、各国及博览会协会等。

国际博览会联盟由欧洲一批综合性国际博览会的组织者于 1925 年创建,总部位于巴黎。其宗旨是代表展览会、博览会组织者的利益,维护展览会、博览会的质量标准,规范展览组织者的行为。

2003 年 10 月 20 日,第 70 届国际博览会联盟(UFI)会员大会在历史名城开罗召开。大会通过了对 UFI 章程、名称、会徽、组织机构的一系列修改决议,批准了未来 UFI 的发展战略。这些重大举措标志着已走过近八十年风雨历程的 UFI 正以崭新的面貌走进发展的新纪元。

根据修改后的章程,UFI 的全称由国际博览会联盟(Union des Foires

Internationales)改为国际展览业协会。UFI 的使命改为"促进与代表国际展览业的整体利益"。UFI 的会徽被我国展览界人士俗称为"羊头"。如果该标志被冠于某展览会名称之前,则表明这是一个高水平的展览会。

从 1988 年开始,中国国际展览中心及其举办的印刷展得到该联盟的认可。随后,北京国际机床展、国际仪器仪表展、上海国际模具展等展会先后得到该联盟的认可。

我国对进口展览品的管理有哪些规定?

小结和学习重点

- 在国内举办面向境外参展商的展览会的有关政策
- 会展发达国家和地区会展管理体制
- BIE、IAEM、UFI 等国际展览组织

会展受宏观政策的控制和影响。在我国,为规范会展市场的秩序,中央和地方政府制定了一些有关会展的管理政策。会展发达国家和地区已形成了一套比较成熟的会展管理体制和举措,对我国会展业的管理有着积极的借鉴作用。本章首先介绍我国展览的管理部门和相关政策,然后介绍发达国家的会展管理体制,最后简要介绍几个重要的国际会展组织。

前沿问题

我国与发达国家会展政策的比较。

练习与思考

(一)名词解释

主办单位 承办单位 BIE IAEM UFI

(二)填空

1. 在我国,负责出国展的归口管理机构是_____。
2. 2004 年 1 月,商务部发布_____,标志着我国会展业的全面开放。

3. 对展览面积在_____以上的对外经济技术展览会,实行分级审批管理。

(三) 判断题

1. 我国现在对举办经济技术展览会主办和承办单位的资格实行审批。

2. UFI是国际展览业协会的简称。国际展览业协会的前身是国际博览会联盟(UFI),它是博览会/展览会行业唯一的世界性组织,是世界博览和展览业内最具代表性的协会。

(四) 简答

1. 举办商品展销会如何办理审批手续?

2. 由地方主办单位举办的对外经济技术展览会在何情况下可冠以"中国"字样?

(五) 论述

试述会展发达国家和地区的会展管理体制。

部分参考答案

(二) 填空

1. 中国贸促会 2.《设立外商投资会议展览公司暂行规定》 3. 1 000 平方米

(三) 判断题

1. 错误 2. 正确

第九章

中国及世界若干知名展会

 **学习目标**

学完本章,你应该能够:
1. 了解我国若干知名展会概况;
2. 了解世界若干知名展会概况。

 **基本概念**

广交会　世博会

第一节　我国若干知名展会

中华人民共和国成立后到改革开放前的近三十年时间,除中国进出口商品交易会外,我国几乎没有其他比较大的贸易展览会,更多的是政治宣传展。改革开放后,我国的展览业得到了长足的发展,一些展会通过经营,已发展成为全国知名展,乃至在世界有一定影响的展会,如中国国际工业博览会、西湖博览会、中国国际高新技术成果交易会、大连国际服装博览会、中国国际投资贸易洽谈会等。限于篇幅,这里重点介绍中国进出口商品交易会等展会的主要情况。

一、中国进出口商品交易会

中国进出口商品交易会,简称广交会,创办于 1957 年。目前,广交会是我国历史最长、层次最高、规模最大、商品种类最全、与会客商最多的综合性国际贸易盛会,号称"中国第一展"。

1. 广交会的创办

20世纪50年代中期,以美国为首的一些西方国家,对新中国采取"封锁、禁运"的敌视政策。当时,与中国建交的国家只有二十多个,外贸的四分之一是与前苏联和东欧社会主义国家及朝鲜、越南、蒙古等国家进行的记账式贸易,出口创汇途径单一。为逐步发展我国与亚洲民族独立国家的贸易关系,发展祖国内地与港澳地区的贸易,开拓与西方国家民间和官方贸易,从1955年到1956年,依靠广东与港澳和华侨联系密切的优势,在广州先后举办了一些物资展览交流会,取得了较好成绩。在总结这类交流会经验的基础上,广东外贸界向外贸部提出举办全国性出口商品交易会的建议,得到了外贸部和国务院的支持。1956年冬,以"中国国际贸易促进委员会"的名义,在广州原中苏友好大厦举办了为期两个月的"中国出口商品展览会"。这次展览会,为举办中国出口商品交易会积累了宝贵经验。1957年春经国务院批准,由中国各外贸总公司联合在广州举办了首届中国出口商品交易会。首届交易会到会客户1 223个,洽谈成交1 754万美元。现在看来,这个数字不多,但在当时,在政治、经济、外交等各方面均具有十分重要的意义。

2. 广交会的发展

近五十年来,广交会以服务中国外贸出口为己任,参展和成交的规模不断扩大,洽谈业务范围日趋广泛,国际知名度不断提升。现在,广交会已从出口贸易为主发展为进出口结合,并开始扩展网上交流、网上咨询和网上贸易,为中、外客商创造更多的商机。广交会已成为我国以洽谈出口业务为主的多功能、综合性的对外经济贸易活动重要场合,被誉为"国际贸易的盛会、友好合作的纽带",成为中国发展对外贸易的重要渠道和展示我国社会主义建设成就的重要窗口。纵观广交会历程,其发展呈现以下特点:

(1)展馆的规模愈来愈大。第一届广交会在原中苏友好大厦举办,展出面积约1.4万平方米。1959年,迁至海珠广场新建的十层展馆大楼。1974年迁至流花路,当时的展馆建筑面积为11万平方米,几经扩建,现已超过17万平方米,八千多个标准摊位。

(2)展出的商品种类愈来愈多。从创办初期的1.2万种,发展到现在的15万多种;从以农副土特产品、手工业品为主,到现在的机电、纺织、轻工、食品土畜、五矿化工、医药保健六大行业品类齐全,高技术、高附加值的名优新特产品占相当的比重。

(3)参会的国家(地区)和外商人数不断增加。第一届参会的国家和地区是19个,2004年秋交会参会的国家和地区则达203个;外商数量从1 223个增加到2004

年秋交会的13 330个,海外客商已占客商总数的30%。

(4)国内参展企业、洽谈成交额愈来愈多。从当初数家专业总公司组成十多个交易团,发展到现在全国各省、自治区、直辖市、计划单列市和中央直属企业等组成的47个交易团、四千多家企业。洽谈成交额从当初的1 754万美元,发展到2004年秋交会的272亿美元。

3. 广交会的优势

能在广交会上拥有一席之地,就意味着拥有市场、拥有客商、拥有信息。区区9平方米的一个展位,甚至展位中的一个展柜,都成为"商家必争之地"。企业热衷参加广交会,是因为其具有以下优势:

(1)地缘优势。广交会所在地广州,濒临港澳、连接东南亚,这一优势不仅决定了当年中国出口商品交易会在广州举办,即使在全方位对外开放的今天,由于港澳、东南亚国家和地区与我国悠久的外经贸联系,由于香港、澳门回归祖国后,与内地政治、经济、文化等联系更为密切,所有这些仍将对广交会产生积极的影响。

(2)品牌优势。"广交会"历史较长,在世界上知名度非常高。许多外商认为广交会信誉高、服务好,因此跨洋过海赶来广州赴会。参加广交会的四千多家国内企业,来自全国各省、市、区,具有广泛的代表性。

(3)场地优势。建筑面积17万平方米的展览场地,在国内首屈一指。

(4)展示功能优势。作为全国性、综合性的出口商品交易会,全面展示了中国出口商品,集中反映我国改革开放成就和经济技术发展水平,展示我国扩大对外经济贸易交流的巨大潜力和广阔前景,是世界了解中国外贸公司和中国出口商品的最重要的窗口。在深化外贸体制改革、贯彻实施以质取胜战略、市场多元化战略和科技兴贸战略方面,广交会担负了"导向和示范"作用。

(5)信息交流优势。在广交会上,代表我国各行各业先进水平的出口商品集中展示,有利于客商看样成交、沟通信息。每届交易会万商云集,除商品交易之外,还是各种国际市场信息、商品信息、技术信息、客户信息,以及国内重要外贸政策信息的集散地,现场信息的融汇交流,与国际互联网上的信息交流相结合,大大增强了广交会的吸引力和竞争力。

二、中国国际高新技术成果交易会

中国国际高新技术成果交易会(简称高交会)是经国务院批准,由商务部、科学技术部、信息产业部、国家发展和改革委员会、教育部、中国科学院和深圳市人民政府共同主办,农业部、中国工程院协办的国家级、国际性的高新技术成果交易会,每年秋季在深圳举办。

高交会由"高新技术成果交易、高新技术专业产品展、中国高新技术论坛、不落幕的交易"等主要部分组成,其总体目标是以高交会为平台,为高新技术产业发展提供支持与服务;探索"高交会—技术产权交易—创业板市场"一条龙科技创业新模式;形成以技术产权交易与创业投资为核心的新型资本市场;构筑符合国情,并具中国特色的科技成果交易体系;促进高新技术与产品的进出口。

1999年10月,首届高交会举办,成交项目1 030个,成交额达64.94亿美元,成为中国最大的国际高新技术成果交易市场。高交会以成果交易为主要特色,成交额逐年上升,第四届高交会创下了121.6亿美元的总成交额。

每届高交会都有来自世界几十个国家的客商参加展示、交易与洽谈,美国、英国、德国、法国、加拿大、俄罗斯等近二十个国家由政府组团参加,政府组团数量逐年增加。微软、朗讯、IBM、思科、英特尔、西门子等四十多家国际著名跨国公司在高交会上展示其最新技术与产品。来自数十个国家的科技、经济精英及政府高层,在高交会"中国高新技术论坛"发表演讲。在高交会上,中国所有31个省、自治区、直辖市及港澳台地区、三十多所著名高校参加高新技术成果及产品展示与交易。数以万计的参展商和参展项目与数千家投资商云集高交会,参观、洽谈人员超过30万人次。

高交会集中展示了中国和世界最前沿的高新技术成果和国际一流的高科技跨国公司的先进技术和产品。国家三部一委一院等主办单位选送代表中国最高水平的高新技术项目参加展示与交易;大批国家重点攻关计划、国家工程研究中心、国家高技术产业化示范工程,以及国家863计划等重大科技项目参加展示与交易;多位诺贝尔奖获得者在中国高新技术论坛发表演讲,揭示世界科技发展的最前沿动态。

高交会专业化程度比较高。设有四大专业技术及产品展,为"信息技术"、"生物技术"、"新材料"及"农业"领域的业内人士提供交流、交易、洽谈的专业场所。高交会专业观众比例比较高,据对第三届高交会与会观众的调查,专业观众的比例达41.87%。高交会拥有一支高素质、专业化的人才队伍,为与会者提供高水准的专业化管理与服务,高交会是中国第一家获得ISO 9002质量体系认证的专业化展览企业。

三、西湖博览会

1929年,西湖博览会(简称西博会)在杭州举办,在以后长达71年时间里由于各种原因没有继续举办。2000年,西湖博览会重新恢复举办,每年一次。

1. 1929 年的杭州西湖博览会

1929 年 6 月 6 日,西博会在杭州举办,历时 128 天,于 10 月 10 日闭幕。在西博会期间,观众达两千万,轰动了浙江和全国,誉满中外。

1928 年秋,北伐告成。同年 10 月,浙江省建设厅起草举办西湖博览会的提案,经省政府委员会会议通过。10 月 15 日在建设厅设立办事处,27 日召开筹备委员会成立大会。根据《西湖博览会总报告书》载,当时举办西湖博览会的目的主要有以下五点:一是"争促物产之改良,谋实业之发达";二是为我国的产品正名,扩大国产的知名度;三是"起用国货,救济工商";四是为壮大本省经济之实力;五是为了纪念北伐之胜利。

整个杭州西湖博览会主要设置在平湖秋月、中山公园至西泠桥和岳庙、里西湖一带,共设有八馆、二所。八馆是革命纪念馆、博物馆、艺术馆、农业馆、教育馆、卫生馆、丝绸馆和工业馆;二所是特种陈列所、参考陈列所。

1929 年的西湖博览会是一次成功的博览会。这次博览会对湖滨、孤山一带进行整理,形成店铺林立的繁华商业场景,并留下了许多纪念物。博览会对发展民族工业起到促进作用,博览会评出各等奖项三千余个,提高了中国商品特别是浙、杭产商品,以及杭州西湖的知名度。

2. 西湖博览会恢复举办

2000 年,在时隔 71 个春秋之后,随着杭州市经济、社会的快速发展与城市功能的重新定位,顺应时代的要求,杭州市恢复举办西湖博览会。恢复举办的西湖博览会继承了 1929 年西博会的民族精神,并赋予其新的时代精神,声势浩大、意义深远。

2000 年西博会把展示、交流、贸易、研讨和旅游文化活动有机地结合在一起,从杭州的资源和产业优势出发,安排了 39 个展览、会议和活动,内容丰富、博中有专,具有鲜明的地域和专业特色。有反映较强民族特色,并在国内外有一定知名度的中国国际茶博览交易会、中国国际设计与丝绸博览会等;有适应世界高新技术发展潮流,并已在我国形成一定产品优势和市场规模的电子音像器材展览会、智能家用电器和信息技术产品展览会,环保设备及技术展览会等;有与杭州人文地理环境、历史文化特色和城市发展趋势相适应的杭州国内旅游交易会、中国首届工艺美术大师精品展览会、最佳人居环境展览会及文物精品、金石书画、城市雕塑、邮品、艺术品等展览会;还有作为扩大内需和消费新增长点的休闲娱乐设备、汽车和摩托车、锁具、家具、玩具礼品和友好城市消费品展览等。

"千年盛会聚嘉宾,西湖博览汇精品。"在短短 22 天里,2000 年西博会吸引了

573.72万海内外观众。气势恢宏的开幕式、精彩纷呈的展会、专家云集的论坛、万人空巷的烟花大会,还有人流如潮的美食节、富有中国民间特色的"山花奖"歌舞大赛和"西湖踏歌"踩街活动,给人们留下了美好深刻的印象。设有7 034个展位的23个专业展览项目,吸引了三十多个国家和地区的二千五百余家企业前来参展。2000年西博会总成交额69.61亿元,海内和海外招商引资项目投资分别是137.3亿元和3.11亿美元。

四、大连国际服装博览会

大连国际服装博览会的前身是大连服装节。1988年,为促进大连服装业的繁荣,推动其他行业的发展,使大连逐渐成为在全国具有较大影响力的以服装为主的商业中心,大连市政府邀请国家旅游局、中国服装工业总公司、文化部社会文化管理局、中国康艺音像出版公司于8月20日到28日,共同举办了首届大连服装节。在此期间,以大连市为主、吸引外省市服装企业参加的各式各类的服装展销活动,成为大连服装博览会的预演和前奏。

前两届大连服装节在国内外产生了较好影响,引起国家有关部门的重视。第三届大连服装节组委会在总结上两届经验的基础上,迎合海内外服装生产经贸企业的要求,决定扩大服装博览会的规模和开放度,自1991年第三届开始,冠以"国际"两字,正式定名为大连国际服装博览会。

第三届大连国际服装博览会由中国国际贸易促进委员会、中国服装工业总公司、中国服装研究设计中心、中国百货纺织品公司、中国香港贸易发展局、大连市人民政府共同主办。为满足海内外厂商的参展要求,博览会在国际博览中心和邻近的米米米游乐城使用展览面积11 000平方米,设标准展位366个。这届博览会共有来自国内41个城市的240个企业和由中国香港贸易发展局、中国台湾制衣工业公会参与组织的5个国家和地区的16个海外企业参展。从8月25日至9月1日,第三届大连国际服装博览会接待参加洽谈订货的贸易商约300家,接待中外宾客12万人,服装成交量290万件,成交额数亿元。

2003年9月13日至16日,第15届大连国际服装博览会暨中国服装出口洽谈会在星海会展中心举行,展览面积共约18 000平方米,来自韩国、日本、新加坡、法国、德国、英国、丹麦、挪威、美国、意大利、加拿大、土耳其、奥地利、俄罗斯、澳大利亚,以及中国香港、中国澳门、中国台湾共18个国家和地区约450家企业参展。其中,中国香港贸易发展局组织的"香港馆"展览面积约1 600平方米,列参展阵容之首。由韩国时装学会、大邱庆北纤维产业协会和大韩贸易振兴公社共同组织的服装纺织企业参展面积约500平方米。主要由法国、意大利组织的欧洲团组展地近三百平方米。第15届博览会共组织4场参展厂商商贸新闻发布会,11场时装品牌模特表演,共接待了来自俄罗斯、日本、新加坡、韩国、印度尼西亚等十多个国家和地区及国内近百个城市的各类贸易商3.5万人次,业内人员达6万人次。

第二节 世界若干知名展会

世界知名展览会主要集中在欧美,如汉诺威工业博览会、汉诺威通讯和信息技术博览会、慕尼黑国际建筑设备展览会、法兰克福春季国际消费品贸易展览会、法兰克福秋季国际消费品贸易展览会、拉斯维加斯秋季COMDEX展、法兰克福国际汽车展、法兰克福国际家用纺织品贸易博览会等。下面主要对汉诺威工业博览会、法兰克福国际家用纺织品贸易博览会和世博会作一简要介绍。

一、汉诺威工业博览会

汉诺威工业博览会是一个将工业领域的技术和产品集中在一起进行展出的国际性工业贸易盛会。五十多年来,这个国际性的展会带动了德国汉诺威市展览业的发展,确立了其在世界展览城市中举足轻重的地位。

汉诺威工业博览会由德国汉诺威展览公司主办,该公司的总部设在汉诺威,拥有世界上最大的展馆——汉诺威展览中心。新的展馆、不断改进的基础设施、充裕的停车场地、便捷的交通网络、顺畅的运输渠道,以及众多特色建筑使汉诺威展览中心成为传递市场信息的完美平台。

1947年,第一届汉诺威工业博览会在德国汉诺威市成功举办。之后,它快速地从一个区域性的展会发展成为全球知名的工业旗舰展。经历了五十多年的风云变幻,汉诺威工业博览会显示了很强的适应性,在平稳度过20世纪80年代末90年代初德国的政治、经济巨变后,现在的汉诺威工业博览会已经发展成为世界工业界交流的平台。参加汉诺威工业博览会,已经是许多知名企业年度计划中不可或缺的一部分,汉诺威工业博览会成为工业企业通往成功的桥梁。

1. 汉诺威市概况

汉诺威市坐落在德国的中心,位于北德平原和中德山地之间的交汇处,是北德重要的经济文化中心和下萨克森州的首府,下萨克森州位于德国西北部,西部与荷兰接壤,是德国面积第二大州。汉诺威市创市于1163年。

今日的汉诺威市是欧洲最具吸引力的商业城市之一,也是国际知名的现代化都市,是2000年世界博览会的主办城市。汉诺威市不仅以展览和会议著称于世,而且其人文景点十分丰富,拥有大量的风景名胜、风情各异的博物馆、艺术馆和音乐会,以及许多特别活动。具有悠久历史的阿斯塔德街区哥特式的建筑、咖啡店、流行服饰店,以及令人着迷的街头艺术是汉诺威市的一大特色,位于中心地带的旅游点玛西湖更是别具田园风情。汉诺威最大的特色就是她的绿色,在德国,汉诺威的别名叫做"绿色之城"。汉诺威市是一座友好的城市,它的城市构成耐人寻味却又令人感到轻松,使居住和来这里旅行的人们都感到非常愉快。

2. 2004年汉诺威工业博览会

2004年,汉诺威工业博览会再一次以不争的事实捍卫了其全球工业领域旗舰展的地位。来自全球的5 040家参展商展示了各自的创新技术与产品,展出净面积达151 500平方米。展会吸引了大约180 000位观众,其中近五万位来自德国以外。这些数字充分证明了,2004年汉诺威工业博览会所取得的骄人成绩。据统计,在展会上,每平方米的展出面积上大约有1.2位观众,这一比例大大超过了往年(2003年为0.94人/平方米,2002年为0.97人/平方米),同时也远远超出了主办方的预期。2004汉诺威工业博览会旗下各主题分展一同亮相、各显专长、环环相扣,几乎覆盖了所有工业领域。

2004年汉诺威工业博览会数据统计表
各主题分展展商数统计

主 题 分 展	展商(家)	面积(平方米)
过程控制与生产自动化展	800	24 000
工业自动化展	1 000	41 000
数字化工业展	150	3 500
能源展	760	28 500
表面处理技术展暨欧洲粉末涂层技术展	400	11 000
工业零部件与分承包技术展	1 580	29 000

第九章　中国及世界若干知名展会

续　表

主　题　分　展	展商(家)	面积(平方米)
微系统技术展	210	4 000
研究和技术展	420	7 500
其他活动	70	3 000
总计	5 400	151 500

德国以外各国/地区参展商排名统计(前10位)

国家/地区	展商(家)	面积(平方米)
意大利	218	4 912
中国内地	190	2 201
瑞士	160	2 848
法国	118	2 076
西班牙	105	2 248
英国	105	1 296
荷兰	95	2 078
中国台湾	92	1 788
印度	86	1 291
土耳其	85	2 046

以上数据截止到2004年4月。

汉诺威工业博览会是全球革新工业技术产品和自动化技术最主要的展示平台,展会集中展示了工业领域的重要技术。作为世界行业趋势的晴雨表及未来革新技术的展示平台,它已成为高层决策者在商业和行业领域所不可缺少的重要参考。同时,汉诺威工业博览会是探讨对商业和工业行业有影响的政策问题的主要论坛,每届展会都吸引了来自世界各地的三千多名新闻记者前来报道。

汉诺威工业博览会各展区展品范围表

动力传动与控制展	机电传动 齿轮与传动装置·定态功能传动系统·汽车传动系统·操纵系统与轮轴·大型可调式传动·其他传动设备·滚珠轴承·平面轴承·生产线技术·联轴器·刹车与制动系统·带传动与链传动系统·其他动力传动组件·润滑剂·专家系统·动力传输辅件·电动机·电子动力传动系统、电力驱动系统以及马达防护设备·内燃机·相关服务 液体动力传动-液压技术与气动技术 液压泵·液压马达·汽缸及驱动·液压阀·液压蓄能器·液压元件与系统·测试台·水基液压·液压液·液压过滤器以及液压管件·润滑系统及润滑泵·气压马达与汽缸·气压阀·维护元件·气压完整的控制元件·变压器与气-液助动器·气压开关·喉管连接件·密封件装置及辅助设备·相关服务·液压塞与插座阀
工业零部件与分承包技术展	分承包技术 铸件·锻件·非切削金属件·机加工件·自动化零配件·装配件及金属结构件·工具制作及模具制作·扣件、锁紧件及其配件·塑料件及橡胶加工工艺·生产及装配服务、承包项目·工程服务 材料 钢材、铝材及其他金属·陶瓷·聚合物材料(工程材料)·合成材料
能源展	能源技术 能源生产与制造·电站·热电连产·电机与发电厂设备·配电、变电以及电力储存·输电·导电·控制设备·频率转换器·仪表·防护与安全系统·建筑电气及系统·建筑物系统技术·供电、供气以及供水网络设备·能源基础设施

续表

工业自动化展	电气工程 控制技术·测量技术·调节技术·工业用电脑·网络/工业通讯·无线自动化·嵌入式系统·传感器系统·工业影像处理·传动系统·电机·实验设备·19英寸经济型机柜系统·磁性材料 机械工程 组装·搬运·机器人技术·自动化组装操作系统与元件·生产设备·工业影像处理
过程控制与生产自动化展	自动化与IT解决方案 工业自动化解决方案·ERP、规划管理、生产规划以及控制综合解决方案·ERP·SCM、SCO综合解决方案·安全与危机管理综合解决方案·加工优化综合解决方案 控制系统 人机界面(HMI)·工业计算机·处理控制系统、开环以及闭环控制系统·电脑系统及个人电脑·通讯系统、监控与安全系统以及分析系统 现场装置与部件 传感器与测量装置·称量装置·分析仪·远程位置调节器(激励器)·通讯设备及部件工程、维护及相关服务 综合系统规划·工程与综合·执行服务
工业服务与设备展	设施 工业用门及滚轴门·车间及工厂设备 基础设施管理 IT服务·运输业务·行政管理服务·安全服务·咨询·户外基础设施保养 清洁与废物处理 清洁与保养服务·废物管理·废物处理服务 维护与服务 维护业务·维护耗材·辅助产品 生产安全 生产安全与保障·工厂安全·建筑安全

续表

表面处理技术展暨欧洲粉末涂层技术展	表面处理技术 清洁·预处理·电镀·上清漆及油漆·镀搪·塑料镀膜·真空镀膜·热喷淋·微结构创建·热处理·应用设备·环保及特殊用途设备·测量、测试及分析设备·相关服务 欧洲粉末涂层技术 粉末涂装材料·应用设备·预处理设备·测试设备·粉末涂装的原材料·粉末涂装生产设备·环境保护及安全工作·相关服务
微系统技术展	微系统技术产品 微型硬盘·微感测器·模组微系统·展示设备·智能卡·微量分析系统·通讯技术 生产与发展业务 设计·模型·微建筑·微处理涂层/纳米涂层·包装·系统整合材料 半导体·塑料·陶瓷·电路板·黏合剂以及膏体 生产工程 工厂设备·无尘室设备·生产监控/物流·产品质量保证·生产设备/流程·组装系统·设计系统/软件 其他技术 纳米技术·激光技术·光子技术 微观生产工程
数字化工业展	软件与IT解决方案 采购·产品开发(PLM, CAD, PDM)·生产与程序制定(ERP, MRP)·模拟制造(CAM, PMS, PPC)·自动化(PLC)·订单管理·技术销售(SCM)·因特网及相关服务
空压和真空技术展	空压制造、处理及储存·风动设备·空压应用·压缩空气配给·空压承包·压缩空气管理·真空系统与元件·真空泵·真空测量设备·真空泄露检测器·真空烘干·相关服务
研究与技术展	主要展品分类 基础科学研究·应用研究·科研与技术转让服务·技术数据库 以下科研领域的主要趋势 光学技术·能源/环境研究·纳米技术·仿生学·航空航天工业·新材料·微系统·生命科学

二、法兰克福国际家用纺织品贸易博览会

法兰克福国际家用纺织品贸易博览会自1971年创办以来,一直在世界家纺展览领域享有很高的声誉,被誉为历史悠久、规模最大、国际化的家用纺织品展示盛会。法兰克福国际家用纺织品贸易博览会引领着全球家纺用品的潮流和前哨,每年来自世界各国的参展商展示自己的最新产品,参展商多达三千多家,数万专业人士参观该博览会。该博览会主旨在于,让所有的参展商和观众都能有效地利用这次难得的机会联系老客户、挖掘新客户,在展会期间发现本年度,甚至下一年度的流行趋势和潮流。

法兰克福国际家用纺织品贸易博览会展出场馆是法兰克福展览中心,每年举办一次。主办方是法兰克福展览有限公司,展品范围包括家用纺织品、居室纺织品和相关技术软件服务。展品细分主要有:墙纸及房屋饰件、纤维及纱线、浴室用纺织品、桌布、厨房用台布、床上用品、床垫、水床、装饰织品、窗帘、防晒用品、地毯、家具用织物、家具用皮具、靠垫、家居装饰布、窗门及附件(纺织类)、精美刺绣、纤维制品、纱线、布料、印染、家具装饰布、垫子、地毯、毛毯、床上用品、纬线、床架、床板、床垫套、蒲团、毯子和枕头、被单和枕套、餐布、餐桌装饰品、厨房用纺织品、烤箱用手套、绒布制品、毛巾、沐浴系列用品、小型新潮装饰用品、纺织技术类CAD/CAM等。展品涵盖了除服装和产业用布以外所有的纺织品及相关产品,以及与家用纺织品相关的图书杂志等出版物、各类图书、画册等。

2004年法兰克福国际家用纺织品贸易博览会参展商有3 129个,其中外国参展商2 535个,来自中国的参展商236家;观众98 803人;展览面积为154 416平方米。

三、世界博览会

1. 世界博览会简介

世界博览会简称世博会,是一项由主办国政府组织或政府委托有关部门举办的有较大影响和历史悠久的国际性博览活动。世博会既是对人类社会发展进程中当时文明的真实记录,更是对未来美好前景的展望和憧憬。

世博会最初以美术品和传统工艺品的展示为主,后来逐渐变为荟萃科学技术与产业技术的展览会。世界博览会的会场不仅是展示技术和商品,而且伴以异彩纷呈的表演,富有魅力的壮观景色,设置成日常生活中无法体验的、充满节日气氛的空间,成为一般市民娱乐和消费的理想场所。

负责协调管理世博会的国际组织是国际展览局,英文简称为BIE。国际展览

局的常务办事机构为秘书处,秘书长为该处的最高领导,现任秘书长是中国的吴建民先生。

世博会有综合性博览会和专业性博览会两类。在过去所举办的五十多次世博会中,以综合性世博会为多。综合性世博会展出的内容包罗万象,举办国无偿提供场地,参展国自己出钱,建立独立的展出馆,在场馆内展出反映本国科技、文化、经济、社会等成就的物品。综合性博览会一般5年举办一届。2010年上海世博会就属综合类世博会。专业性博览会展出的内容要单调些,它是以某类专业性产品为主要展示内容,下列主题可以视为认可类展览会:生态、陆路运输、狩猎、娱乐、原子能、山川、城区规划、畜牧业、气象学、海运、垂钓、养鱼、化工、森林、栖息地、医药、海洋、数据处理、粮食等。参展国在主办国指定的场馆内,自行装修、自行布展,不用建设专用展馆。按国际展览组织的规定,专业性博览会分为 A1、A2、B1、B2 4 个级别。A1 级是专业性博览会的最高级别。1999 年昆明世界园艺博览会,就属专业性国际博览会。

到目前为止,已有英国、法国、美国、德国、比利时、加拿大、日本、澳大利亚、西班牙、意大利、韩国、葡萄牙和中国等 13 个国家的 25 个城市举办和正要举办世博会。世博会举办的年份和名称如表 9-1 所示。

表 9-1 世界博览会一览表

举办年份	博览会名称	举办年份	博览会名称
1851	伦敦世界博览会	1893	芝加哥世界博览会
1853	纽约世界博览会	1900	巴黎世界博览会
1855	巴黎世界博览会	1904	圣·路易斯世界博览会
1862	伦敦世界博览会	1915	旧金山巴拿马太平洋世界博览会
1867	巴黎世界博览会	1926	费城世界博览会
1873	维也纳世界博览会	1930	列日产业科学世界博览会
1876	费城世界博览会	1933—1934	芝加哥世界博览会
1878	巴黎世界博览会	1935	布鲁塞尔世界博览会
1889	巴黎世界博览会	1937	巴黎世界博览会

续表

举办年份	博览会名称	举办年份	博览会名称
1939—1940	纽约世界博览会	1988	布里斯班国际休闲博览会
1939	金门世界博览会	1990	国际花与绿博览会
1958	布鲁塞尔世界博览会	1992	塞维利亚世界博览会
1962	西雅图21世纪世界博览会	1992	热那亚国际船舶与海洋博览会
1964—1965	纽约世界博览会	1993	大田国际博览会
1967	蒙特利尔世界博览会	1996	布达佩斯世界博览会
1970	日本世界博览会	1998	里斯本国际博览会
1975	冲绳海洋博览会	1999	昆明世界园艺博览会
1982	诺克斯威尔国际能源博览会	2000	汉诺威世界博览会
1984	新奥尔良国际河川博览会	2005	爱知世界博览会
1985	日本筑波国际科学技术博览会	2010	上海世界博览会
1986	温哥华国际交通博览会		

2. 曾举办过的若干重要世博会简介

首届世博会。19世纪中叶,英国资本主义发展到其鼎盛时期,工业革命的完成和殖民主义的扩展,使英国成为世界头等强国。为了显示其成就和实力,英国于1851年在伦敦海德公园内,一改当时盛行的石头建筑风格,动用了整个英国工业界的技术和力量,耗用4 500吨钢材和30万块玻璃,建成了一座长1 700英尺、高100英尺的"水晶宫"。这是一座新颖而独特的建筑,它向人们展示了钢结构、玻璃装饰的大空间。当时的英国维多利亚女王通过外交途径邀请各国参展,受邀参展的10个国家集中了一千四百余件各类艺术珍品和时尚产品向世人展示,最令观众瞩目的是引擎、水力印刷机、纺织机械等产品。在160天的展期中,共有来自世界各地的商贸人员、社会名流和旅游观光人士约630万人次观赏。英国人自豪地把这次盛况空前的"集市"取名为"Great Exhibition"意为"伟大的博览会"。1851年的伦敦博览会,被世人确认为首届世界博览会。

随着美国的崛起,新大陆的主人们不甘示弱,为了向全世界展示其风采和辉煌成就,美国于1853年在纽约举办了第二届世界博览会,参展国家增至23个,展示内容也有较大突破,开辟了伦敦博览会上没有的农业部分,展出了农机产品和优良品种;特别是附有安全装置的电梯首次亮相,并进行实地演示,赢得了广大观众的惊叹。

1855年,第三届世界博览会在法国巴黎举办,这次世博会建造了XY轴构筑的网形和拱形会场,首次展示了混凝土、铝制品和橡胶。而最具新意的是本届博览会开创了艺术展览的先河,展出了名家名画;第一次邀请外国首脑参观博览会,形成了后来历届博览会的沿袭传统。

1876年,在美国费城世博会机械厅,展出了世界上最强有力的机器——科利斯蒸汽机;大出风头的缝纫机(现藏美国工业博物馆);爱迪生发明的白炽灯,也首次在世博会上亮相。

1878年,在巴黎世博会上,贝尔发明的电话机首次亮相。

1889年,法国巴黎世博会建造了300米高的主题塔——埃菲尔铁塔。当年的主题塔如今仍雄踞巴黎,成为今日巴黎乃至法国的永久象征,也成为世博会历史上灿烂的一笔。

1904年,在圣·路易斯博览会上,展出了莱特兄弟发明的飞机。

20世纪30年代前,世界博览会的举办地主要集中在美国和欧洲的发达国家。由于世界博览会举办得过于频繁,耗费大量资财,给主办国家的财政造成很多困难,导致各种矛盾迭起。为了控制博览会的举办频率和保证博览会的水平,1928年35个国家的政府代表在法国巴黎缔约,对世界博览会的举办作出若干规定,如:举办世界博览会要有主题,展示时间规定不超过6个月,由法国政府代表发起成立一个协调管理世界博览会的国际组织,并负责起草制定《国际展览公约》等。在这次会议上,有31个国家的政府代表签署了公约,并成为国际展览局的首批成员国。

随着社会生产力水平不断提高,社会生活的一切活动都变得更加有序。世博会在经历了近百年的演绎之后,1933年在美国芝加哥举办了主题为"一个世纪的进步"的世博会。这是第一次有主题的世博会,要求参展者围绕一个共同的题目设计和创作自己的展品。会上展出的多是百年科技的成果,引人入胜的当数绚丽的霓虹灯景,而引起轰动的则是航空技术、有空调设施的新建筑等科技新成就。自此以后,每一届世博会都确定一个极富意义的主题。

1939年,纽约世界博览会的场馆建筑围绕于标志性建筑。前者为细长圆锥柱体,高218米,后者为一巨型球体,两者合二为一象征"明天的世界和建设"主题。

1958年,布鲁塞尔世博会的标志物是一个巨大的原子结构模型,它象征着安全、和平地使用原子能。

1964年，为了筹措经费，摩西不惜违反国际展览局的规定，对参展国家和地区以及私营公司收取租金，因此这一届世博会并没有得到正式批准，欧洲的大部分国家没有参加。在只有36个国家和地区参展的情况下，组委会不得不邀请美国的21个州加入进来。美国许多大公司也出资兴建自己的展馆，使得占地25万平方米场地上的展馆总数达到140个。这次博览会的参观者达到了5 100万人次，创下新的纪录。

3. 中国与世博会

1982年，新中国首次参加世博会，并与国际展览局(BIE)建立联系。1993年5月3日，国际展览局通过决议，接纳中国为其第46个成员国。同年12月5日，在巴黎召开的国际展览局第114次成员国代表大会上，中国被增选为国际展览局信息委员会成员。1999年12月8日，在法国召开的国际展览局第126次会议上，中国首次当选为执行委员会成员。

从1982年到1998年，受中国政府委托，中国国际贸易促进委员会以国家名义累计12次组织中国馆参加了世界博览会。即：1982年，美国诺克斯维尔"能源"世博会；1984年，美国新奥尔良"水源"世博会；1985年，日本筑波"科技"世博会；1986年，加拿大温哥华"交通运输"世博会；1988年，澳大利亚布里斯班"科技时代的业余生活"世博会；1992年，意大利热那亚"船与海洋"世博会；1992年，西班牙塞维利亚"发现的时代"世博会；1993年，韩国大田"新的起飞之路"世博会；1998年，葡萄牙里斯本"海洋——未来的财富"世博会。其中，在1988年布里斯班、1992年塞维利亚和1993年大田世博会上，中国馆两次被评为"五星级展馆"，一次被评为"最佳外国馆"。

1999年，世界园艺博览会在我国的昆明举办。2001年5月，我国驻法大使吴建民正式向国际展览局递交了申请函，申办2010年世博会。除中国以外，申办2010年世博会的还有俄罗斯、韩国、波兰、阿根廷和墨西哥。2003年12月，上海申报2010年世博会成功。

2010年上海世博会拟在2010年5月1日至10月31日举行，共183天。2010年上海世博会的场地，将选在上海中心城区的黄浦江畔。其主题是"城市让生活更美好"，展示的内容有城市发展、城市生活、城市交通、城市产业、城市环境、城市文化、未来城市七大类。预计2010年上海世博会的客源数可达6 000万人次。

相信通过中国政府和人民的努力，2010年上海世博会必将是一个最精彩的盛会！

小结和学习重点

● 广交会、高交会

● 世博会

本章主要介绍了广交会、高交会、世博会、汉诺威工业博览会等我国和世界知名展会的创办、发展及现状，以让读者对这些国内、外知名展会有一个大概的了解。

练习与思考

(一) 名词解释

广交会　世博会

(二) 填空

1. 1957年春创办的中国出口商品交易会简称是_____。
2. 中国出口商品交易会的场馆有两个，即_____、_____。

(三) 单项选择

1. 深圳高交会是于_____年首次举办。
   (1) 1998　　(2) 1999　　(3) 1997　　(4) 1995
2. 首届世博会于_____年在英国伦敦海德公园内举办。
   (1) 1850　　(2) 1851　　(3) 1852　　(4) 1853

(四) 简答

1. 广交会举办的背景是什么？
2. 简要介绍汉诺威工业博览会的现状。

(五) 论述

试述中国参与世博会及2010年上海世博会大概情况。

部分参考答案

(二) 填空

1. 广交会　2. 琶洲展馆和流花路展馆

(三) 单项选择

1. (2)　2. (2)

主要参考文献

1. 金辉主编：《会展概论》，上海人民出版社，2004年7月。
2. 胡小明总编：《中国会展》，中国信息协会主办，2003年—2005年5月。
3. 张琳总编：《中国对外贸易·中国展览》，中国贸促会、中国国际商会主办，2004年—2005年5月。
4. 刘宏伟主编：《中国会展经济报告》，中国出版集团东方出版中心（上海），2003年1月。
5. 向洪主编：《会展资本——并不高深的赚钱秘诀》，中国水利水电出版社，2003年1月。
6. 〔美〕小伦纳德·霍伊尔著，陈伊宁等译：《会展与节事营销》，电子工业出版社，2003年8月。
7. 苏伟伦著：《高效会议》，南方日报出版社，2003年9月。
8. 吴信菊主编：《会展概论》，上海交通大学出版社，2003年10月。
9. 王书翠主编：《会展业概论》，上海立信会计出版社，2004年3月。
10. 丁萍萍主编：《会展实务》，高等教育出版社，2004年4月。
11. 王云玺主编：《会展管理》，上海交通大学出版社，2004年8月。
12. 刘松萍主编：《参展商实务》，机械工业出版社，2005年1月。
13. (台湾)佟子华著：《高效率会议组织技巧》，广东经济出版社，2004年7月第1版。
14. Milton T. Astroff、James R. Abbey著，宿荣江主译：《会展管理与服务》，中国旅游出版社，2002年10月第1版。
15. John Allwood、Bryan Montgomery著：《展览会策划与设计》，中国商业出版社，2001年12月第1版。
16. Leonard Nadler、Zeace Nadler著，刘祥亚、周晶译：《成功的会议管理：从策划到评估》，机械工业出版社，2003年1月第1版。

图书在版编目(CIP)数据

会展概论/龚平,赵慰平主编.—2版.—上海:复旦大学出版社,2009.8(2019.12重印)
(复旦卓越·21世纪会展系列教材)
ISBN 978-7-309-06813-9

Ⅰ.会… Ⅱ.①龚…②赵… Ⅲ.展览会-教材 Ⅳ.G245

中国版本图书馆 CIP 数据核字(2009)第 130240 号

会展概论(第二版)
龚　平　赵慰平　主编
责任编辑/李　华

复旦大学出版社有限公司出版发行
上海市国权路 579 号　　邮编:200433
网址:fupnet@fudanpress.com　　http://www.fudanpress.com
门市零售:86-21-65642857　　团体订购:86-21-65118853
外埠邮购:86-21-65109143
常熟市华顺印刷有限公司

开本 787×960　1/16　印张 14.75　字数 272 千
2019 年 12 月第 2 版第 8 次印刷
印数 34 501—36 100

ISBN 978-7-309-06813-9/G·845
定价:28.00 元

如有印装质量问题,请向复旦大学出版社有限公司发行部调换。
版权所有　侵权必究